2

The Social Science of
Practice and
Research on China

实践社会科学与中国研究 卷二

中国的新型正义体系：
实践与理论

China's New Justice System:
Practice and Theory

黄宗智 著

GUANGXI NORMAL UNIVERSITY PRESS
广西师范大学出版社
·桂林·

ZHONGGUO DE XINXING ZHENGYITIXI：SHIJIAN YU LILUN

图书在版编目（CIP）数据

中国的新型正义体系：实践与理论 / 黄宗智著. 一桂林：广西
师范大学出版社，2020.2（2023.1 重印）
（实践社会科学与中国研究；卷二）
ISBN 978-7-5598-2283-3

Ⅰ．①中… Ⅱ．①黄… Ⅲ．①正义—研究—中国 Ⅳ．①D6

中国版本图书馆 CIP 数据核字（2019）第 225738 号

广西师范大学出版社出版发行

（广西桂林市五里店路 9 号　邮政编码：541004）
（网址：http://www.bbtpress.com）
出版人：黄轩庄
全国新华书店经销
广西民族印刷包装集团有限公司印刷
（南宁市高新区高新三路 1 号　邮政编码：530007）
开本：880 mm ×1 240 mm　　1/32
印张：12.875　　　字数：290 千字
2020 年 2 月第 1 版　　2023 年 1 月第 4 次印刷
印数：9 001~11 000 册　　定价：68.00 元

如发现印装质量问题，影响阅读，请与出版社发行部门联系调换。

目　录

总　序　探寻扎根于（中国）实际的社会科学

黄宗智

　　我们这个世界充满对立的、相互排斥的社会科学理论：如主观主义 vs.客观主义、意志主义 vs.结构主义、唯心主义 vs.唯物主义，乃至于西方 vs.东方、普世主义 vs.特殊主义、理想主义 vs.经验主义或实用主义等。我们该怎样去决定用什么理论来做研究，怎样来从各种理论中选择哪一种？今天学者们最常用的办法是从某一种理论出发——常是当前最流行的或政权所采用的，然后搜寻可用的"经验证据"来支撑、释义或阐述该理论，而后返回到原来的理论，表明自己已经用经验证据来验证该理论。笔者认为，我们应该把理论当作问题而不是（很可能的）答案（"假设"）来使用。研究的目的不是要证实某一种理论，而是要借助多种不同和对立的理论来检验经验证据，依赖证据来决定对不同理论的取舍，或依赖证据来与不同理论对话，从而创立或推进适合新证据的新概括。不同理论的交锋点乃是特别好的研究问题——这是笔者多年来对自己和学生的劝诫。学术的最终目的是更好地认识真实世界，不是阐明某一现有理论或意识形态。

固然,我们需要熟悉理论来进行这样的研究,但我们研究的目的应该是以通过经验研究发现的实际来决定对理论的选择或拒绝,或修改,追求的是最能使我们掌握和理解我们通过经验研究所发现的真实世界。需要的时候,更可以重新组合理论概念或创建新概念来适当概括自己新的研究发现。

鉴于现有理论间的众多相互排斥的二元对立实态,我们需要认识到任何理论的局限。大多数的理论从单一的基本"公理"或信念出发,而后借助演绎逻辑——常被认作西方文明独有的特征——来形成一个逻辑上统一的理论体系,将其推导至逻辑上的最终结论(类似于欧几里得几何学那样——进一步的论析见黄宗智、高原,2015)。如此的要求正是把众多理论建构推向相互排除的二元对立的动力。这个现实本身便为我们说明,理论建构多是对实际的单一面的简单化,在其起始阶段,常常只是一种认识方法,借助突出单一方的简单化建构来澄清某一方面或某一因素。这样的认识应该被理解为一种方法,不是实际本身。但这样的简单化的认识则常被理想化,或被等同于实际整体,再通过演绎逻辑而绝对化,其中,影响最大的理论还会被政权或/与西方中心主义意识形态化。我们不该把那样的理论认作真实世界的实际本身。

我们需要看到,理论建构中常见的非此即彼二元,任何单一方面其实都是对实际的片面化和简单化,而真实世界其实多是由如此的二元间的并存和互动所组成的,而不是其任何单一方。不仅主观和客观二元如此,理论和经验二元也如此。

西方与东方则更加如此。在"现代"的世界中,西方作为原来的帝国主义侵略者,对非西方世界来说,不可避免地既是被痛恨的敌人也是被仰慕的模范。对非西方世界来说,两者的并存其实是必然的实际。但西方的理论则大多有意无意地忽视了非西方的这个必然实际,凭借演绎逻辑或更简单的西方中心主义,坚持非西方世界必须完全模仿西方。这样,和其他的二元建构同样,单一方被推向排除另一方,或被推向完全吸纳或支配另一方的建构,一如主观主义 vs.客观主义、普世主义 vs.特殊主义等二元建构那样。

　　本书反对使用如此非此即彼的单一元进路来认识真实世界。我们需要认识到,非此即彼的建构,最多只能成为我们使用的一种认识方法,尽管借助突出单一元来把某一方面简单化和清晰化,但绝对不可将其等同于真实世界整体本身。后者需要靠同时关注二元双方来掌握,需要我们把理论所提出的问题和经验证据连接起来,并关注到二元之间的关系和互动。今天,我们需要的是更多聚焦于二元的并存、相互作用和相互塑造来认识由二元组成的真实世界合一体。

　　以下是笔者本人对这方面的追求的回顾,目的是更好地认识真实世界,建构新的、更符合过去和现在的实际的概念。其中,连接经验和理论尤其关键,这不仅是为了更好地理解真实世界,也是为了更好地探寻其改良的道路。

一、悖论实际与理论概括：中国农村社会经济史研究

（一）《华北的小农经济与社会变迁》

笔者进入不惑之年后的第一本专著是 1985 年（英文版）的《华北的小农经济与社会变迁》（黄宗智，1986）。此书提出的学术理念和方法是"试图从最基本的史实中去寻找最重要的概念，然后再不断地到史料中去验证、提炼自己的假设"（中文版序，第 2 页），同时，以连接经验与理论为中心问题，"有意识地循着从史实到概念再回到史实的程序进行研究，避免西方社会科学中流行的为模式而模式的作风"（同上），总体目的是要创建符合经验实际的概括。在对待理论上，则有意识地同时借鉴当时的三大理论传统，即新古典经济学和马克思主义政治经济学两大经典理论，以及"另类"的实质主义理论，借助与之对话来形成自己的概念，凭经验证据来决定其中的取舍。

根据以上的研究进路，笔者首先采用了关于革命前中国农村最系统和细致的调查资料，尤其是"满铁"（日本"南满洲铁道株式会社"）的"社会和经济人类学"调查，根据翔实的关于一家一户的经济实践资料来认识农家经济，并辅之以各种历史文献资料来掌握长时段的历史变迁，而后与各大理论对照。拙作得出的结论首先是，三大理论传统均有一定的洞见和是处，它们共同组成了小农的"三种不同的面貌"，伴随其阶级位置而异：雇佣劳动的"经营式地主"和"富农"更适合从形式主义经济学的营利单位来理解，而受

雇的雇农和打短工的贫农,以及租地的贫农则比较符合马克思主义中被剥削的劳动者的图像。但是,在系统检视和比较两种农场的历史演变之后,出乎意料的是,华北在近三个世纪的商品化(市场化)和人口增长两大趋势下,所展示的主要现象不是农村和农业向此两端的分化,而是小农家庭农场凭借农业+手工业和打短工"两柄拐杖"的强韧持续,一直占到总耕地面积的绝大比例,而雇工的"经营式农场"则一直没有能够超过10%的比例。

两种农场在劳动组织上不同,但在亩产量上则基本一致,两者主要的差别只是后者可以按需要调节其劳动力而达到较高效率的劳动力使用,而前者的家庭劳动力则是给定的,在农场面积不断缩减的压力下,只能凭借投入越来越密集的劳动力来应付生存需要。相比之下,经营式农场达到较适度的劳动力使用,而小家庭农场则明显趋向劳动边际报酬的递减。在其他方面则两者基本一致。由此,我们可以很具体地理解到"人口压力"的实际含义。在三大理论中,最贴近这样的经验证据其实是"另类"的实质主义理论所突出的小农家庭农场在组织和行为逻辑上与资本主义雇佣单位间的不同:在生产决策中,它同时考虑生产和消费,不只是生产;在劳动力供应方面,它的劳动力是给定的,而不是按需要雇用的。

读者明鉴,上述的基本学术研究进路是:(一)从经验到概念/理论的方法;(二)凭借经验证据来综合多种理论传统的使用,决定其不同部分的取舍。也可以说,是一种有意识地超越任何意识形态化理论的研究进路。

(二)《长江三角洲小农家庭与乡村发展》和《中国研究的规范认识危机》

　　在《华北》一书之后，笔者在1990年(英文版)的《长江三角洲小农家庭与乡村发展》中则沿着以上的基本研究进路,使用的依然是翔实的"满铁"微观调查材料,并辅之以笔者自己连续数年的实地追踪调查。(黄宗智,1992)在经验发现层面上,之前的华北研究使我感到意外,而长江三角洲则更使我感到惊讶。此地商品化(市场化)程度要远高于华北,但在明末清初之后,其雇工的"经营式农场"便基本消失,完全被高度市场化和家庭化的小家庭农场压倒。水稻种植越来越被棉花—纺纱—织布生产,或者种桑—养蚕—缫丝所取代。微观层面的资料所展示的是,在单位耕地面积上,比之前和华北还要高度劳动密集化的生产:棉花—纱—布生产每亩需要18倍于水稻的劳动力,桑—蚕—丝生产则是9倍。

　　据此,笔者在借助当时占据主要学术地位的新古典经济学和马克思主义经济学的洞见的同时,对两者都更鲜明地提出了商榷和批评。主要针对的是其在市场化(商品化)会导致资本主义生产发展的基本共识上,论证中国农村经济的"悖论"现象,并且提出了更符合中国农村经济实际的几个"悖论"概念:"内卷型商品化"(以及"剥削型商品化"和"单向的城乡贸易",或"畸形市场"),与一般关于市场的预期相悖;"没有'发展'(笔者定义为单位劳动生产率——产出/产值——的提升)的商品化"以及"没有'发展'的'增长'(定义为总产量/产值的提升)",而不是经典理论所预期的两者同步并进。这就是笔者用"内卷化"或"过密化"(即借助廉价的家庭辅助劳动力而进行边际报酬递减的生产)两词来表述的高度劳动密集化家庭生产以及其所推动的"内卷型商品化"。与有的不可论证的宏大理论概念不同,这是可以凭经验证据来证实的概念。譬如明清以来从水稻+冬小麦种植转入越来越多的棉花+纺纱+织布或蚕桑+缫丝生产,无可置疑的是此类现象是伴随单位劳动日报酬递减(亦即"过密化")而进行的(譬如,占劳动投入最大比例的纺纱的按日劳动报酬只是种植水稻的约三分之一),而那样的低廉报酬是由家庭辅助劳动力来承担的(笔者称作"农业生产的家庭化")。

与《华北》不同,此书还根据比较翔实的访谈资料以及由当地政府提供的数据和文字资料,把研究延伸到集体化时期和改革初年(当代部分组成全书的约一半)。使笔者惊讶的是,集体化农村经济展示了与之前的家庭农业同样的"过密化"趋势——其劳动力是给定的,其生产决策也同样受到消费需要的影响。而改革初年则更展示了与西方经验很不一样的"农村工业化",亦即"没有城镇化的工业化"。

《长江》发表之后,在1991年(英文版)的后续思考性论文《中国研究的规范认识危机:社会经济史的悖论现象》(黄宗智,1993)中,笔者更明确地论析,从西方主要理论来看待中国实际,几乎所有的社会经济现象都是"悖论的"(paradoxical)——即从现有理论上看来是一对对相互排斥的悖论现象,但实际上都是并存和真实的,如"没有发展的增长""过密型商品化(市场化)""没有城镇化的工业化",以及"集体化下的过密化"。这些都是与经典理论预期不相符的社会经济实际,是它们所没有考虑到的实际,需要重新来理解和概括。这就意味着长期以来由西方经典社会科学理论所主宰的中国研究学界中的"规范认识危机"，也意味着中国的社会科学研究必须创建新的、更符合中国实际的概念和理论。笔者提出的"内卷化"和"内卷型"市场化等概括便是那样的尝试。此文可以看作笔者在《华北》和《长江》两本专著的基础上总结出的学术方法和理论思考，当时在国内引起了较广泛的讨论。①

这里需要重申，以上论述中的一个关键的认识和体会，是要从经验到理论再返回到经验检视的侧重实际经验的认识方法，这与一般社会科学从理论到经验到理论的侧重理论的方法正好相反。笔者提倡的方法所要求的是，在扎实的经验研究基础上进行抽象化和概括——既非纯经验堆积也非纯理论空谈，而是两者的结合，因此可以说是"双手并用"。这需要有意识地避免从抽象化概括跳跃到理想化、普适化的违反实际的理论。笔者追求的是对史实的最真实理解和概括，不是普适理论的建构。这才是"到最基本的事实中去探寻最重要的概念"的基本研究进路。

---

① 《史学理论研究》最先以《中国经济史中的悖论现象与当前的规范认识危机》为标题发表了拙作的前半部分(1993 年第 1 期，第 42—64 页)。在接下来的五期中，《史学理论研究》连载了一系列关于这篇文章以及华北农村和长江三角洲农村两本书的讨论。一开始是由四位学者对拙作的简短评论(1993 年第 2 期，第 93—102页)，接着是一篇论文(1993 年第 3 期，第 151—155 页)，再接着是关于针对拙作召开的两次会议的报道，一次是由《中国经济史研究》期刊发起的，主题为"黄宗智经济史研究之评议"(《史学理论研究》1993 年第 4 期，第 95—105 页)，一次是由《史学理论研究》、《中国史研究》和《中国经济史研究》三个期刊联合召开的，主题为"黄宗智学术研究座谈会"(《史学理论研究》1994 年第 1 期，第 124—134 页)。这一系列讨论终结于以"黄宗智学术研究讨论"为主题的六篇文章(《史学理论研究》1994 年第 2 期，第 86—110 页)。《中国经济史研究》也报道了两次会议的议程(1993 年第 4 期，第 140—142 页；1994 年第 1 期，第 157—160 页)。

二、表达/话语与实践:法律史研究

(一)《清代的法律、社会与文化:民法的表达与实践》

从 1989 年开始,笔者在其后的 15 年中将主要精力转入了法律史的研究,部分原因是获知诉讼案件档案的开放,认为这是进一步深入研究中国社会的极好机会,部分原因是在后现代主义理论潮流的影响下,笔者对自己过去隐含的唯物主义进行了一定的反思,觉得很有必要纳入后现代主义所特别突出的"话语"层面,而诉讼案件是明显具有话语表达和实践双重层面的史料。

在详细阅读每一个案件、记入卡片、梳理和分析来自三个县的 628 起诉讼案件档案并将其与《大清律例》条文对照之后,笔者认识到的不是后现代主义所强调的、要以话语为研究的主要对象,而是话语/表达层面和实践层面的背离共存,两者共同塑造了长时段的历史变迁。笔者从经验证据逐步得出的结论是,中国法律体系是一个既包含高度道德化的表达,也是一个包含高度实用性的实践体系,两者所组成的是既矛盾又抱合的"实用道德主义"统一体。也就是说,"说的是一回事、做的是另一回事,合起来则又是另一回事"。其中关键在于"合起来"的"又是另一回事"。与后现代主义理论——例如,萨伊德(Edward Said)(1978)和吉尔茨(Clifford Geertz)(1983)的理论——不同的是,中国的法律体系绝对不能被简单视作一套话语或意义网,而需要看到其话语表达和实践间的相互作用。

布迪厄（Pierre Bourdieu）（1977，1990）的"实践理论"的重要贡献在于突破了主观主义和客观主义（以及意志主义和结构主义，唯心主义和唯物主义）的非此即彼二元对立，同时看到人们在实践之中的两个方面，超越了形式主义的经济学和社会学，用偏于单一方的理论建构来替代复杂互动的实践实际。相对那些理论，实践理论迈出了很大的一步。对中国法律史的研究来说，它促使我们突破了韦伯（Max Weber）所代表的西方主流形式主义的霸权，也突破了简单的法律条文主义，使我们能看到中国的法律体系所包含的两种不同但又相互依赖的逻辑。

同时，笔者深入档案的研究突出了（中国法律体系中的）实践与其表达/话语之间的不同，而这一点是布迪厄所没有考虑的。中国法律史的长时段演变其实多是由两者的背离和互动所推动的。与理论和经验间的连接一样，我们需要集中探讨的是表达和实践之间的背离和互动，而不是任何单一方面。基于此，笔者在1996年发表的（英文版）专著《清代的法律、社会与文化：民法的表达与实践》中建立了"实用道德主义"（既矛盾又抱合）的概念来表述清代民事正义体系的特色。（黄宗智，2001）与布迪厄的共鸣之处在于把真实的关键看作"实践"，把"实践"看作是主观和客观，以及意志和结构互动的领域，而笔者的表达与实践二元合一的进路则更把法律历史看作是长时段中"实践"与"表达"两者互动中呈现的趋势。布迪厄则基本不考虑长时段的历史变迁，也不考虑"实践"与表达之间的背离和互动。

《表达与实践》一书的主要对话对象和理论启发是形式主义的韦伯、后现代主义的萨伊德和吉尔茨，以及实践理论的布迪厄。韦伯代表的是形式主义理性的视角,那既是他的中心论点,用来代表西方现代的理想类型,也是他本人的基本思维。笔者从韦伯的理论获得的是其极其宽阔的比较视野以及对现代西方法律体系的形式主义主导逻辑的认识。后现代主义则如前所述,促使笔者更多地关注到表达层面的建构和话语,并对韦伯的形式主义/普适主义提出了强有力的批判。与韦伯和后现代主义不同,布迪厄强调的则不是韦伯那样的理论化(和理想化)的"理想类型",也不是后现代主义的"话语",而是"实践"及其包含的"实践逻辑",这对笔者其后逐步形成的"实践历史"研究进路和方法有深远的影响。

但是,即便笔者明显受到三者的影响,但与三者都不同的是,笔者一贯以认识历史真实而不是建构普适理论为目标,因而特别侧重从经验证据出发的研究进路,凭此来决定对各种理论论点的取舍、重释或改组,最终目的是阐明中国的实际而不是建构理论,这是笔者提倡的"实践历史"的核心。而韦伯、萨伊德与吉尔茨、布迪厄则都是偏重建构普适理论的理论家。

笔者在法律史研究中选择的进路其实是过去的农村社会经济史研究进路的进一步延伸。同样从大量经验材料出发,借助、关注多种理论传统并凭经验证据来决定其间的取舍或选择性修改。与之不同的是,在经验与理论间的关联之外,更关注实践与话语/表达间的关联,而避免在两者之间作出非此即彼的选择,坚持在认知过程中两者缺一不可。我们研究的焦点不该是两者中任何一方面,而是两者之间的连接和媒介。

以上进路使笔者看到韦伯理论的一个重要弱点:当他遇到自己建构的"理想类型"与他转述的中国的历史实际不相符的时候,

也是历史学家的他曾试图合并自己建构的两种理想类型,以此来表述其真实性质,即关乎中国政治体系的世袭君主制(patrimonialism)和关乎西方现代的官僚科层制(bureaucracy),从而组成了悖论的"世袭君主官僚制"(patrimonial bureaucracy)概念。他同时也尝试着使用"实质主义理性"的悖论概念来论析中国的治理体系。但是,他最终(在其历史叙述中)仍然偏向单一方面的选择,凭借形式逻辑的标准而把中国的政法体系简单划归非理性的世袭君主制类型和实质主义非理性类型。在论述中国以外的其他非西方"他者"时,他也同样如此,由此展示的是深层的主观主义和西方中心主义倾向。(Weber,1968[1978];黄宗智,2001:尤见第9章;亦见黄宗智,2014b,第一卷:总序)

韦伯所建构的"形式理性"法律类型是一个既排除伦理/道德,也排除非正式法律制度的理想类型。他认为,像中国传统法律这样高度道德化的法律,最终只可能是"非理性的",只可能促使法外威权介入法律。同理,像中国以道德价值为主导的法律和(非正式)民间调解制度,在他眼中也只可能是非形式理性和非现代性的。他建构的形式理性理想类型是限定于完全由形式逻辑整合的体系,也是限定于正式制度的体系。(详细讨论见黄宗智,2015b;2014b,第一卷:总序)

至于偏重话语的后现代主义理论,它虽然可以视作是对韦伯的现代主义和西方中心主义的有力批评,但在话语/表达与实践的二元对立间,同样偏重话语/条文单一方面;而笔者认为,要理解清代的法律体系,需要的是分析其话语与实践二元之间的变动关系,而不是其单一方面。

至于布迪厄,他对实践的重视和阐释对笔者影响深远。但是笔者同时也看到,他缺乏关于表达与实践背离和互动的问题的思考,以及缺乏对长时段历史趋势的关注。基于经验研究,笔者认识到"实践逻辑"不仅是共时性横截面的逻辑,更是通过实践与表达二元合一的积累而形成的长时段历史趋势。两者既是相对独立的,也是相互作用的。两者间的互动关系才是笔者所集中探讨的问题,也是布迪厄没有着重关注的问题。这是笔者提倡的"实践历史"研究进路和他的"实践逻辑"的关键不同。

上述研究方法的核心是,面对理论和经验实际、表达和实践两双二元对立,我们要做的不是非此即彼的选择,而是要认识到,对真实世界来说,二元中的任何单一方面都是片面的,真正需要我们去集中关注的是两者间持续不断的相互关联和互动,而韦伯和后现代主义却都忽视了这个问题。布迪厄则虽然强调主观和客观、意志和结构二元在实践之中的互动,却忽视了实践与话语/表达之间的背离和互动。

(二)《法典、习俗与司法实践:清代与民国的比较》

在 2001 年第一次出版(英文版)的《法典、习俗与司法实践:清代与民国的比较》(黄宗智,2003a)专著中,笔者面对的是中西法律、乃至中西文明碰撞与混合的大问题。从法典和大量实际案例出发,笔者发现的是,仅从表达或法典或话语层面出发,会造成民国时期的法律体系已经完全抛弃传统而全盘引进西方法律的错觉,看到的只是法律文本上的全面更改以及国家领导人与立法者全盘拒绝传统法律的决策。但是，从法律的实践/实际运作出发，则会看到众多不同的中国与西方法律并存和互动的实际：民国法律既包含鉴于社会实际而保留的清代法则和制度（尤其突出的是典权），也有与引进的西方法律相互妥协、适应和融合的方方面面（如家庭主义在产权、赡养、继承法律方面的顽强持续），也有充满张力的勉强并存（如妇女权利，从不符合中国社会实际的西方现代法律的妇女完全自主法则出发，结果因此抛弃了清代法律给予妇女的一些重要保护，如借助法庭来防止丈夫或姻亲强迫自己改嫁或卖淫——因为新法律不符实际地把妇女认定为独立自主抉择体，要到事后才可能制裁）。中西方法律两者的混合绝对不是一个简单的全盘西化过程，也不是一个简单的传统延续的过程，而是两者的并存和互动。这样，更突出经验和实践视野的不可或缺以及历史视野的必要，也突出了探寻兼容两者，甚或超越性地融合两者的必要。

从实践和实用的角度来考虑，法律不可能存在于简单抽象和理想的空间，在其实际运作中，必须适应社会现实，也就是说，韦伯型的形式理性理想类型和跨越时空的（形式主义理性）普适法律不仅是对实际的抽象化，更是脱离实际的理想化。读者明鉴，抽象化固然是认知的必要步骤，但理想化则不是——它多是脱离或违反实际的，用于西方本身已经如此，用于非西方的世界更加如此。简单地把西方法律移植于非西方世界，只可能是违反实际的法律。要研究中国现代的法律，我们必须在条文之上更考虑到实际运作，考虑到条文与实践之间的关联。近现代中国的一个给定前提条件是中国与西方、历史与现实、习惯与条文的必然并存。我们不可能,也不应该做出简单的西化主义或本土主义的非此即彼的抉择,必须从历史传统和社会实际来考虑立法和实际运作中的抉择。

(三)对研究方法和理论的进一步反思

与以上两本专著并行的是笔者继 1991 年(英文版)的《规范认识危机》一文之后对方法和理论的进一步反思。首先是根据笔者的法律史经验研究得出的结论:清代法律的一个基本特征是崇高道德理念的条文(律)和实用性的条文(例)的长期并存和互动。同时,法律条文主宰的正式审判制度与民间道德理念主宰的非正式调解实践和制度也长期并存,而像韦伯那样的理论则只考虑正式制度,无视非正式制度。更有进者,正式制度和非正式制度是相互作用的,并且在两者之间形成了一个越来越庞大的、具有一定特色的"第三领域"。笔者 1993 年(英文版)的《介于民间调解与官方审判之间:清代纠纷处理中的第三领域》详细论证了清代法律实际运作中的这个中间领域。(修改版见黄宗智,2001:第 5 章)

此后则是同年(英文版)的《中国的"公共领域"与"市民社会"——国家与社会间的第三领域》(黄宗智,1999)。此篇通过与当时在中国研究中十分流行的哈贝马斯(Jürgen Habermas)的"公共领域"概念/理论以及国内外广泛采用的"市民社会"理念/理论的对话,再次指出中国的悖论性:其关键不仅在于正式与非正式制度的并存,也在于两者互动所组成的中间领域,借此来拓展处于国家与社会之间、由两者互动而组成的"第三领域"概念。这里再次强调的是,面对理论中的二元对立,我们需要看到的不是两者中的对立或任何单一方面,而是两者之间的关联和互动。

再则是 2008 年的《集权的简约治理——中国以准官员和纠纷解决为主的半正式基层行政》(黄宗智,2008)。该文论证:长期以来中国的治理体系是一个(悖论的)高度中央集权和低度渗透基层的体系(不同于美国的低度中央专制权力但高度基层渗透权力——迈克尔·曼[Michael Mann]的论析)。与其相关的是"集权的简约治理"体系,国家高度依赖基层不带薪的"准官员"(由社区推荐,政府批准)来进行基层治理,只在那些准官员在执行任务中发生纠纷的时候方才介入。这也是"第三领域"的一个关键特色。

此外是 1995 年(英文版)的《中国革命中的农村阶级斗争——从土改到"文革"时期的表达性现实与客观性现实》(黄宗智,2003b),通过检视中国的土地改革和"文化大革命"来阐释表达/话语与实践两者间的变动关系。土改和"文革"都展示了激烈的阶级斗争话语,并导致了其与社会实际之间的张力和背离,阐明的首先是话语和实践既是相对独立的也是相互作用的,两者之间在"文革"期间的极端背离则最终导致"阶级斗争"被改革中的"实事求是"完全取代。如此的话语与社会实际和实践之间的变动关系,对真实世界的洞察力要超过单独考虑两者的任何单一方面。这个思路既受惠于布迪厄的启发,也与他有一定的不同——如上所述,他并没有关注话语与实践之间的可能背离与互动,也没有关注由两者的互动所组成的历史变迁。

在 1998 年(英文版)的《学术理论与中国近现代史研究——四个陷阱和一个问题》(黄宗智,2003c),笔者比较平实地回顾、反思了笔者自身学习和探讨理论与史实间的关联和背离的经验,由此来说明从经验研究到理论再到经验检视的学术研究进路,并突出尚待解答的中国的"现代性"问题。文章再一次强调,学习理论需要避免不加批判或意识形态化地使用理论,其中关键在于凭借经验实际来决定不同理论传统各部分的取舍,在于看到中国实际的悖论性,也在于不偏向二元对立的单一方。那样,才能够适当使用并借助现有理论的洞察力。

再则是 2000 年(英文版)的《近现代中国和中国研究中的文化双重性》(黄宗智,2005),从近现代中国历史、国外的中国研究学界,以及笔者自身经历的双重文化性角度,来探讨中西文化碰撞与混合的问题,提出了超越两者的融合的实例和设想。文章论证,我们需要区别在政治领域中的帝国主义 vs.民族主义的非此即彼二元对立,以及双重文化性与双语性(亦即越来越多的中国以及别处的青年知识分子的实际状态)中的中西并存与融合现实。在理论和学术层面上则同样需要超越普适主义(理性主义、科学主义、实证主义)和特殊主义(后现代主义、相对主义、历史主义)非此即彼的二元对立,探索其间的并存与融合。

这些论文既阐释和延伸了以上总结的基本主线,也展示了当时的一些困惑和未曾解决的问题,反映的是笔者自身核心思路的逐步形成。其中前后一贯的是拒绝在理论与经验、表达/话语与实践以及中国与西方的二元之间做非此即彼的抉择,强调要看到其实际上的二元并存和互动。在研究中要做的是认识到二元间的并存和互动,关注其间的连接和媒介。

三、现实关怀的学术研究

笔者 2004 年从加利福尼亚大学退休,之后转到国内教学,十多年来都主要以中文写作,把自己写作的主要对象从英语读者转为中文读者。在这个转变过程之中,自然而然地对中国现实问题从消极关怀(想而不写)转为积极关怀。在那个过程中,连接历史与现实很快成为笔者学术研究的新的主要动力。同时,在过去侧重经验性的实践历史研究进路之上,笔者更明确地关心另外两个问题:一是探寻建立符合中国悖论实际的研究方法和理论的道路;二是探寻解决中国现实问题的可能途径。

首先,在学术研究方面,对现实的关怀成为自己完成关于当代农村的第三卷和当代法律的第三卷的主要动力。我觉得需要对学生们说明,自己对明清以来的研究和理解对当代的现实问题具有什么样的含义?一方面是学术研究方法的问题,另一方面也是现实问题的解决路径问题。

同时,面对近年来农民的大规模进城打工以及他们所遭受的不平等待遇,笔者看到了中国面临的社会危机,并且自然而然地兴起了不平之感以及对中国未来的忧虑,希望能为这个问题作出学术性的贡献,尽自己的微薄之力。这样便很自然地将农村研究延伸到农民工的研究,作为自己在农业和法律两个领域之外最关心的第三课题,并为此写了一系列关于中国的"非正规经济"——即不带有或少有法律保护和福利的就业,包括最近快速扩展的"劳务派遣工"——的论文。(例见黄宗智,2009c;2010b;2013;2017a;2017b)

此三项研究都沿用了之前的研究方法,即从经验证据到理论再返回到经验的认知进路,并同样尽可能摆脱意识形态,采用多种理论资源,目的同样是更好地认识中国实际,而不是试图建构普适理论。为此,一贯地聚焦于同时掌握经验和理论、实践和话语以及中国和西方,看到它们的必然并存、互动和连接问题,试图由此来建立更符合中国实际的概括。此外,为了对青年学者们说明这是一个什么样的认知方法以及为什么要这么做,笔者写了一系列围绕实践和理论问题的方法论方面的论文。(纳入黄宗智,2015a)

(一)《超越左右:从实践历史探寻农村发展出路》

在农业问题上,首先是再一次从把现有理论当作问题的研究进路出发,再次看到了中国的悖论性。近三十多年来,中国经历了一场意义深远的农业革命,但这是和之前世界历史上的农业革命(以及根据其所得出的理论)很不一样的革命。它不是来自主要农作物因畜力和畜肥的使用(像 18 世纪英格兰的农业革命那样)而提高了产量;它也不像后来在 20 世纪 60 和 70 年代所谓的"绿色革命"中,主要由于现代投入(化肥、科学选种和机械)而提高了主要作物的产量。这是因为中国当时的现代投入并没有能够提高农民的劳动报酬——再一次是因为农业生产(在集体制度之下)和之前同样地过密化,总产量的提高多被人口的增长和劳动密集化所导致的边际报酬递减蚕食掉,以至于单位劳动生产率和农民收入并没有显著的提高。直到 20 世纪 80 年代以后,中国农业方才真正进入了新的局面。

其动力不是像人们熟悉的过去那种农业革命动力，而是来自十分不同的三大历史性变迁趋势的交汇。一是人们伴随非农经济增长而来的收入提高所导致的食品消费转型（从8∶1∶1的粮食、肉食、蔬菜比例向当今中国大陆中上阶层和中国台湾地区的4∶3∶3比例转化），以及随之而来的农业转向越来越高比例的高值农产品（鱼肉禽、高档蔬菜、水果、蛋奶等）的种植和养殖，而那样的高值农产品则既是现代投入/"资本"（如化肥、科学选种、饲料、生物剂、塑胶膜和拱棚等）密集化的，也是劳动密集化的（譬如蔬菜、水果种植以及种养结合需要数倍于粮食的单位面积劳动投入），由此既提高了农业收入也吸纳了更多劳动力。二是从1980年开始的生育率下降终于在世纪之交体现为每年新增劳动力的缩减。三是20世纪90年代以来农民的大规模进城打工。（黄宗智、彭玉生，2007）这三大趋势的交汇导致了农业的"去过密化"以及农业总产值的显著增长，随之而来的则是六个世纪以来农业收入的第一次显著提高。在农业总产值上，展示为1980—2010期间每年年均6%的增长，这远远超过之前的农业革命所做到的增长率（18世纪英国才年均0.7%，20世纪的"绿色革命"才年均2%—3%）。在农场规模上，则逐步迈向更"适度"的（亦即从"隐性失业"到"充分就业"的演变）规模，从每个农业劳动力约占有6亩耕地增加到约10亩。

因为这样的变化并不显然易见，笔者称之为"隐性农业革命"，它主要见于人多地少的后发展国家（特别是中国和印度），与西方人少地多（尤其是新大陆的美国）农业现代化模式十分不同。以上是笔者2009年出版的当代农业研究的阶段性成果《中国的隐性农业革命》专著的主要内容。（黄宗智，2009b；亦见黄宗智，2016b）

　　在其后续的研究中,笔者进一步论证,中国这种农业现代化模式具有多重"悖论性",它不是土地(和资本)密集的"大而粗"的农业,而主要是"劳动与资本双密集化"的"小而精"的农业。它的主体不是规模化的(雇工)资本主义企业生产单位,而主要是现代化了的小农家庭农场生产(尤其是一、三、五亩地的小、中、大棚蔬菜种植、几亩地的水果种植以及十来亩地的种养结合的小农场)。它主要依赖的现代投入不是节省劳动力的机械而更多是节省土地(提高地力)的化肥、良种等投入。这样,与西方(尤其是新大陆的美国)形成了世界历史上农业现代化的两大截然不同类型。在如今已经高度工业化的中国,小规模农场(即现代化了的小农经济)不仅顽强持续,还组成了中国现代化的一个关键部分。

　　这个隐性革命从西方经验和理论来看是悖论的,是与当前的主流经济学理论不相符的模式,因此它还没有被许多学者和决策者真正认识到。其中不少人仍然沉溺于之前的经典模式,错误地以为农业现代化必须主要依赖"规模经济效益"——在计划经济时代错误地以为必须是规模化的集体大农业,今天则以为必须是高度机械化和雇佣劳动的大企业农场。而悖论的事实是,中国的新型农业革命的主体其实是使用自家劳动力的小家庭农场,以及其结合主劳动力和家庭辅助劳动力的家庭生产组织。固然,伴随着生育率的下降、劳动力的外出打工以及新(劳动和资本双密集)农业所吸纳的劳动力,农业农场的规模正在朝向更适度的劳动力与耕地面积配合演变,但它绝对不像西方经验中的主要依赖农业机械化的大农场。

　　决策者和学者们由于认可之前经典理论(马克思主义经济学

和新古典经济学),深信农业生产现代化必须像工业那样以规模经济效益为前提条件,没有认识到这些基本的悖论实际。为此,其在政策上也一直向农业企业公司和大农户倾斜,基本无视小规模的家庭农场。即便是 2013 年以来提出的发展"家庭农场"策略,实质上也是向(超过百亩的)大户倾斜,预期和依赖的仍然是较大规模的农场。(黄宗智,2014c)为此,笔者一再呼吁,要认识到几亩到几十亩的劳动和资本双密集化小家庭农场乃是今天农业发展的最重要和最基本的动力。它们亟须得到政策上的重视,需要政府更积极地支持,也需要政府更积极地引导和协助组织真正以小农为主体的合作社,来为农民提供融资和产—加—销"纵向一体化"(而不是横向一体化的农业产业化、规模化)的服务,借此把更多的市场利益归还给农民生产者,而不是像当前那样,让市场利益大都被商业资本获取。

后者采用的经营方式其实大多并非真正的规模化生产,而是凭借"合同"、协议或"订单"农业等形式来利用一家一户的相对廉价的家庭劳动力及其自我激励机制来进行农业生产,不是经典理论中那种大规模雇佣劳动的大农场。许多商业资本经营的只不过是一种虚伪的"产业化"生产,只是迎合了官方的招商引资要求,来争取更多的政府补贴。经过比较系统的数据检验,笔者(和高原、彭玉生)论证,截至(具有最翔实可靠数据的第二次全国农业普查的)2006 年[①],农业中的全职受雇的劳动力只是全部农业劳动力中的 3%。中国农业迄今仍然基本是悖论的"没有无产化的资本化"

[①] 2016 年,本书《中国的新型小农经济》卷尚在修订的过程中,当时纳入了新数据和其讨论。

和没有资本主义的现代化——其主体是使用越来越多现代投入的小农户。(黄宗智、高原、彭玉生,2012)而且,他们的资金来源很多是农民家庭成员打工的收入(尤其是"离土不离乡"的农民工),而不是商业企业的投资(或国家的补贴)。(黄宗智、高原,2013)这些事实进一步说明小家庭农场的关键性以及中国农业的悖论实际。这一系列的悖论实际既不符合教科书新古典经济学的预期,也不符合马克思主义政治经济学的预期——笔者因此在2014年完成的农业第三卷的标题中采用了"超越左右"的表述。(黄宗智,2014a)

拙作同时论证,今天农户其实既是农业生产现代化的主体,也是(通过打工)工业生产的主体,在那样的现实下,解决农民问题不仅需要农业方面的决策,更需要对经济整体的重新认识和思考。我们需要认识到中国小农农户长期持续的"半工半耕"悖论特征,认识到其对中国经济发展所起的关键作用,以及其对扩大国内市场和内需所具备的巨大潜力。

同时,我们要认识到其被迫承受的差异身份待遇乃是不经济的决策。在法律层面上,我们应该为农民和农民工提供相当于城镇市民和居民的社会福利和法律权利。对农民和农民工的公平待遇其实是提高农民生活水平和购买力最好、最快速的办法,也是扩大国内市场的关键。优先提高农民和农民工生活水平是一条"为发展而公平,为公平而发展"的道路,特别适合中国当前的实际。它既不是集体时期那种贫穷下的公平道路,也不是近年来"发展主义"下的"先发展后公平"的道路。

（二）《过去和现在：中国民事法律实践的探索》

中国今天的法学界的分歧主要在二元对立的西化主义（移植主义）vs.本土（资源）主义，一方强调西方法律的普适性，一方强调中国历史与实际的特殊性。虽然如此，在全盘引进西方法律的今天，前者无疑是"主流"倾向。这个基本事实可以见于中国法律史的研究已经日趋式微，其教员、学生、课程日益减缩。中国法律史的研究其实已经呈现一种博物馆管理员的性质，偶尔可以展示其珍藏品，但与当前的实际毫无关系，在立法层面可以说几乎完全没有（或完全放弃）发言权。法理课程和研究的内容几乎全是舶来的理论，难怪法理与法史一般自行其是，基本没有关联。

面对这样的现实，笔者的研究再次强调实践层面，而不是舶来的文本。从实际运作来看，中国当今的法律体系非常明显地是一个三大传统的混合并存体，即古代法律、革命法律和从西方引进的法律。笔者在 2009 年出版的法律研究第三卷《过去和现在：中国民事法律实践的探索》（黄宗智，2009a）详细梳理、论证了一系列今天的法律实践中仍然延续着的古代法律传统（如调解制度，家庭主义的赡养、继承和产权法则和制度），以及当代中国一直适用的、来自革命传统的法律（特别是婚姻和离婚法律）和革命所创建的、在法律"第三领域"（即由于正式和非正式制度之间的互动所产生的中间领域）中的行政和法庭调解制度。再则是融合中西法律的方方面面（例如侵权法）。在刑法领域，传统和革命因素更加明显，尤其是一些负面的因素，例如嫌疑人权利的一定程度的缺失，"刑讯

逼供"的存在以及官僚主义的干预等。其目的是要论证三大传统
并存的经验实际。

在更深的层面上,笔者分析了中、西方法律基本思维的不同,
不仅在清代如此,在民国和当代也如此。西方强烈倾向逻辑和程
序,中国则仍然展示了一定程度的道德和实质倾向。固然,从实践
层面来观察,双方其实都具有对方的另一面,如中国古代的法庭断
案和程序化规定,和西方法律中的非形式主义方方面面,包括人权
和个人主义权利理念——我们可以质问韦伯:难道它们只是源自
无可辩驳、与道德理念无关的形式主义演绎逻辑或给定"公理"?
更不用说美国的法律实用主义,提倡实用性和社会改革理念,长期
以来一直都与其"古典正统"的"法律形式主义"抗衡,一定程度上
与之共同组成美国法律体系的实际性质。(详细论述见黄宗智,
2007;亦见黄宗智,2009a,2014b,第三卷)当然,今天的中国法律已
经相当程度上学习和借鉴了西方形式化法律。虽然如此,我们仍
然可以看到,中国的正义体系依旧带有侧重道德和实质真实的顽
强倾向,这和西方法律很不一样。

在更深的层面上,笔者指出,过去和今天的中国法律思维在其
道德主义倾向之上,还带有实用(主义)倾向的一面。正因为其主
导思想是道德理念,是关乎"应然"的思想,它不带有形式理性逻辑
那么强烈的跨时空普适主义倾向,没有将用逻辑梳理出来的抽象
法则等同于实然,没有将抽象法则推向对现实的理想化那么强烈
的倾向。中国长期以来的道德主义化法律相对比较能够承认自身
代表的是一种理想化,不会简单地把道德理念等同于实际或给定
公理,会看到理念与实际之间的差距,并接受其间需要某种媒介来

连接现实。这正是笔者所提出的"实用道德主义"的核心。

同时，中国法律，尤其是古代法律仍然可见于今天，也反映了一种从经验到理念/理论到经验的认知进路，要求寓抽象概念/理念/准则/法则于实际事例，坚决保持道德准则/法律原则与具体事实情况之间的连接，这和西方现代的形式理性强烈趋向把抽象推向脱离实际的理想化普适法则或理论不同。纯粹从逻辑化角度来考虑，后者肯定更简洁和清晰，而前者则显得模糊、复杂，甚至不符合逻辑。但是，从真实世界的实际来考虑，中国法律其实更贴近实际。即便是今天的中国法律，也展示出同样的倾向。譬如，中国侵权法虽然采用了西方的必分对错法理——有过错才谈得上赔偿，却又同时认定，在造成民事损失的案件中，双方都没有过错的案件普遍存在。它没有像西方侵权法那样基本拒绝考虑此种案件，将其排除于侵权法律涵盖范围之外，甚或认定其不可能存在。它从明显可见的实际出发，规定法律也可以适当要求没有过错的一方提供补偿来协助解决问题——由此修改了从西方引进的侵权法律。

基于此，《过去和现在》一书论析并提倡我们要从法律实践出发，从中找出连接社会实际和法律条文的实例——笔者把这样的研究进路称作"实践历史"。该书论证，这些实例之中既有明智的抉择，也有错误的抉择的例子。笔者在探索出反映"实践智慧"的具体立法经验和错误的立法经验基础上，指出朝向应然改变的方向。其中包括如何适当地到实践经验中去探寻综合中西方法则的方法，借此来探寻更贴近中国实际的立法进路。

在 2014 年出版的法律第三卷的增订版中，笔者更纳入了（作为附录)另外三篇新的文章。《中西法律如何融合？道德、权利与实用》(黄宗智,2010a;亦见2014c:附录一)明确提出了融合三者的框架性设想和具体实例,并把这样的分析延伸到刑事法律领域。《历史社会法学:以继承法中的历史延续与法理创新为例》再次提出了"历史社会法学"①——这是笔者与"实践历史"法学交替使用的词——新学科的初步设想,并以传统的家庭主义和引进的个人主义并存和拉锯于继承/赡养法律为实例,提出协调中西法学与法律的具体方式。(黄宗智,2014b,第三卷:附录二;亦见黄宗智、尤陈俊编,2009:001—016,003—031;黄宗智、尤陈俊编,2014:1—24)再则是《重新认识中国劳动人民——劳动法规的历史演变与当前的非正规经济》,质疑近年来越来越强烈的脱离这方面的中国革命法则的倾向,并直接联结了笔者的农村社会经济史研究、农民工研究和历史社会法学研究,指出法律和社会改革的必要。

---

① 除了笔者自身的研究外,"历史社会法学"研究实例见《从诉讼档案出发:中国的法律、社会与文化》(黄宗智、尤陈俊编,2009)及其后续卷《历史社会法学:中国的实践法史与法理》(黄宗智、尤陈俊编,2014)。两书纳入笔者主编的《实践社会科学》系列丛书中的子系列《中国法律:历史与现实》——见 http://www.lishiyushehui.cn/modules/books/cat.php? cat_id＝8。总系列《实践社会科学》中文部分见 http://www.lishiyushehui.cn/mod-ules/books/cat.php? cat_id＝81,英文部分见 http://en.lishiyushehui.cn/modules/books/cat.php? cat_id＝44。作者多是笔者几十年来的美国和中国国内的前博士生,也包括其他志趣相近的本行同仁。

四、为"实践历史"加上前瞻性的道德理念

(一)布迪厄的"实践逻辑"

如上所述,对现实的关怀不可避免地使笔者进入了前瞻性的思考,而笔者在这方面的思考主要是通过对布迪厄和韦伯的理论的启发与反思得出的。布迪厄特别突出的是实践,而不是现有二元对立的意志主义或结构主义的任何一方,探索的是他的所谓"实践逻辑"而不是韦伯的形式理性理想类型或马克思的阶级关系结构。首先,布迪厄批评了过去的非此即彼二元对立思想,并试图提出超越如此对立的理论概念。譬如,提出"习性"(habitus)概念:与传统马克思主义偏重客观生产关系不同,也与主观主义(意志主义)偏重主观抉择不同,争论人们的实践同时受到两者的影响。通过一生的生活习惯(地位、举止、衣着、言辞等)而形成一种习惯性的意识和倾向,从而影响(但不是完全决定)他们的实践。同时,人们在一定时空中的实践也具有一定的能动性,其行为同时也受到主观抉择的影响。这样,他试图超越结构主义和意志主义的相互排除二元对立。(Bourdieu,1977,1990)

他的"象征资本"概念则试图把马克思主义的"资本"论析拓展到非物质的象征领域,论析那样的象征资本(譬如,教育背景、特长、地位和声誉等)可以转化为物质/经济资本,而后又再转化为象征资本(从如今的世界来理解,我们还可以加上诸如企业品牌的实例),如此往复。他试图超越主观主义和客观主义的二元对立。他

更针对阶级关系而提出了"象征暴力"的概念,指出强势方会对弱势方采用掩盖实际关系的"礼品"行为来进一步巩固其权力,相当于一种"暴力"。这里,我们可以看到他具有一定程度上的马克思主义内核。(Bourdieu,1977,1990)

布迪厄的"实践逻辑"对以往的主观主义理论和客观主义理论,以及意志主义和结构主义理论无疑是一种超越。这样的理论也许没有韦伯型的形式理性理论那么清晰,但明显比其单一面的"理想类型"更贴近真实世界的实际情况。

但是,布迪厄的实践逻辑也带有一定的弱点。除了上面已经提到的缺乏长时段变迁的历史感和缺乏对表达与实践背离问题的关注外,他没有系统分析主观抉择的性质。"习性"说明的是某一种客观条件所导致的主观倾向。但在这种倾向以上的主观抉择呢? 人们在实然层面上做出抉择的时候,到底是怎样受到主观意志的影响的? 更有进者,从应然的角度来考虑,人们到底应该如何做出如此的抉择? 布迪厄的"实践理论"不带有如此的前瞻维度。

(二)康德的"实用理性"

这里,我们可以借助启蒙大师康德(Immanuel Kant)而做出以下的概括:人们的主观抉择可能来自某种主观终极目标(例如某种宗教或意识形态信仰),也可以是纯功利性的(为了自己或某些人的利益),更可以是仅仅出于某一种特殊客观情况下的特殊行为。康德集中论析的则是源自其所谓的"实用理性"(practical reason)——介于"纯理性"(pure reason)和行动之间——而作出的抉择:在具有自由意志的人们之中,可以凭借实用理性来做出在众多繁杂的道德准则之中的理性抉择,由此来指导行为。此中的关键是他的"绝对命令"(categorical imperative)——"你要仅仅按照你同时也能够愿意它成为一条普遍法则的那个准则去行动"。(更详细的论析见笔者的《道德与法律:中国的过去和现在》——黄宗智,2015b;亦见黄宗智,2014b,第一卷:总序)

康德这里的贡献在于树立怎样在多种多样的特殊道德准则中作出抉择的标准。这是他实用理性的核心。他的论析可以为布迪厄的实践逻辑提供其所没有的道德价值维度,提供借此来从众多实践逻辑中作出抉择的方法,由此可以为其加上其所缺乏的前瞻性。布迪厄则因为罔顾"善""恶"问题,只关心(已经呈现的)实践行为,而使其"实践逻辑"最终只可能成为一种回顾性的,或旁观的(人类学)学者所观察出来的实践逻辑,不带有改变现实的前瞻性导向。也就是说,布迪厄的实践逻辑理论最终并不足以指导行为或决策的选择。布迪厄本人固然是位进步的、真诚的关心劳动民众和弱势群体的学者(此点尤其可见于他晚年的政治活动),但他并没有试图把自己的进步价值观和感情加以系统梳理。正因为布迪厄的理论缺乏前瞻性的道德辨析,它不足以指导我们关心的立法进路、公共政策或经济战略抉择等问题。

至于韦伯,康德的实用理性则提供了强有力的逻辑化论析,其足够说明韦伯对"理性"的理解只局限于理论理性,完全没有考虑到"实用理性"或道德理性,而后者正是理论理性与实际行为间的关键媒介。韦伯偏重理论理性,没有考虑到连接理论与实践的问题。这便是他归根到底是一位偏向主观主义的思想家的重要原因。

康德的"绝对命令""实用理性"思路其实和儒家的基本倾向有一定的亲和性。中国古代至当代的法律历史所展示的是,中国文明中最坚韧持续的特征之一是儒家的道德化思维,其核心长期以来可见于儒家"仁"理念的"己所不欲,勿施于人"的"黄金规则",以及据此而来的"仁治"理念。它实际上是汉代"[法家]法律的儒家化"的核心内容,至今仍然在中国的非正式民间调解以及半正式调解(包括法庭和行政调解)制度中被广泛援用。它其实完全可以被"现代化"为相当于康德的绝对命令的道德标准。它显然可以成为一个被一般公民接受和拥护的标准。它也和康德的"实用理性"一样附带有自内而外的道德抉择观点,与西方此前的"自然法"把道德视为客观存在于自然的思路很不一样。而过去的儒家思想虽然把如此的道德抉择局限于"君子",但这是个完全可以大众化、全公民化的理念(儒家自身便有"有教无类"的理念),也完全可以名正言顺地适用于今天的立法抉择。

固然,康德的出发点和儒家的很不一样。前者在于个人的绝对价值和对理性的追求,后者则在于人际关系与和谐。虽然如此,康德的绝对命令显然也关注到人际的关系(己之所欲,亦施于人)。也就是说,它是一条和儒家的"仁"有一定亲和性的"黄金规则"。对中国来说,更重要的是,如此的前瞻性道德理念正是中国长期以来的关键性"实用道德主义"的不可或缺的组成部分,也是可以贯通古代、现当代和未来的"中华法系"的特色。(黄宗智,2016a)

这样,我们可以辨析出一条超越韦伯的形式理性和布迪厄的不具备前瞻性的实践逻辑的道路,从而得出一条凭借实用理性和道德理性的标准来决定道德准则的取舍,借此来指导实践的道路。根据这样的标准所作出的抉择显然可以一定程度地适用于他人,甚或所有人。

(三)"实践理性"和"毛泽东思想"

我们也可以从实践与理论的关联的问题角度来回顾中国的革命传统。其实过去的"毛泽东思想"便是一套聚焦于如何连接实践与理论问题的思想。我们可以想象,在大革命失败之后,并在中国共产党高度依赖共产国际的物质援助和政治领导的早期阶段,要脱离共产国际所设定的依赖工人阶级夺取大城市的"总路线",从实际情况出发而得出实用可行的建立(农村)根据地、游击(运动)战略以及从农村包围城市的实践方针是多么地不容易,多么地需要突破现有理论的条条框框,多么地需要从实践出发而概括出符合实际情况的方针,由此来连接基于中国实际情况的实践和马列主义理论(包括被共产国际提升到理论层面的苏联革命经验)。我们甚至可以把那段经验和革命传统视作这里提倡的学术对真实世界的认知进路的佐证,而当年的陈绍禹(王明)、秦邦宪(博古)等人,则使我们联想到今天主张简单借鉴和模仿美国经济和法律的全盘西化学者。

当然,中国共产党之所以胜利的一个关键因素在于"得民心",在其把劳动人民从阶级剥削中解放出来的马列主义意图之上,更加上了党的"为人民服务"的崇高道德理念。后者的最好体现也许是解放军的"三大纪律、八项注意",一定程度上也可见于党的"群众路线"。它们和传统的"得民心者得天下"的仁政理念有一定的关联,至今仍然起着重要的作用。在传统的村社一级,"仁政"尤其可见于村庄的简约治理和社区调解制度;在现当代,更可见于由传统非正规调解和国家正式机关之间的互动所产生的"第三领域"中的众多半正式调解体系:包括社区干部、行政机关、公安机关和正式法院所执行的调解。今天,那样的半正式体系传统更应该被延伸入涉及民生的重要公共政策的拟定和执行,可以把民众参与设定为其必备条件。如此的变化也许能够被引导成为一个来自"中国特色"传统(党自身的群众路线传统)的治理体系"民主化"/"社会化"道路。(黄宗智,2019)

毛泽东思想的洞见在于它非常清晰地认识到为众多理论家和学者所忽视的关键问题,即如何在理论和实践间进行媒介和连接。它的核心是一种认识上的方法论。它的贡献是在特定的历史情境中,能够反主流地质疑固定的认识而提出符合中国实际的不同构想。用它自己的隐喻来说,它是把马列理论有的放矢地射中于中国实际的思想。

笔者这里绝对不是要提倡把任何一种思想绝对化或宗教化,更不是要将任何人的思想构建为一种僵硬的意识形态,而是要指出在人们的认识中,理论与实践间的媒介和连接的关键性。我们可以说,毛泽东思想既为我们提供了这里提倡的认知方法的佐证和实例,也在一定程度上为我们敲响了对任何被绝对化、普适化理论的警钟。

以上的认知方法显然不仅适用于学术研究,也适用于国家决策。从后者的角度来考虑,"实践理性"和"仁政"理念同样十分必要。正是那样的实践理性和抉择，才能够区别"善"与"恶"之间的抉择。决策者到底是为了老百姓的幸福还是一己或某种狭窄的利益而做出抉择？对中国人民的未来来说，这是个关键的问题。我们不仅不该像韦伯那样拒绝道德在立法和决策中所应起的作用，而是要提倡借助于如此的道德标准来进行前瞻性的思考。（更详细的论述见黄宗智，2014b：尤见第一卷：总序；亦见黄宗智，2015b）

五、中国实践社会科学理论的建构

回顾笔者五十多年来的经验研究，一个关键的转折点是认识到（从西方主要理论来看待的话）中国实际的"悖论性"，亦即其"悖论实际"。现今的主流社会科学理论源自对西方某种经验的抽象化之后，将其进一步理想化，进而普适化和意识形态化。其原先可能是比较符合西方实际的抽象化理论，或一种聚焦于单一维度的认识方法，但之后，则通过逻辑推理而被绝对化，或被政权意识形态化。今天新古典经济学和形式主义法学，以及众多与两者相关联的理论，被广泛引进中国，被当作是中国"现代化"和"与国际接轨"的必要构成部分，甚至在研究中国自身方面也如此。在这样的大环境之下，我们只有从中国的经验实际/实践出发，而不是从舶来的理论出发，才可能看到中国的悖论性。理论可以被当作对经验证据提出的问题来使用，但绝对不能被视作已有的答案。我们不可像今天许多的研究那样，硬把中国的历史和现实盲目地塞进西方的理论框架。这正是笔者一贯提倡从经验/实践研究出发的根本原因。（何况，即便是对西方本身的认识，也需要如此地要求连接经验与理论,而不是单一地依赖理论,或强使两者分离,或让单一方完全压倒、吸纳另一方,由此陷入非此即彼的二元对立思维习惯和框架之中。但这不是本文主题。)

其后,通过笔者关于清代和民国时期的法律的研究,笔者进一步认识到,表达和实践可以是一致的,但也可能是相悖的。中国的正义体系(也包括其治理体系),长期以来一直有意识地结合高度道德化的理念/表达与比较实用性的实践,形成其"实用道德主义"的核心。而在中国近现代与当代的剧变过程中,以及在西方的强大影响下,我们更需要关注到表达与实践之间的背离,以及两者之间因此而必然会产生的既背离又抱合共存的实际。作为侵略方的西方,则不会考虑到如此的问题。正是通过对此点的认识,笔者也看到了布迪厄实践理论的一个关键弱点:布氏不会考虑到近现代中国这样既拥抱又抗拒西方的实际,既要求西化又要求本土化的实际。这样的实际更需要中国长期以来对待二元实际的基本思维倾向来认识——看到二元关系中的背离和抱合,既矛盾又合一,不会像西方经典理论那样偏重非此即彼的二元对立。只有认识中西方思维方式之间的这个基本差异,才有可能真正进入对中国近代以来的历史实际。单一地关注其中任何一面,无论是全盘西化还是本土化,都只可能脱离现代中国面对的基本实际。

最后,我们也要看到布迪厄的实践理论最终是一个回顾性的理论,不带有明确的前瞻性,并不足以指导我们关于未来的思考。除了简单区别实践之中所展示的有效和失败的传统之外,我们还需要儒家长期以来关乎"仁"的"黄金规则"传统,来作为我们对善法和恶法、优良的和恶劣的公共政策做出抉择的依据和标准。它类似于西方现代启蒙大师康德的"实用理性"及其"绝对命令"的"黄金规则"，更是历代中国正义体系的核心，今天仍然起着重要作用。西方的主流形式主义理论则多把道德价值视作"非理性"或"前现代"的因素。

以上的简单总结可以说是笔者自身研究和学习经历中至为关键的三步：认识到中国的悖论性才有可能连接上中国的实际和现代西方的社会科学理论，并建立扎根于实际的中国社会科学和其主体性；看到中国传统和现代社会中道德性表达和理念与其实用性实践的既背离又互动和抱合，才有可能掌握中国悠久历史中的实用道德主义核心以及其对待二元合一的基本思维，这与西方非此即彼的思维十分不同；认识到儒家的"仁"（"己所不欲，勿施于人"）的核心道德理念才有可能赋予第一、二两步的认识所不可或缺的前瞻性，才有可能认识到实践中所需要的抉择标准，以及如何贯通中国的历史、现实与未来。笔者的三本新书，《中国的新型小农经济：实践与理论》、《中国的新型正义体系：实践与理论》和《中国的新型非正规经济：实践与理论》，前两者是依据以上的三层主要认识所写的前瞻性探索，是其进一步的延伸和具体化，也是经验研究方面的进一步充实。它们相当于笔者之前两套三卷本分别的第四卷。后者则主要是笔者关乎农民工的过去、现在和未来的论述和探索，依据的也是上述的方法和认识。它们对笔者自身的总体认识的影响还不是很清楚，还是个正在进行的过程。

参考文献:

黄宗智(1986)[英文版1985]:《华北的小农经济与社会变迁》,北京:中华书局,再版2000,2004。

黄宗智(1992)[英文版1990]:《长江三角洲的小农家庭与乡村发展》,北京:中华书局,再版2000,2006。

黄宗智(1993,2000)[英文版1991]:《中国研究的规范认识危机——社会经济史中的悖论现象》,文章前半部分以《中国经济史中的悖论现象与当前的规范认识危机》为标题首先发表于《史学理论》第1期,第42—60页。其后全文以原标题为题,作为《后记》纳入黄宗智(2000[2006])《长江三角洲小农家庭与乡村发展》,北京:中华书局。

黄宗智(1999)[英文版1993]:《中国的"公共领域"与"市民社会"?——国家与社会间的第三领域》,原载邓正来与J.亚历山大编《国家与市民社会:一种社会理论的研究路径》,北京:中央编译出版社。修改版见黄宗智(2015a),第114—135页,北京:法律出版社。

黄宗智(2001[2007])[英文版1996]:《清代的法律、社会与文化:民法的表达与实践》,上海:上海书店出版社。

黄宗智(2003a[2007])[英文版2001]:《法典、习俗与司法实践:清代与民国的比较》,上海:上海书店出版社。

黄宗智(2003b)[英文版1995]:《中国革命中的农村阶级斗争——从土改到"文革"时期的表达性现实与客观型现实》,载《中国乡村研究》第2辑,第66—95页,北京:商务印书馆。

黄宗智(2003c)[英文版1998]:《学术理论与中国近现代史研究——四个陷阱和一个问题》,载黄宗智编《中国研究的范式问题讨论》,第102—136页,北京:社会科学文献出版社;修改版见黄宗智(2015a),第169—195页。

黄宗智(2005)[英文版2000]:《近现代中国与中国研究中的文化双重性》,载《开放时代》第4期,第3—31页。

黄宗智(2007):《中国法律的现代性?》,载《清华法学》第10辑,第67—88页,北京:清华大学出版社。纳入黄宗智(2009b),第8章。

黄宗智、彭玉生(2007):《三大历史性变迁的交汇与中国小规模农业的前景》,载《中国社会科学》第4期,第74—88页。

黄宗智(2008):《集权的简约治理——中国以准官员和纠纷解决为主的半正式基层行政》,载《开放时代》第2期,第10—29页。

黄宗智(2009a)[英文版2010]:《过去和现在:中国民事法律实践的探索》,北京:法律出版社。

黄宗智(2009b):《中国的隐性农业革命》,北京:法律出版社。

黄宗智(2009c):《中国被忽视的非正规经济:现实与理论》,载《开放时代》第2期,第52—74页。

黄宗智(2010a):《中西法律如何融合? 道德、权利与实用》,载《中外法学》第5期,第721—736页。

黄宗智(2010b):《中国发展经验的理论与实用含义:非正规经济实践》,载《开放时代》第10期,第134—158页。

黄宗智、高原、彭玉生(2012):《没有无产化的资本化:中国的农业发展》,载《开放时代》第3期,第10—30页。

黄宗智(2013):《重新认识中国劳动人民——劳动法规的历史演变与当前的非正规经济》,载《开放时代》第5期,第56—73页。

黄宗智、高原(2013):《中国农业资本化的动力:公司、国家,还是农户?》,载黄宗智、高原《中国乡村研究》第10辑,第28—50页,福州:福建教育出版社。

黄宗智(2014a):《明清以来的乡村社会经济变迁:历史、理论与现实》,三卷本,增订版。第一卷《华北的小农经济与社会变迁》;第二卷《长江三角洲的小农家庭与乡村发展》;第三卷《超越左右:从实践历史探寻中国农村发展出路》,北京:法律出版社。

黄宗智(2014b):《清代以来民事法律的表达与实践:历史、理论与现实》,三卷本,增订版。第一卷《清代的法律、社会与文化:民法的表达与实践》;第二卷《法典、习俗与司法实践:清代与民国的比较》;第三卷《过去和现在:中国民事法律实践的探索》,北京:法律出版社。

黄宗智(2014c):《"家庭农场"是中国农业的发展出路吗?》,载《开放时代》第2期,第176—194页。

黄宗智、高原(2015):《社会科学应该模仿自然科学吗?》,载《开放时代》第2期,第158—179页。

黄宗智(2015a):《实践与理论:中国社会、经济与法律的历史与现实研究》,北京:法律出版社。

黄宗智(2015b):《道德与法律:中国的过去和现在》,载《开放时代》第1期,第75—94页。

黄宗智(2016a):《中国古今的民、刑事争议体系——全球视野下的中华法系》,载《法学家》第1期,第1—27页。

黄宗智(2016b):《中国的隐性农业革命,1980—2010》,载《开放时代》第2期,第11—35页。

黄宗智(2017a):《中国的劳务派遣:从诉讼档案出发的研究(之一)》,载《开放时代》第3期,第126—147页。

黄宗智(2017b):《中国的劳务派遣:从诉讼档案出发的研究(之二)》,载《开放时代》第4期,第152—176页。

黄宗智(2019):《国家与村社的二元合一治理? 华北与江南地区的百年回顾与展望》,载《开放时代》第2期,第20—35页。

黄宗智(待刊 a):《中国的新型小农经济:实践与理论》。

黄宗智(待刊 b):《中国的新型正义体系:实践与理论》。

黄宗智(待刊 c):《中国的新型非正规经济:实践与理论》。

黄宗智、尤陈俊编(2009):《从诉讼档案出发:中国的法律、社会与文化》,北京:法律出版社。

黄宗智、尤陈俊编(2014):《历史社会法学:中国的实践法史与法理》,北京:法律出版社。

Bourdieu, Pierre.(1977). *Outline of a Theory of Practice*, translated by Richard Nice, Cambridge: Cambridge University Press.

Bourdieu, Pierre.(1990). *The Logic of Practice*, trans. Richard Rice, Stanford: Stanford University Press.

Geertz, Clifford.(1983). *Local Knowledge*: *Further Essays in Interpretive Anthropology*, New York: Basic Books.

Said, Edward.(1978). *Orientalism*, New York: Pantheon.

Schurmann, Franz.(1970[1966]). *Ideology and Organization in Communist China*, New and Enlarged Edition, Berkeley: University of California Press.

Weber, Max. (1968 [1978]). *Economy and Society*: *An Outline of Interpretive Sociology*, ed. Guenther Roth and Claus Wittich, trans. Ephraim Eschoff et al. 2 vols, Berkeley: University of California Press.

导　论　中国的正义体系从哪里来，往哪里去？

　　本书的出发点是笔者 1990 年以来使用的"实践历史"研究概念和方法，用以探讨中国古代、现代（民国时期和解放区时期）以及中华人民共和国前三十年和之后的三十多年的法律体系。用于法学，"实践历史"概念的核心是认为法律不可仅凭理论、条文、思想史或制度史来认识，必须同时看到其实践才能认识到其真正含义以及对人民的影响。同时，由于中国成文法律的增补和修改多源自实践经验，我们需要在"实践历史"中探讨、设想法律的走向。

　　中国法律体系的一个基本特点是它不限于国家的正式司法机构，长期以来一直都同时广泛依赖民间的调解。清代的案例更证实，在非正规的民间调解以及正规的法庭断案之间，还形成了一个"半正式"的"第三"领域：由于纠纷一方提出控告而引起的民间更为积极的或再次调解，当事人常会因县官对纠纷案件的初步反应和其后的陆续批示而达成某种协议，然后正式具禀撤诉。所以，要了解法律体系整体是如何解决民间纠纷的，必须同时照顾到非正式调解以及其与正式法庭间的互动。

更有进者，中国法律实践历史中一贯展示了一种"实用道德主义"的思维方式，即在崇高的道德理念之上，附加实用性的考虑。一方面，道德理念为整个体系提供了前瞻性的维度，与缺乏前瞻性的简单实用主义（或现实主义）不同。实用理性与道德理念双维的结合，乃是中国长期以来的法律体系的重要特征。它不仅可以见于古代的，也可以见于现代以及当代的法律体系。同时，它一贯强调要紧密连接法则与具体事实情况，寓抽象法理于具体实例，与现代西方传统（尤其是大陆法系）所强调的把法理和法律条文从实例之中抽离出来成为纯粹抽象的、普适的法律思维截然不同。中国法律体系的思维方式可以称作一个从经验到概括再返回到经验的思维方式，与现代西方从抽象到经验再到抽象的思维迥然不同。也可以说，中国法律更偏向从特殊到普适再到特殊的思维进程，而西方法律则强烈倾向从普适到特殊再到普适的思维进程。这个差别今天仍然可以清楚地见于中国法律体系的方方面面。笔者在1996 年至2010 年陆续出版的三卷本著作中详细论证了在中国法律实践历史中呈现的以上几个特征。这是本书的出发点。（本书因此也可以被视作笔者关于法律体系研究的第四卷）

一、现代性、中西融合与道德理念

第一章从"中国法律的现代性"问题出发，从法律的实际运作来论析其现代性问题。以美国法律为例，其长期以来的形式主义的"古典正统"只能代表其法律整体的一个方面；在其实际运作中，古典正统其实长期与法律实用(以及现实)主义交织并存、拉锯。
在最高法院的九名大法官中,先是比较保守的形式主义古典正统
占多数,而后是比较进步的实用主义占到多数,然后再反之,所反
映的是资本主义国家与福利国家,以及共和党和民主党的并存和
拉锯。文章论证,中国现当代法律长期类似地在西方引进的法律
和中国自身的传统,包括古代和革命传统,亦即组成今天的法律体
系的三大传统之拉锯之下运作。文章举出产权法、继承法、婚姻
法、侵权法等领域中的实例,进而说明其中的创新实例所展示的
"实用道德主义"思维方式。它既有类似于美国实用主义的一面,
也有与其不同,具有前瞻性的道德理念的一面。此文倡议,中国法
律应走的道路乃是移植来的形式主义与本土的实用道德主义的长
期并存,相互作用,并由此来建立新型的、具有中国特色的法律
体系。

　　第二章进一步检视两者结合的具体方案。一方面,从中国法
律三大传统——引进的法律、古代的法律以及革命传统的理念与
制度——来分析中国法律的现当代所展示的优良地结合三者的实
例,如在侵权法、赡养法和离婚法中的创新,同时也论析了一些错
误的实例,包括过度工具主义化——只讲究执法"效率"——的盲
目模仿错误理解的西方"恢复性正义"理论而夸大了刑事调解的可
能作用,以及不符实际地援用(西方)"当事人主义"举证程序于离
婚法等。试图借助优良的实例和错误实例的对比,来澄清中国法律
该走的道路。同时,对优良实例中所展示的实用道德主义思维进行
进一步的阐释,倡议结合道德理念、权利原则以及实用考虑三维。

　　第三章集中探索道德理念在中国法律体系中所扮演的角色,

直接挑战韦伯(以及美国兰德尔"古典正统")所强调的现代法律必须是去道德化的"形式理性"法律的观点。首先，说明"和"以及"己所不欲，勿施于人"的中国道德理念长期以来在调解体系中所扮演的关键角色，它重道德价值过于形式逻辑和抽象法则、事实过于理论与条文和程序，也就是说"实质主义"过于"形式主义"。它的重点在人际关系，不在形式主义的个人权利。从人际关系的角度，我们也可以更清晰地认识到产权、继承、赡养等法律中重亲子关系过于个人，夫妻间的感情关系过于两个个体间的合同关系等特点。同时，中国的法律体系也重视实用，在婚姻法、继承法和侵权法等立法实例中尤其显著。以上都是笔者强调的实用道德主义的内涵。固然，实质主义可能会受到法外因素的影响而陷入诸如"刑讯逼供"的陋习(清代对妇女强加苛刻的道德期待和取证要求，基本要求其以一死来表明"贞节")或不符实际的超前期待(20世纪50年代初期的婚姻法运动导致每年有大量妇女自杀)。未来走向的关键在于借助崇高的道德理念来区别过去的"善"与"恶"实践。

同时，要更清晰精确地区别适用形式主义法律与实质主义法律的不同事实情况，确立事实情况在法理中应该占有的位置。譬如，规定在有对错的事实情况中，适用明判是非的形式主义体系，在没有过错的争执中，则更适用实质主义法律。同时，文章提倡，需要更为明确地区分不同道德理念的不同适用程度，如具有一定普适性的"己所不欲，勿施于人"的儒家"黄金规则"，和有限度的只适用于农村或个别地方的道德理念或惯习，以及不符合这样的准则的恶法。然后，明确在法律体系整体中，如此的实质理性应和引进的形式理性并用，逐步探寻综合并超越两者的道路。这样对待二元或多元的对立,其实反映了中国文明长期以来的一个至为基本的特点——可以见于儒家与法家的结合、儒释道的长期并存、农耕文化与草原文化的并存,以及今天的中西并存。

　　第四章进一步论析法学(以及一般社会科学)广泛使用的"形式主义"演绎逻辑,以及其"科学主义"的认识倾向,论证其实际上是一种不合适地试图模仿自然科学的错误认知方法。对待物质世界,我们可以追求普适的、可确定的、绝对的规律,一如牛顿时代的物理学那样。但人间社会和历史既有规律也有偶然,既有理性也有非理性,既有普适的一面也有特殊的一面,不可简单以物理学早期(牛顿时代,区别于 19、20 世纪之交后的量子力学)的态度和方法来认识和研究。我们需要的是可以兼顾偶然性、特殊性以及规律性、普适性的认知态度和方法,而不是强把真实建构为偏重形式化一方,认为可凭固定公理来理解、演绎逻辑来推定,以及公理和定理来预知真实。正是那样基本错误的设想,导致了社会科学(包括法学)中广泛的"科学主义"的错误,包括其对普适化的规律的信仰、对演绎化理论的偏重、对道德价值的拒绝,以及对经验事实的轻视。这些错误在社会科学中最高度形式主义化的经济学和法学尤其突出,两者惯常地把实际简单地抽象化之后更把其理想化为普适规律。我们需要的不是那样的科学主义认识和建构,而是兼顾普适与特殊、必然与偶然的思维和研究的立法进路。在理论层面上,要紧密连接经验,追求具有明确经验限定(适用范围)的概括和抽象,而不是绝对和普适的规律。也就是说,兼具形式主义与实质主义视野的学术研究和立法方向。

二、正义体系、全球视野以及新型中华法系

最近几年,笔者对法学和法律的探索更明确地使用"正义体系"的概念来认识其整体的框架——包括正式、非正式和半正式正义,强调唯有从如此的整体视野才能充分认识到中国的正义体系只可能是一个同时来自三大主要传统的体系,即古代的"中华法系"(尤其是其非正式民间调解和正式法庭断案,以及两者之间的第三领域),现代和改革时期从西方移植的法律,以及从中国革命传统所承继的政治体制与司法制度。笔者从这个角度分别对不同正义领域,如调解、婚姻法、侵权赔偿法、产权法、继承与赡养法、取证法、"刑事调解",以及政党—国家体制等所展示的三大传统进行了梳理和论证。

第五章聚焦于民事与刑事间的关联,说明即便是今天,中国正义体系仍然倾向长期以来不清楚划分两者的传统。同时,兼用非正式正义(民间调解)和正式正义,以及由两者的互动在革命根据地所广泛形成的半正式正义,如行政调解和法院调解。这里,笔者有意识地与新近的、影响极大的"世界正义工程"(World Justice Project,简称 WJP)直接对话。WJP 设定了八个主要"要素"来衡量全球主要国家的正义体系,并且比较重视其实际运作。但是,由于西方大多缺乏像中国长期以来农村紧密人际关系的社区和在其中生成的调解体系,WJP 一直没有正确认识到中国的非正式调解制度。西方近半个世纪以来所试图建立的"非正式纠纷解决"(Alternative Dispute Resolution,简称 ADR)制度,无论在主导思想

还是运作机制方面其实都和中国的调解制度十分不同,而在实际
效用方面,更和中国相去很远。由于 WJP 倾向把中国的非正式正
义等同于西方自身的 ADR,一直没有能够正确理解中国的调解体
系。何况,其调查一直都限于每个国家的三大城市,完全不顾农
村。虽然 WJP 如今已经认识到其在这些方面的欠缺,已经决定今
后将把农村纳入其调查范围,并把"非正式正义"(informal justice)
作为第九个估量要素,但尚未做到把其真正纳入对全球的正义体
系的评估数据中,这亟须进一步改正。正确纳入,才有可能理解中
国所代表的"中华法系",包括曾经大规模引进中华法系的东亚国
家(日、韩)的正义体系。

　　第六章论析的是中国正义体系中党、政与法多元合一的关联。
中国长期以来都没有完全纳入从西方引进的三权分立制度,其正
义体系中的"政"与"法"一直紧密交织、缠结。此点也可见于中国
的政党—国家体制中,共产党的核心领导地位。文章追溯此体制
的形成过程以及其在党章和国家宪法文本中的体现。同时,政与
法的交织更可见于广泛的"行政施法"实际之中,如公安部门所大
规模执行的"公安调解"司法功能,以及其所设置和管理的感化教
养等机构(包括未成年人),也可以见于基层法律事务所的调解和
司法功能等。行政施法更可以见于党组织本身的"双规制度"与人
力资源和社会保障部下设置作为劳动纠纷诉讼前置条件的劳动争
议仲裁委员会的仲裁制度,以及国家直接通过《工伤保险条例》
(2004 年)而介入工伤事件的裁定等诸多实例。此外,还有由行政
部门及地方政府分别发布的"半正式""半法律"的行政"条例""规
定""补充规定""通知""意见"等。如此行政与法律交织的体制固

然带有韦伯所批判的行政权力介入司法的问题,但在"转型"中的中国,应该可以说也不失为一种能够更灵活地在法律之外采取多渠道的行政和半法律措施来处理社会问题的体制。虽然,未来肯定需要进一步规范化。

此外,本章特别聚焦于 2006 年颁布的"专业合作社法",其基本出发点是试图借鉴高度企业化的美国农业,却忽视了中国农村社区以及其仍然主要是小农经济(而不是企业化农业)的基本实际。这导致了大量的"伪""空"和"虚"合作社的兴起,对中国农业的发展、农民的权益和农村的重建都没有起到该有的作用。如此脱离实际地借鉴美国的经验,应该成为我们的教训。

同时,我们也要看到美国的高度"形式主义"化法律如今所显示的诸多弱点。举其要者,首先是律师和法庭费用高得离谱,已经远远超出一般人民所能肩负的程度——这是韦伯早已经观察到的问题。其导因归根到底乃是(韦伯所倡议的)法律体制的极其高度封闭化和专业化。再则是过度形式化而不顾实质的问题:譬如,如今大跨国公司广泛雇用众多专业律师和会计师来为其钻形式化法规中的漏洞和空隙,惯常并公开地从事实质上违法但形式上合法的行为。再则是过度法条主义化的问题,譬如法律近年来广泛过度形式化地使用"三振出局"的条文,不合理地严重惩罚下层社会的轻罪者。那样的现象与跨国公司的行为形成鲜明的对照,直接影响到法律体系整体的威信和效率。固然,中国的实质主义倾向也有众多的弱点,但可以适当采用一定程度的程序化和规范化来遏制。这不是一个形式与实质非此即彼的问题,而应该是一个在两者之中"取长补短"的问题。

第七章相应当前的民法典编纂,试图更为系统地突出融合中西的理论与实例,聚焦于三个主要领域的探讨。一是结合实质性调解(包括民间、行政与法院调解)与形式化法院制度的具体方案:建议从具体情况出发,在无明确过错的争执中采用实质性调解,有明确对错的纠纷则采用形式化的法院裁判。在道德理念层面上,倡议结合中国的"家庭主义"道德理念和西方的"个人主义"法理,考虑到现今社会的实际需要与具体问题,可以在不同的实际情况下,适用或结合不同的法理的方案。最后是党、政与法的多元合一的政党—国家体制,以及其如何长期结合的可能方案,借此进一步明确共产党自我设定的"代表中国最广大人民的根本利益"的历史使命。其中一个要点应该是,在革命胜利已经是 70 年之后的今天,可以更明确透彻地把党组织进一步透明化、民主化,更完全地脱离其列宁主义式的革命地下党历史背景所遗留下来的一些不再符合历史需要的制度和操作方式。

如今,中国正处于一个历史性的转折点,需要设想、创建可以长期持续的、具有中国"特色"的、"万世之法"的正义体系。

三、新型的中华法系

此书因此具有以下几个主要特点:首先是把"法律"和"正义"理解为活生生地使用和转变中的体系;从历史和现实以及前瞻的视角来设想中国应该建立的正义体系,试图根据已经具有一定成功经验的具体实例来初步勾勒出一个未来的图景;同时,也检视一些反面的实例,来进一步阐明正面的实例的含义以及其对立法方向的启示。

本书的视野和如今分别占据法学两大主流的"移植主义"和"本土主义"都十分不同,也与简单的描述性"多元主义"不同。所突出的是一个融合和超越非此即彼二元对立的思路;说明长期以来"实用道德主义"在中国古今正义体系中所起的主导作用;阐释其与来自西方的"形式主义"主流的不同,由此来勾勒一个"实质理性"的正义体系传统。而后,借助西方挑战主流的美国的"实用主义"和"现实主义"和后现代主义传统,以及欧洲的"历史法学""法社会学""程序主义"法学等非主流法学传统来对形式主义法律进行优劣的梳理,再由此探讨中国的实质主义法律传统应该如何与西方偏重形式主义的法律共存、拉锯、融合。

本书不仅从立法的角度,也从学术研究(和认识论)的角度来对比"形式理性"和"实质理性"两大法律思维方式,并建议同时借用两者,由其相互作用、融合以及创新来超越单一方的局限和偏颇,借此来形成未来的"新型中华法系"。从认识论的角度来考虑,"形式"和"实质",抽象和具体,普适和特殊,都是真实世界必然具有的双维,不可简单偏重任何单一方。兼顾双方,追求其最优配合乃至超越两者,既是学术认知也是正义体系制定的明智选择。未来的道路需要从两者的实际并存出发,不仅要追求其逐步磨合,更要探索其融合与超越的道路。那样,才可能真正跳出过去和现在的非此即彼二元对立的束缚,建立中国式的、真正现代的、可长期持续的新型中华法系。

四、几点细节

纳入本书的文章是笔者 2006 年以来围绕"中国正义体系整体从哪里来、往哪里去"大问题的七篇主要文章。各篇可以说都集中探讨同一问题,虽然都是从不同的角度和重点来做的探讨。伴随问题的展开,有的从比较粗线条的讨论进入更为细致的讨论,有的从比较简单清晰到较为复杂,有的反之,有的从相对狭窄的视角到更为宽广的视野,有的则陆续引发了更深层的论析。与其试图把如此历时十多年的陆续研究从今天的角度来重新整合、更新为一本共时性的书,笔者选择了基本保持原文的做法,也保持了其原来的引用书刊目录。笔者认为,这样的做法其实会对读者逐步进入这个宏大、复杂、多维和疑难的问题有一定的帮助。无论如何,读者会发现,全书具有比较集中和鲜明的研究方法、思维、问题和论点,带有高度的整合性与一贯性。

第一章　中国法律的现代性？[①]

　　人们多从理论角度来理解现代性。譬如，或求之于自由主义，或求之于马克思主义。本章强调，现代性的精髓不在于任何一种理论或意识形态，而在于历史的实际变迁过程。以思想史为例，现代性不在于西方启蒙以来的两大思想传统理性主义（rationalism）和经验主义（empiricism）中的任何一个，而在于两者 18 世纪以来的历史上的共存、拉锯和相互渗透。以科学方法为例，其真正的现代性不简单在于理性主义所强调的演绎逻辑，也不简单在于经验主义所强调的归纳逻辑，而在于历史上的两者并用。更宽泛地说，西方各国政治经济的现代性不在于古典自由主义所设想的完全放任的资本主义市场经济，也不在于其后呈现的福利国家，而在两者的拉锯和相互适应、相互作用。以美国或英国为例，其政治经济的现代性并不简单地在于亚当·斯密型自由市场的"看不见的手"所主

---

① 本文原载《清华法学》2007 年第 10 辑，第 67—88 页。纳入本书时做了一些修改。

12

宰的纯资本主义经济，而在于历史上资本主义制度面对多种下层社会群体的运动做出逐步妥协之后形成的结果——也因此在个人的政治和经济权利之外，另外形成了所谓的社会权利（social rights）。今日的资本主义国家，既是资本主义制度的国家也是社会保障制度的国家，而不简单地是其中任何一个。西方各国的现代政治实际上长时期处于分别代表这两个不同倾向、不同利益群体的党派之间的拉锯，而不在于其中任何一个的单一的统治。

　　当然，我们需要区别"现代性"与现代历史。本章的理解是把"现代性"等同于追求现代理念的历史实际。现代的理念包括科学知识、工业发展、公民权利等，但是，这些理念不等于单一的理论或意识形态或历史途径，而在于追求这些理念的多样的历史实际变迁过程。

一、美国法律的现代性

　　在法律领域，现代法律的精髓同样地并不简单地在于倾向理性主义的大陆形式主义法律传统或倾向经验主义的英美普通法传统的任何一方，而在于两者的共存和相互渗透。譬如，美国的所谓"古典正统"（classical orthodoxy）法律思想，虽然脱胎于普通法传统，其实乃是高度形式化的结果。人们一般把此"正统"起源追溯到从 1870 年开始执掌哈佛法学院院长职位的兰德尔（Christopher Columbus Langdell），他对美国现代法律形成的影响极其深远。它不同于德国从 18 世纪启蒙时代理念的个人权利前提出发而通过演绎逻辑拟成的形式主义法律；它从先例（case precedent）出发，但试图从先例对契约和赔偿的法理做出系统整理和概括,通过演绎推理而建立逻辑上完全整合的法律体系。在精神上,它之强调普适性、绝对性、科学性是和德国的形式主义法律一致的。[①] 对兰德尔来说,法学应该和希腊传统的欧几里得几何学(Euclidean geometry)一样,从有数几个公理(axioms)出发,凭推理得出真确的定理(theorems),尔后通过逻辑而应用于所有案件的事实情况。因此,也有人把兰德尔代表的"古典正统"称为美国的法律形式主义(legal formalism)传统。[②]

虽然如此,我们并不能简单地把美国现代法律等同于其古典正统。它自始便受到法律实用主义(legal pragmatism)的批评和攻击,其主要代表人物乃是兰德尔在哈佛的同事,以法律实用主义始祖著称(后来当上最高法院大法官)的霍姆斯(Oliver Wendell Holmes)。霍姆斯特别强调法律的历史性,否认其具有永恒真理的普适性,认为法律必须应时而变,并且必须在实践中检验,通过社会实效来辨别优劣。(Grey, 1983—1984)此后,法律实用主义更导致了20世纪20年代的法律现实主义(Legal Realism)运动的兴起(两位主要人物是庞德[Roscoe Pound]和卢埃林[Karl Llewellyn],虽然两人之间多有争论),在认识论上排斥理性主义的演绎方法而坚持经验主义的归纳法,在精神上继承了实用主义之强调法律的社会效应,在方法上更进一步纳入了新型的社会科学,尤其是社会

---

① 法律形式主义的经典著作首数韦伯关于这方面的论述。见 Weber, 1978；chap.viii. 中文版见韦伯,2005。

② 见 White, 1976；参见 Gey, 1983—1984；Wiecek(1988)则反对用"形式主义"称谓而提倡用"法律古典主义"(legal classicism)一词。

学。(Wiecek, 1998:197;参见 Hull, 1997)在其同时,实用主义在整个知识界产生了更广泛的影响(其哲学界中鼻祖是詹姆士[William James]和与中国有较深渊源的杜威[John Dewey])。到了20世纪七八十年代之后,更有新实用主义(Neo-pragmatism)的兴起,重点在实用主义的认识方法,反对理性主义的绝对性。(Grey, 1983—1984;参见 Tamanaha, 1996)此外,更有具有相当影响、比较激进的批判法学潮流(Critical Legal Studies),例如哈佛法学院的巴西裔教授昂格尔(Roberto Unger),试图在资本主义(自由主义)法制和(国家)社会主义法制之外寻找第三条途径。

　　美国法律的现代性的精髓并不在于这些多种传统之中的任何一种理论,而在于其在一个相对宽容的政治社会制度中,各家各派通过各种不同利益群体的代表而多元共存,相互影响、相互渗透。现代美国法律既有其形式主义的方方面面,也有诸如现实主义和实用主义的成分。以最高法院的组成为例,在九位大法官之中,古典正统派与其反对者长时期并存。20世纪30年代之前半个世纪中,古典正统派成员一直占优势,但其后相反,最近又再反复。(Wiecek, 1998:3)在罗斯福总统任期中,因为法律现实主义大法官们占到多数,最高法院做出了一系列支持工人权利和少数民族权利("公民权利",civil rights)的历史性决定,例如1937年的工人组织工会、失业津贴、老年福利合乎宪法三项决定;再则是一连串关于黑人权利的决定,成为后来公民权利运动的先声。① 当然,现代主义意识形态带有相当强烈偏向于单一理论极端的倾向。虽然

---

① "Social Security Online," http://www.ssa.gov/history/a9r30.html;有关罗斯福总统任期的最高法院及其黑人权利的众多决定,见 McMahon, 2000。

如此，我们如果试图追求"现代性"于其中任何单一理论便会失去
其历史实际。

二、后现代主义与现代性问题

　　近年来西方的后现代主义，和西方许多其他理论一样，对现代
性的理解同样地主要集中于现代主义的理论表述而不在于其历史
实践。它对18世纪启蒙时代以来的现代主义的批评主要集中于
其认识论，反对其在认识上唯我独尊的意识形态——即以为通过
理性，通过科学方法，可以得出绝对的、普适的、永恒的、超历史的
真理。以吉尔茨（Clifford Geertz）为例：他强调一切认识的主观性，
把认识比喻为法庭上各执一词的双方，各为其雇主作说词，其实并
无超然的绝对真理和真实可言，借此攻击启蒙现代主义在认识论
上的绝对性。他自己则特别强调一切知识的地方性（local
knowledge），或者说是特殊性或相对性。（Geertz, 1998: chap.8）

　　这股潮流在国内有一定的影响，其原因不难理解。首先是因
为它对西方的启蒙现代主义意识形态提出的质疑，带有一定的非
西方中心化的内涵。对许多中国学者来说，面对20世纪80年代以
来的全盘西化潮流，这是具有一定吸引力的。后现代主义的贡献
主要在于其对19世纪以来影响极大的实证主义（positivism）思想
潮流的质疑，否定所谓"客观"存在和认识，否定迷信所谓的科学归
纳方法。它在知识界的攻击目标主要是各门社会科学中流行的实
证主义。此外，它也是对马克思主义唯物主义的反动，强调主观
性。一些国内学者借此来否定简单的法律移植论，有的更借以强

调中国自己的"本土资源"(苏力,2000),以及中国传统的所谓"习惯法",将之比喻于英美的普通法传统(梁治平,1996)。

但是,后现代主义所攻击的"现代性"其实主要只是现代主义的表达而不是西方现代的实践的历史。我们仍可以以吉尔茨为例。他强调一切认识只不过像是在法庭上纵横驰骋的律师,各执其说辞,而其实只不过相当于受雇的枪手,可以为其雇主杀人。他认为,无论是在法庭上还是在知识界,都没有所谓客观事实、没有绝对的真实可言。因此,吉尔茨全盘否定现代主义及其所谓的现代性,否定任何所谓的客观认识,强调一切认识的相对性,无论在知识界还是在法庭上都如此。但是,现代美国法庭在实践中并不简单依赖双方各执一说的律师的话语,而更关键地依赖法官和陪审团对真实的追求,尤其是陪审团。它认为,在双方的律师尽其所能各执一说之后,从普通人中选出的陪审团可以凭他们从日常生活中得出的常识做出对事情真相以及诉讼双方对错的可靠判断,凭此判决有罪与无罪、胜诉或败诉(当然,它承认人与人为的制度是不可能得出——唯有上帝才能知道的——绝对的真实的,只能在法律程序的范围之内得出接近于绝对真实的法庭真实)。我认为这才是美国法律的现代性的真正精髓。它不在于双方律师的说辞的任何一方,不在于任何单一的意识形态传统,而在于容纳不同说辞的制度以及法庭追求真实的判决和实践。现代美国的法庭以及法律制度的性质如果真的像吉尔茨的分析那样,那真是完全没有公正可言,也绝对不可能长时期维持。实际上,美国现代的法律制度虽然缺点众多,去理想很远(别的不用说,它是人类有史以来诉讼最频繁的一个制度),但绝对不像吉尔茨描述的那样完全没有客观真实可言的制度。

更广泛地说,美国现代的政治制度也是如此。它的实践的历史不仅仅在于"右派"的共和党的放任资本主义市场经济的表达,也不在于"左派"的民主党的政府干预的社会公正的表达,而在于两者长时期在它的政治制度下的拉锯和妥协。我们不能把这个政治制度的现代性简单等同于两党的表达和话语中的任何一个,那是脱离历史实践过程的理解。

吉尔茨的后现代主义理论继承了西方现代以来在形式主义演绎逻辑传统影响下对一切理论所作的要求:要其抽象化,提高于实际之上,前后一贯,逻辑上统一。因此,导致了脱离实践的夸大其词,言过其实。这是西方启蒙时代以来许多理论的共性,从原来的理性主义和经验主义下来大多如此。但这种倾向并不能代表西方现代实践的历史。其实,接近于真正的历史"现代性"的乃是那些试图融合理性主义和经验主义两大传统的思想。美国的实用主义便是其中一个例子,它既否定任何认识的绝对性和永恒性,也同时强调对事实的严谨认识,以及对经验的系统整理和概念化(因此完全不同于后现代主义那种怀疑一切认识的态度)。现代的实践的历史乃是这些诸多理论的共存和在现代政治经济制度之中相互作用所引起的后果,不在于任何单一理论或意识形态。我们可以这样理解实践的历史没有理论那么简单、美好,但也没有理论那么片面、偏激。它充满矛盾和妥协,也因此更符合现代历史真实。这是我个人对于"现代性"的理解,其关键在于把"现代性"置于一定的历史情境之中通过其实践过程来认识。现代性的实质内涵寓于对现代理念的追求的多样化历史实践而不是单一的理论约定。

三、中国法律的现代性？

从理论表达——也可以说从话语——来看，中国近百年以来的法律改革多次反复，很难从其中探究可以称作为现代性特征的内容。首先是清末和民国时期对传统法律的全盘否定，以及国民党政权对西方，尤其是德国的形式主义法律的全面移植。然后是中国共产党既对传统法律也对这种所谓"资产阶级法制"的全盘否定，及其以社会主义的苏联为模范的立法，之后是在中苏分道扬镳之后的主要依赖本土资源，尤其是农村的和革命运动的调解传统，最后是改革时期的再度大量引进西方法律，几乎是全盘西化，因此激发了相应的批评和"本土资源"的呼声。我们若仅从理论和话语的历史来回顾，近百年来中国法律所经历的道路真是万分曲折，多次反复，步步艰难。

在这样的历史语境中，有关中国法律现代性的讨论极易陷于意识形态的争论，或提倡西方某一种理论和法律传统，或坚持维护中国传统和中华民族的优点。譬如，2005—2006 年有关《物权法》草案的争论，便带有强烈的意识形态因素。（晓宁，2006；朱景文，2006）本章强调，我们要把脱离实际的意识形态争论置于一旁。

无论是从西方移植还是从本土继承，关键都在实际的运作。从移植的观点来看，当前的大问题是引进的理论和原则都不容易付诸实践。众所周知，从西方引进的以维护权利为主导思想的法律原则，很容易被吸纳到中国现存的官僚制度中去，权利的维护很容易变质成为权力和关系的运作，以及不同利益集团之间的"摆平"。因此，法学界"移植论"的部分人士，认为建立完整的制度和程序乃是当务之急。另一方面，"本土资源"论者希望提炼出中华民族特有的优点，要求挖掘中国法律的现代性于其传统或民间习惯，反对中国法律的全盘西化。

相较之下，本土论比较缺乏具体意见，尤其是立足于中国传统的历史实际的具体意见。本章因此偏向讨论中国法律历史中现代性的一方面。本章首先强调，我们如果能离开抽象的理论争论而从近百年的法律实践来看，可以看出现代中国法律已经初步成形，既有它自己的特点，同时也具有西方与中国传统的成分，既有相当明确的道德价值观念，也有相当明确的实用性认识方法。其组成因素既有清代遗留下来的成分，也有可以称作中国革命的（排除其全能主义政权而突出其"革命的现代性"的部分）传统，而在两者之外，更有从西方移植（并经过国民党政府修改）的成分。这个三大传统的混合体看来似乎是个大杂烩，但其中其实已经形成了一些积极的特征，以及多元并存的原则和方法，足以称为具有中国特色的现代性。

这样突出中国法律传统中的现代性，用意并不是要排除从西方引进法律，更不是要回避其在中国运作中的诸多困难，以及毛泽东时代遗留下来的众多弊端。作者认为，中国法律改革的将来不在于移植论和本土论的任何一方，而应该在于两者在追求现代理念的实践中的长时期并存和相互作用。① 这是作者的总的设想。以下是笔者之前的研究中已经讨论过的一些具体的例子的再度梳

① 季卫东（2006）提出了富有建设性的"程序正义"观点，作为在多种理论和价值观念并存的现实下追求共识与合意的方法。

理、论证和总结。

（一）继承与赡养

　　1929—1930 年的《中华民国民法》采用了 1900 年的德国民法典的男女继承权平等的法则。（《六法全书》，1937：第 1138 条）从法律条文的表面来看，农村女儿对家庭土地和住宅的继承权在法律上和兄弟们是平等的。但是，在实际运作之中，法律条文并没有起到其字面意图的作用。首先，正如白凯在《中国的妇女与财产》一书中指出，即使是在城市，新法律条文也只适用于死后的财产分割，而并不影响生前的财产分割。（Bernhardt，1999：152—160；中文版参见白凯，2007：140—148）我们知道，当时农村家庭一般都在父母亲生前由兄弟们分家，而这并不违反新法律条文，因为根据新法律的基本精神，拥有所有权的个人是可以没有约束地在其生前处理其财产的。正因为农村人大部分于生前便分家，新法律条文关于死后的继承规定对农村实际生活影响十分有限。至于当时农村社会中相当普遍使用的"养老地"习俗——即在生前分家时便分出部分土地用来支付父母亲生前养老以及死后殡葬的花费（即农民之所谓"生养死葬"）——也同样不受新法律的继承法原则影响。（黄宗智，2003：132）总的来说，民国时期中国农村在遗产继承方面仍旧是按照传统习俗进行的。这一点我已在《法典、习俗与司法实践：清代与民国的比较》一书中详细论证。（参见黄宗智，2003：第 8 章）

　　这个事实背后的道理很明显：当时农村女子一般仍旧是出嫁到别村的，而家里老人的养赡长时期以来都由留村的儿子承担。

在这样的客观社会现实之下，如果出嫁的女儿真能根据新法律条文而分到与兄弟们相等的份地，立刻便会威胁到父母亲赖以养老的土地，无论是家庭的农场还是特地拨出为养老用的"养老地"。在农村小农经济长时期延续的现实之下，耕地仍然主要是一家所有而不是个人所有，它是全家人的生活依赖，是父母亲倚以抚养孩子的生活源泉，也是父母亲赖以养老的主要资源。女儿们，正因为大多是"出嫁"的，不大可能肩负起双亲的养赡。双亲老年要依赖留村的儿子生活。正因为如此，一家土地的继承权一般必须给予儿子而不是女儿。当然，中国农村有一定比例的入赘女婿——这在我自己长时期调查的上海市郊区松江县（现松江区）华阳桥乡甘露村便相当普遍。

当时的民国法律并没有在法律条文上正式处理这个社会实践与新法律条文之间的矛盾，也没有针对现实创建不同于其倚以为模范的德国民法典的继承原则。它只在法律条文上采纳了德国民法的男女继承权利平等原则的同时，在行动上不干涉农村男女分家不平等的社会实际。我们可以说它最终不过是睁一只眼闭一只眼地对待农村固有习俗。中华民国民法典虽然几乎全盘模仿了西方的继承法律，但在实际运作之中，它是新旧并用的，新法律主要限于城市，农村仍旧；新式条文与现实运作并行。

进入中华人民共和国，法律条文在 1985 年正式颁布的《中华人民共和国继承法》上和中华民国民法同样规定性别平等权利原则（第 9、10、13 条），但是，和民国的法律不同，《继承法》同时创建了协调性别平等原则和社会实际的法律规则。它明确地把继承权利和赡养义务连接了起来："对被继承人尽了主要抚养义务或者与被继承人共同生活的继承人,分配遗产时,可以多分;有抚养能力和有抚养条件的继承人,不尽抚养义务的,分配遗产时,应当不分或者少分。"(《中华人民共和国法规汇编(1985)》,1986:第13条)这样,儿子之所以优先于女儿继承家庭财产是因为他们尽了赡养老人的义务,而不是因为他们是男子;女儿如果尽了这样的义务而儿子没有的话,同样可以优先继承。在逻辑上,法律条文既保持了男女平等原则又照顾到了社会实际,尤其是农村惯习。这里成文法可以说是在法理层面上正式解决了20世纪中国继承法中长时期存在的条文与实际间的矛盾。

当然,在当代中国的毛泽东时代土地所有集体化,已无什么家庭土地可言,但是,当时中国传统农村养赡的基本逻辑仍然存在:父母亲老年时仍然需要依赖留村的儿子来抚养。当时虽然有由农村集体提供的所谓"五保"制度,实质上绝大部分农民老年依赖的仍然是儿子的赡养,虽然表现为所得的工分而不是家庭土地的产物。此外,家庭住宅仍然是一个极其关键的私有财产——老人一般都得依赖其老家为住处,不能依靠出嫁女儿的住家。

上述《继承法》制定的条文不是一朝一夕间形成的,而是经历了长时期的实践经验,包括以最高法院的指示、意见的形式多年试行。我们可以从20世纪50年代以后的实际案例中和最高法院的指示中清楚看到这个原则最终法典化之前的运用和形成情况。(最高人民法院研究室编,1994:1279,1286,1292—1293)

从民国时期和中华人民共和国时期的异同中我们可以看到中国共产党和国民党在立法上的区别:民国法律是以移植当时被认为是最先进完美的德国民法为出发点的,其后适应社会实际做出了一些修改和让步，但主宰精神自始至终是移植，即使对社会现实做出妥协，也不过把妥协看作暂时性的让步，没有积极明确地考虑到创建中国自己独特的现代法律。这点可以见于中华民国民法典没有把遵从农村养赡习俗提高到法理层面的事实。与民国立法者不同，中华人民共和国立法者在对这个问题的处理上，显示了较为积极的法理上的独立性，创造了新鲜的、不同于西方法律的原则。虽然如此，在毛泽东时代之后的改革时期，主要的立法精神几乎回复到民国时期那样把西方与现代性等同起来，并没有系统地追寻中国自己独特的现代性。但是，对继承—赡养的处理的例子还是为我们展示了一种创建中国现代独特的法律原则的例子。

与此同时，继承—赡养法律的形成另外体现了一种相当清晰的思维方式，虽然是至今尚未得到明确认可的思维方式。在这种认识精神中，实践优先于演绎推理，而法律条文，包括基本法理的形成，被认为应从实践经验出发，而不是像德国大陆法那样从绝对公理出发通过逻辑演绎而推理成为法律原则的思维方式。这一点也可以见于下面要讨论的物权方面的司法实践。

（二）典权

在其物权法中，中华民国民法引进了西方个人财产权的原则，规定："所有人于法令限制范围内得自由使用收益处分其所有物并排除他人之干涉。"（第765条）这种单元性和排他性的产权概念乃是资本主义经济的一个基本原则。而民国立法者，像今日的制度经济学提倡者一样，认为明确产权乃是经济发展的一个基本条件。

（黄宗智，2003：54）但是，在实际运作之中，国民党对社会现实做出了一定的妥协。当时，在农村的土地买卖之中，很少像西方那样"绝卖"，一般都首先使用中国的典形式，只（以土地的约七成代价）出让使用权，但保留长时期的回赎权。这个习俗既是借贷的一种形式，也是土地转让的一种形式，在农村广泛使用。其基本精神是让为经济困难所迫而转让土地的人得以较长时期地保持比较有利的回赎条件，可以说体现了小农社会照顾弱者的道德观念。它也是被国家法律所认可的习俗，被正式列入《大清律例》条文。

　　面对社会现实，民国立法者决定把典习俗和法律范畴重新纳入正式法律条文。正如指导草拟新法典的中央政治会议决议说明："典"权是中国的习俗，不同于西方（德国民法典）的从单元性产权概念得出的"抵押"和"质权"法律范畴。出典人不会像抵押或质权范畴那样因逾期不还债而失去其土地，他会保持它的回赎权。根据立法者的说辞，正因为如此，典权是比较仁慈的制度，因为出典人"多经济上之弱者"，而他们出典土地之后所保留的回赎权体现了"我国道德上济弱观念之优点"，比由"个人本位"主宰的西方法律更先进，更符合西方本身最近倾向"社会本位"和群体利益的新潮流。（潘维和，1982：107；参见黄宗智，2003：82）民国立法的头号人物胡汉民更明确地指向西方法律新近显示的社会公正意识，认为它在精神上比较接近中国原有的"圣王之道"，不同于"霸王之道"。（胡汉民，1978：857；参见黄宗智，2003：59）因此，中央政治会议决议保存了《大清律例》认可此习俗的法律范畴，为其在民法典中另列了一章。这样，在从德国移植的法律之上，附加了中国的典权。这也是面对小农经济在现代中国长期延续的现实的妥协。

　　进入中华人民共和国，在 50 年代的集体化之后，土地转让基本绝迹，典地习俗也同样。改革时期，国家法律所确立的是由西方引进的单元性物权原则：1986 年的《民法通则》和中华民国民法一样，规定"财产所有权是指所有人依法对自己的财产享有占有、使用、收益和处分的权利"。（见《中华人民共和国法规汇编（1986）》，1987：第 71 条）但是，实际上改革时期农村的土地产权或多或少地延续了中华人民共和国成立前的习俗。首先是承包地中土地"使用权"和所有权分离的制度，既可以追溯到德国民法，也可以追溯到革命前的"田面权"与典权习俗。今天在农村中已经出现了革命前的那种土地租佃（承包地的"转包"在实质上可以说相当于新中国成立前的田面租佃）以及典卖（相当于田面典卖）。2007 年 10 月 1 日起施行的新《中华人民共和国物权法》，虽然没有援用清代—民国的典权范畴，但已正式认可了农村承包地以多种形式的流转。（第 128 条）那样，既在城市引用西方的比较单元性、排他性产权原则，也在农村援用中国农村传统中更为复杂多元的产权规则。关键因素是小农经济在现代中国长期延续的现实。（黄宗智，2006b）

（三）赔偿

　　这种对现实的妥协也可以见于赔偿法。中国现代的赔偿法主要源于西方大陆法，《大清律例》没有关于赔偿的规定。新赔偿法的出发点是"侵权行为"（wrongful acts）原则。中华民国的民法典便模仿 1900 年德国的民法典规定："因不法或过失侵害他人之权

利者,负损害赔偿责任。"(《六法全书》,1937:第 184 条)它体现了
西方大陆的形式主义法律精神——法律的目的是维护权利,由此
出发,用逻辑推论出侵权、过错和赔偿的规定,其关键是过错原
则——有过错才有赔偿责任,无过错便谈不上赔偿。1986 年颁布
的《中华人民共和国民法通则》采纳了这个原则,规定:"公民,法人
由于过错侵害国家的、集体的财产,侵害他人财产、人身的,应当承
担民事责任。"(《中华人民共和国法规汇编(1986)》,1987:第 106
条)在这一点上,当代中国法律在原则上与西方和民国法律是一
致的。

但是,我们从案例之中可以看到,在人民的实际生活之中,造
成损害的事件并不一定牵涉到一方的过错,而常常是出于纯粹意
外的事实情况,不涉及单方的过错(fault)或过失(negligence)。我
们可以用我抽样的众多案件中的一个例子来说明。案件来自 A
县:1989 年,一名七岁的男童从村办幼儿园奔跑回家途中,与一位
老妇人相撞,老妇人手中开水瓶落下,瓶中开水烫伤了男孩胸、背、
四肢、颜面等部位。区政府支付了 2009.70 元医药费中的 573.70 元,
男孩父亲起诉要求这名妇女赔偿余额。抽样案件显示,这样的无
过错损害事件相当普遍。问题是:法律该怎样对待这样的无过错
损失?

根据"侵权行为"的逻辑,没有过错便没有赔偿责任,男童一方
只能怪自己的运气不好。但是,中国法律所采取的态度不同。首
先,它从实际出发,承认无过错损害纠纷的事实。面对这个现实,
法律做出的抉择是在上引条文之后加了这样的规定:"没有过错,
但法律规定应当承担民事责任的,应当承担民事责任。"(第 106

条)《民法通则》更进一步说明："当事人对造成损害都没有过错的，可以根据实际情况，由当事人负担民事责任。"（第132条）这样，在上述实际案例（以及许多其他相似案件）中，法官引用了这两条法律，说明老年妇女虽然没有过错，但应负担一定的民事责任。最后说服双方妥协，以老妇人赔偿250元的医疗费用调解结案。（黄宗智，2007a）

从西方"侵权行为"原则来看，这样的法律条文以及法庭行为是违反逻辑的。法律既然已经规定过错赔偿，怎么能够同时规定即使无过错也有赔偿责任呢？从形式主义思维方式来看，这是一个不可解释的矛盾。但是，从中国长期以来所体现的法律思维方式来看，此中并没有非此即彼的冲突。实际是，日常生活中既有过错损害的也有无过错损害的纠纷。法律根据不同的事实情况，做出不同的法律规定。现实本身非常明显，因此法律条文也没有必要对两条规定所显示的演绎逻辑上的矛盾另做解释。正如笔者在另文中已经详细论证，中国民法学界对西方现代民法的"严格责任"范畴也作了同样的重新理解。在西方，"严格责任"的基本概念不是无过错事实情况下的赔偿责任，而是在涉及危险产品的时候，降低了对过错取证的要求，而中国的民法学家则把这个原则理解为在无过错的事实情况下也应负的赔偿责任。[1]（黄宗智，2007a）这种思维方式可以更清楚地见于下面要讨论的婚姻法律。

---

[1] 至于"公平责任"范畴，正因为它涉及无过错事实情况下的赔偿责任的概念，被认为是不符合法律侵权逻辑的，最终被德国立法者拒绝纳入德国民法典。（Andre Tunc ed., 1986:145）

(四)婚姻与离婚法

当代中国的离婚法的出发点是 1931 年的《中华苏维埃共和国婚姻条例》。当时模仿苏联 1926 年的十分激进的《婚姻与离婚、家庭与监护权法》,规定:"确定离婚自由。凡男女双方同意离婚的,即行离婚。男女一方坚决要求离婚的,亦即行离婚。"(第 9 条;亦见黄宗智,2006a)西方世界要到 20 世纪 60 年代和 70 年代的 20 年间,建立起所谓"无过错离婚"(no fault divorce),方才采纳了由单方提出便即离婚的法律。(Phillips,1988)在 20 世纪 30 年代的中国,那样的规定可以说十分"先进",甚或偏激,在城市如此,在农村更加如此。

难怪条例颁布之后即引起社会上相当普遍的激烈反应。对农民来说,婚事乃是一辈子一次性的大花费,不能像今日西方世界那样,有时候小夫妇一闹意见,动不动便可离婚。从农民的视角来说,因单方要求便准予离婚的规定是不符合农村生活实际的,也是违反大多数人的意愿的。而从中国共产党的视角来看,农村人民对党的支持至为关键,在大革命失败之后,党的存亡可以说完全取决于为红军提供战士的农村人民。因此,共产党在政策上很快就在此关键环节做出调整。首先是在 1934 年的《中华苏维埃共和国婚姻法》中上一条的规定之后,立刻加上这样一条:"红军战士之妻要求离婚,须得其夫同意。"(第 10 条)在抗日战争时期,晋察冀和晋冀鲁豫边区规定一名军人的配偶在其配偶"生死不明逾四年后"才能提出离婚请求。陕甘宁边区则规定要"至少五年以上不得其夫音信者"。这些边区的条例甚至放弃了江西苏维埃时期的表达,模仿民国民法,规定了准予离婚的几种条件,包括重婚、通奸、虐待、遗弃、不能人道和不能治愈的疾病等,完全放弃了苏维埃时期基于双方任何一方的请求便即准予离婚的规定。(黄宗智,2006a:27—30)

1949 年中华人民共和国成立之后,放弃了民国的构造,但延续了原来边区的保护农民战士对妻子的主张权。即使是在 20 世纪50 年代初期打击五种"封建婚姻"(即一夫多妻、婢女、童养媳、父母包办和买卖婚姻)的婚姻法运动中,仍然维护了这种主张权,即使妻子是童养媳、归父母包办或出于买卖婚姻也如此。(黄宗智,2006a:30—32)

除红军战士之外,法律在这个问题上的"让步"主要体现于单一项条文:即 1950 年《中华人民共和国婚姻法》规定的"男女一方坚决要求离婚的,经区人民政府和司法机关调解无效时,亦准予离婚"。(第 17 条)这样,政府机关调解以及法院调解被规定为任何有争执的离婚请求的必经程序。在 20 世纪 50 年代初期新婚姻法运动高潮之后,几乎任何单方提出的离婚要求都必定首先经过高压性的"调解和好"程序才有可能获得批准。这条规定背后的思路十分明显:在农村人民广泛反对草率离婚的现实之下,党的决策是尽一切可能减少党的婚姻法律与农民大众之间的矛盾,选择的手段是一起一起案件地来处理所有有争执的离婚请求,试图尽量缓和矛盾。

正是在那样的历史情境之下形成了当代中国比较独特的法庭调解制度。我已经详细论证,帝国时期中国法庭是绝少调解的。

正如清代著名幕僚汪辉祖明确指出,调解乃是民间社区所为,而法庭则是要求明确断案的。正因为如此,从儒家"和"的理念来看,法庭断案不如民间调解,因为社区的调解可以不伤感情。(汪辉祖,1939:16;参见黄宗智,2001:194)显然,由法庭(而不是由亲友)来调解基本是现代中国革命党在特定历史情境中所创建的制度。我们将在下面一节详细讨论此制度的现代性。

毛泽东时代的法庭为了调解带有争执的单方提出的离婚请求,逐步形成了一整套的方法、程序以及作风:要求法官们深入村庄社区,通过访问"群众"(亲邻以及当地党组织),调查研究,了解当事人婚姻的背景以及现状,解剖其婚姻矛盾起源,然后积极掺入,使用各种手段——包括政治教育、组织压力、物质刺激等——尽一切可能,试图挽回当事双方的婚姻,要求做到"调解和好"绝大多数由单方提出离婚要求的婚姻。(黄宗智,2006a)进入 21 世纪,伴随社会经济情况的变迁以及立法观点的改变,这套比较强制性的制度已经日趋式微。但是,由之衍生的许多其他类型的法庭调解,仍然具有一定的生命力,在不涉及过错(或同等过错和义务等)的纠纷中尤其如此。

在法理上,从 20 世纪四五十年代便初步形成了以夫妻感情作为审核一切离婚案件的标准的想法。正因为婚姻的基础在于两人的感情,新法律不接受不讲感情的"封建"婚姻的多妻、婢女、童养媳、父母包办和买卖婚姻。在破除旧式不顾两人感情的各种婚姻之后,新中国的婚姻要求双方具有良好的感情基础,不要草率结婚。正因为如此,除非夫妻婚后"感情确已破裂",要求双方尽一切可能"和好",由社区领导以及政府和法院负责调解。这样,既破除

旧式的封建婚姻又避免"资产阶级"那种草率的婚姻和离婚。(黄宗智,2006a)

这套逻辑在四五十年代初步形成,但是最初并没有纳入正式的法律条文,只是试行于法庭的实际运作中,并以最高人民法院的指示和意见等形式初步制定了此概念和其连带的话语。我从北方和南方两个县抽样的336件案例表明,法庭在20世纪50年代初期已经相当普遍地使用夫妻感情标准及其话语。虽然如此,1950年的《婚姻法》还是完全没有提及"感情破裂"的概念。一直到30年后,1980年颁布经过修改的新婚姻法时,方才把"感情破裂"作为正式法律条文纳入成文法中:在原先的"调解无效,应准予离婚"条文上加了"如感情确已破裂"这个条件。(《中华人民共和国法律汇编(1979—1984)》,1985:第25条)

这样的通过长时期司法实践而形成的(虽然是未经成文的)逻辑,有其特定的历史情境。把"感情"认作是一切婚姻的基础,既可以用来打击"封建"婚姻,也可以用来反对所谓"资产阶级"的"轻率态度"和"喜新厌旧"思想(后者也是丁玲在《三八节有感》一文中所批评的那种党内所见的现象)。同时,"感情"是个跨度很广、不容易精确定义的概念,这样便给予法院很大的灵活度,可以按照需要、政策来处理每一起婚姻案件,适当对应不同情况来尽量减少婚姻法和人民之间的可能冲突。正如人大常委会法制委员会原副主任武新宇解释:"这样规定既坚持了婚姻自由的原则,又给了法院一定的灵活性,比较符合我国目前的实际情况。"(湖北财经学院编,1983:46,引自黄宗智,2006a:41)当然,在实际运作之中,这个制度容易偏向过分"保守"、过分强制,形成不顾当事人意愿的无论如

何不允许离婚的做法。这也是当时武新宇提出（以及后来 20 世纪
90 年代实行的最高法院颁布的"十四条"①）的主要批评。事实是，
"感情"范畴的灵活性既允许严格（以及过分严格）的执行，也允许
松弛的执行。

　　这样的离婚法观念基础足可以称作一种离婚法实践中体现的
"实践逻辑"，也可以视作现代中国婚姻法所包含的、脱胎于实践的
"现代性"。它是当代中国几十年来行之有效的婚姻法的结晶；它
是既具有现代理念又试图适应中国实际的法律原则；它既含有从
外"引进"的成分，也具有中国自己的古代传统以及现代（包括革
命）传统的成分；它是在一定历史条件之下所呈现的原则。此外，
它也体现了下一节中要集中讨论的比较独特的现代中国法庭调解
制度。

（五）法庭调解的制度创新

　　美国法制自 20 世纪 70 年代以来，本着法律现实主义的精神，
针对诉讼极端频繁的弊病，兴起了所谓"非诉讼纠纷解决模式"运
动（ADR），试图跨出现存法庭制度范围，寻找其他实用的解决纠
纷办法。此运动被认为是开始于 1976 年召开纪念法律现实主义创
始人庞德的会议，继承了庞德的现实主义精神，其后广泛传播，今
日已经形成一个颇具影响和规模的法制改革运动（Subrin and
Woo，2006：chap.10）。此运动在美国和英国率先起步，今日影响

---

① 即《最高人民法院关于人民法院审理离婚案件如何认定夫妻感情确已破裂的若干
　具体意见》，1989 年 11 月 21 日，见最高人民法院研究室编，1994。

遍及西欧各国（虽然在实践层面上所起作用仍然十分有限）。部分出于这股潮流的影响，美国和英国研究中国法律的专家，多集中探讨中国传统中的纠纷调解，认为它是中国法律制度最突出的特点，有的希望能够从中有所借鉴。（例如 Cohen，1967；Lubman，1967；Palmer，1987，1989；Clarke，1991）

与中国现代的法庭调解制度不同，这个源于当代西方的运动坚持调解必须是完全自愿的，必定要在法庭程序之外进行。欧盟的部长委员会甚至拟出了一个关于调解原则的协议，说明其程序必得和法庭程序明确分开，主持调解的人员决不可在调解不成后担当该案审判的法官职责，调解过程中所形成的记录绝对不可用于后来的诉讼，借此来维持调解的完全自愿性，使其完全独立于强制性的法庭诉讼。（Committee of Ministers of the Council of Europe，1998）

欧盟那样的程序显然既有利也有弊。一方面，它不会形成中国法庭那种过分强制的、不顾当事人的真正意愿的调解，尤其是离婚请求中的"调解和好"，强制地驳回单方当事人的离婚请求——因此形成哈金在《等待》小说中描述的那种题材，故事主角多次试图离婚，足足"等待"了 18 年才达到他离婚的愿望。（Ha，1999）另一方面，正因为这种调解是完全自愿的，当事人随时可以撤出调解程序，选择法庭诉讼来解决纠纷，因此也限制了此制度的成效。

除此之外，有学者把仲裁（arbitration）也归类于"替代性的"（alternative）纠纷解决模式，认为仲裁也体现了调解性质的非诉讼纠纷解决办法。（Subrin and Woo，2006）但是，仲裁的部分原意虽然可能是要在诉讼制度之外寻找非诉讼的替代性纠纷解决办法，但在实际运作之中一般极其容易变成只不过是简化了的诉讼,同样依赖法官,同样适用明判是非胜负、非此即彼的诉讼框架来处理纠纷。结果最终只不过是通过一些廉价和简化的做法——譬如由退休法官主持,使用简化程序和场所——较之正规法庭诉讼程序降低了费用。其实质仍然是诉讼,甚至可以说不过是一种打了折扣的诉讼,基本精神和原则并没有能够脱离总体法律制度的必争胜负的框架,并无自愿性的妥协可言。

这种强烈的必分胜负倾向和西方形式主义传统的权利观念密切相关。别的不论,"权利"(rights)字眼本身便和"是"(right)与"非"(wrong)中的"是"字相同,其胜负是非观念可谓根深蒂固,不可或离。无论如何,毋庸置疑的是西方法律文化受这种观念主宰的事实。

此外,美国提倡 ADR 的人士中有人把美国诉讼制度中相当普遍运用的所谓"庭外协定"(out of court settlement)也纳入非诉讼纠纷解决模式的范围之中。(Subrin and Woo,2006)表面看来,这个"制度"确实与中国的法庭调解有相似之处。法官们常常在其中起一定的作用。根据一篇比较可靠的研究,在 2545 位被调查的法官之中,很大一部分(75% 以上)认为自己在这种庭外协定中做了"干预"(intervention),促成了其事。(Galanter,1995)此外,庭外协定占诉讼案件的很大比例:据估计,所有案件之中只有 2% 进入正式的庭审(trial)。

但是,这个"制度"和中国的法庭调解实际上有很大的不同。美国"庭外协定"的动力不是来自中国式的通过第三者的调停而达到妥协,而主要是出于当事人双方(主要是他们的律师)为了避免法庭审判(trial)程序所需的花费和时间，参照胜负概率，在审判之前做出退出诉讼的抉择。这种庭外协定并不存在中国式通过开导和妥协的"息事宁人"的和解作用。法官在此程序上所扮演的角色也和中国制度很不一样：法官的作用发挥于法庭正式程序之外；他在这个"程序"中的权力要远逊于中国的法官，只能起协调的作用，决定性的权力主要在于当事双方及其律师。与此不同，中国法庭调解过程中决定性的权力主要掌握于法官之手，由他/她决定是否要调解，并借用审判性的权力拟出解决方案。而其所考虑的主要是自己心目之中的法律和公正性，不是诉讼费用。其实，在中国制度中的费用考虑和美国的正好相反：需要更多时间和费用的是调解不是判决。后者要比前者省事、干脆，在积案众多的改革时期得到更多的运用。从这个角度考虑，美国的"庭外协定"(out of court settlement)制度和中国的十分不同；它主要是一个诉讼进程中的中止办法，与中国的调解很不一样(两个制度的不同也可见于中国对美国制度的误解，一般把它等同于"庭外调解"，赋予中国式的调解的内涵)。

我们也可以这样理解：中国的法庭调解的出发点是解决纠纷，不是判决对错。它的性质，所用程序以及结局都可以归属调解。而美国的庭外协定的出发点则是判决对错的诉讼，只在当事人决定中止时才适用。从这个角度来理解，"庭外协定"应看作是诉讼程序中的一种可能结局，而非调解。它之所以产生，不是出于和解理念，而主要是出于美国诉讼制度下积案过多、花费太高的现实。这个制度的整体出发点仍然是权利概念主宰下的判决对错，而不是中国那样的和解妥协。我们不能简单地把诉讼制度之下的仲裁程序和所谓"庭外协定"等同于中国的调解制度。

至于美国和西方今日的调解制度本身,它所起的实际功效比较有限。而且正由于它是一种非正式的途径,所以可靠的数据十分有限,难以获得。尤其是在美国,几乎不可能进行有关的统计。(Subrin and Woo,2006)至于其他西方各国,荷兰的统计数据相对比较完整,我们可以从其中窥见西方调解制度的实效之一斑。2002年荷兰全国共有2000多个在册调解人员,但是在其前的1996到2001年五年之中,在册调解人员总共才受理了1222件调解案(其中婚姻纠纷占最高比例)。(De Roo and Jagtenberg,2002)很明显,自愿选择调解的纠纷当事人相当有限,他们所造成的需求也明显远远少于其供应、低于其理想。

与中国相比,差别更大。毋庸置疑,中国的调解数字带有很大"水分"。毛泽东时代要求整个民事法律制度都以"调解为主"。因此,地方法院尽量把所有不是明确做出硬性判决的案件全都划归调解范畴,称作调解结案,将其所占比例尽量推高,越高越好,引以为荣,以致当时官方数据竟然声称所有案件之中有80%是调解结案的。对于这样一种无稽的"事实",笔者已于另文详细论析。此外,进入20世纪90年代,强制性的"调解和好"已经日益缩减(黄宗智,2006a),进入新世纪,那样的调解更日趋式微。虽然如此,具有实质性调解成分(也就是说,不是完全不顾和违反当事人的意愿)的案件,仍然占有相当比例。根据我的初步研究和分析,在没有明确过错的纠纷案件中调解的成效比较高,包括那样的离婚和赔偿案件;其次是争执双方具有同样权利或义务的案件,包括继承和赡养纠纷。在事实情况不涉及明确对错的纠纷中,法官有更大的可能得到当事人双方的（起码是部分）自愿的妥协，由此比较接近调解制度原来的设想而解决纠纷。

其中另一个关键因素是法官具有一定的强制性权力。一位当事人如果不同意调解，法庭便将判决。这和西方的调解程序很不一样。西方的调解人员不具备任何强制权力，继续调解与否完全取决于当事人，因此很容易中止。在中国的制度之下，当事人虽然具有拒绝接受法庭调解结果的权利，但不能拒绝继之而来的判决程序。因此，会更有意识地更积极地考虑接受法庭的调解。

另外，在中国法庭调解的程序之下，法官具有判定事实情况的权力，可以借此劝服当事人。在西方的制度之中，调解人员并没有权力像中国法官那样对事实做出决定性的判断。因此，调解要完全地绝对地依赖当事人的意愿行事，不允许任何强制性压力。而中国的法庭可以先对事实情况做出判断，认定该纠纷并不涉及对错问题，只是双方同样在理的争执，然后从那里出发，来劝说双方妥协，让双方都做出让步，借此达成调解。这也是中国制度成功率较高的一个关键因素。（黄宗智，2006a；黄宗智，2007b）在中国革命过程中所形成的法庭调解制度是具有中国特色的，也是具有现代性的，它既非完全是中国传统的产物，也不完全是现代的产物，而是同时具有传统与现代性的、中国与西方法律制度成分的产物。

这里要再次加以说明，国内对西方的非诉讼纠纷解决模式误解颇多，把西方的"庭外协定"和仲裁制度想象为相似于中国调解的制度，而他们其实既不同于中国的社区调解也不同于中国的法庭调解。有学者甚至把西方的调解想象为成效高于中国的制度，认为中国必须向之看齐。（例见彭勃，2007）事实是，中国的调解制度，包括其延续至今的民间社区调解传统和法庭（以及行政）调解传统,乃是比较独特而又成效相对较高的制度。它们受到民众比较广泛的认可,远远超越西方的调解制度。为此,人们遇到纠纷,首先考虑的是依赖调解来解决——过去如此,今天仍然如此。西方则不然,时至今日,人们遇到纠纷,考虑的基本仍然只是诉讼。这是中国和西方过去与现在的法律文化上的一个基本差别。

(六)中国现代法律的实用道德主义思维方式

上面已经看到,近百年来的中国法制改革之中体现了一个前后一贯的思维方式。这个思维方式既可见于民国的法制,更可见于新中国的法制。同时,它也是中国传统法律思维方式的延续。它的现代性不仅显示于当前生活的适用,也显示于其和最近的美国法律思想的一些共识。

在民国的司法经历之中,即使是在全盘西化、全盘移植思想的主宰之下,仍然显示了现实性和实用性的一面。性别继承平等原则在实际运作之中便体现了这样的倾向。司法实践并没有真正试图把新规则强加于与其不符的农村社会现实。典权问题的处理更是如此。立法人明确承认中国农村习俗与西方现代法律范畴建构的不同,而为典权在法典中单独列了一章。

而新中国的司法实践,正因为它原先否定了西方形式主义法律传统,更加体现了从中国实际出发的思维方式。我们看到,在继承方面,它根据中国农村实际创建了独特的、把继承权和赡养义务连同起来考虑的新法律原则,既维护了性别平等的原则,也照顾到儿子负责赡养老年双亲的现实。在赔偿法中,法律同样照顾到无过错损害纠纷的现实,并在"侵权行为"原则之外另列不同的原则。

此外，在离婚法方面，它没有偏激地坚持从苏联引进的离婚条例（男女一方坚持便即允许离婚），而试图在男女平等的理想和农村现实之间寻找妥协，既照顾到推翻"封建"婚姻的原来的意图，也照顾到对农村人民反对意愿的让步。它没有像形式主义法律那样从所谓普适的、理性的大规则出发，依赖演绎逻辑来得出法律的规则。相反，它通过多年的实践，逐步形成了以"感情"为夫妻结婚、离婚最后标准的法律原则，并在通过几十年的实际运用之后方才正式列入法律条文。离婚法立法的经过可以说是很好地体现了这种中国现代的立法程序和思维方式。

这里应该指出，现代西方的离婚法虽然原来是从形式主义民法的权利观念出发，把婚姻看作是一种契约，把婚姻的破裂看作是因一方违反契约、违反对方权利的过错行为造成的，但是在现代实践的历史过程之中，面对人们的生活实际，已经放弃了原来的观念，形成了"无过错"（no fault）离婚的新制度，从 20 世纪 60 年代开始，到 80 年代已经普遍运用于西方所有国家。（Phillips，1988）所谓无过错离婚实际上完全脱离了原来的民法权利构造的核心概念——即离婚必先判定违反权利的过错——而采取了法庭将不再考虑对错的做法（而不是认为夫妻关系中常常无过错可言），因为必争对错的制度长时期以来导致了持久的极其昂贵的离婚争执，因此不再适用于当前的西方社会。

今日中国有关离婚法的争论之中，有所谓"回归民法"的主张，认为中国婚姻法应从革命时代的分别独立的部门法"回归"到（民国时期采纳的）民法中去。（马俊驹，2003）这种"回归论"背后的一个主要意见是在婚姻法中建立以个人权利观念为主的自治性私法，认为这样才是真正现代性的法律。（刘凯湘，2002；对此的批评意见,见巫若枝,待刊)很明显,这种意见忽略了西方婚姻法历史变迁的实际:即使在形式主义权利观念和认识方法占主导地位的西方现代法律中,婚姻法仍然相应社会现实而呈现了本质性的改变,最后完全脱离了由私法权利观念主宰的必分对错的离婚法而普遍采纳了不再考虑过错的原则。正因为如此,离婚纠纷是今日西方非诉讼纠纷解决中调解方法使用最多、成效较高的一个领域。(Roo and Jagtenberg, 2002)

返回到中国现代婚姻法的讨论,它所体现的认识方法和古代的法律是有一定延续性的。我们已经看到,《大清律例》清楚地体现了中国法律中的(我称之为)"实用道德主义"的思维方式。它一贯地把法律规则寓于实例,通过实际情况,而不是像形式主义思维方式那样以脱离实际情况的抽象概念,来说明法律的观点。无论是财产规则还是债的义务,都是通过实际情况的例子来表达的。全部律例采取的都是这样的认识方法和思维方式,与西方现代大陆法中的形式主义思维方式从几个抽象原则出发、通过演绎逻辑制成一系列的规则的方法截然不同。这是因为《大清律例》认为,任何抽象原则都不可能包含实际生活中千变万化的事实情况,任何抽象原则的具体含义必须通过事实情况的例子来说明,而不能预期的事实情况则应通过比引逻辑来处理。(黄宗智,2007a)

但清代的法律绝对不是简单的经验主义的产物。它并不认为一切认识必须完全出于经验。相反,它认为法律必须由道德观念来指导。在这一点上,它和形式主义法律同样是前瞻性的(亦即要求法律作为追求社会理想的一种工具,而不是纯经验性、回顾性的规则)。其不同之处是,它没有像形式主义法律那样要求把法律条文完全统一于法律逻辑,通过法律逻辑来应用于任何事实情况。

它承认道德价值观念和现实的不完全一致，"应然"与"实然"有所不同，允许法律在运作时做出不一定符合道德理念的抉择，考虑到实用性和无限的不同事实情况。

进入现代和当代，尤其是改革时期，中国法律已经大量引进国外的法律观念和原则，尤其是关于个人权利的规定。但是，与其形式主义原来的精神不同，中国法律对这些权利构造的理解不是像形式主义那样要求把其抽象于事实情况之上，而是几乎把它们等同于传统的道德理念，允许在运作过程中考虑到实用性的因素，可以灵活使用（当然，也因此常常会含糊使用，导致违反人们权利的法庭行为）。上面谈到的继承—赡养法则、赔偿法则、离婚法则便是例子。

在那个传统之上，当代中国的法律制度更附加了现代革命传统的"实践"的概念，要求检验法律条文于实践。上面已经看到，现代中国立法的基本方法是通过长时期的实践试验方才形成法律原则和正式的法律条文。赡养义务与继承权的连接乃是一个例子。过错赔偿与无过错赔偿以及离婚法中的"感情破裂"原则是另两个例子。

此外是法庭调解程序。按照西方形式主义法庭的程序，事实的判断是不可能独立于法律原则的判断的。后者被认为是一切认识的出发点；案件实情要受其主宰，不可能在确定原则之先判断出来。但中国的从实际、从事实出发的认识思维方式则不然，事实本身被认作为具有其独立的真实性。我们已经看到，清代法律的抽象原则是从实例出发的，而法律条文在表达上要求寓一切原则于实例。类似的认识思维方式体现于近日的法庭。赔偿法同时规定两个截然不同的原则——有过错的事实下的侵权赔偿和无过错事实下的赔偿义务。两种不同的事实情况,适用两种不同的法律原则。在法庭调解制度之中,这个认识思维方式更体现为法官先对事实情况进行判断,而后做出采用调解与否的决定。正是在无过错事实情况之下(以及同等权利或义务情况之下),法庭调解程序的成功可能性最高。

以上这些都是我称之为今日中国法律体现的从实际和实践出发的思维方式的例子,它们是中国当代历史情境之下的特殊产物,但它们并非中国现代法律思想所独有。今日世界上比较接近这种思维方式的应该说是美国现代的(以及新近再兴的)法律实用主义。后者是在它的特定历史情境之下形成的:即对兰德尔领导和代表的古典正统的反动。针对正统思想的形式主义认识论和法律理论,法律实用主义强调任何认识和法律的历史性、特殊性,否认其普适性和永恒性。它认为法律应该从现实出发,相应现实而变。同时,法律原则应检验于其实际的社会效用,不应与社会现实独立开来。在这些基本论点上,美国的法律实用主义和中国法律的实用精神相当接近。而我们已经看到,美国现代法律的真正性质并不简单在于其古典正统(形式主义),而在于其和法律实用主义(以及法律现实主义)的长期并存、拉锯、相互渗透。

美国的法律实用主义和中国的实用道德主义传统之不同在于后者的比较明确的价值观念。正如一些批评者所指出的,前者主要是一种认识方法,并不具有自己明确的立法议程。它主要是对形式主义"古典正统"的反应。(Tamanaha, 1996)与此不同,中国的实用道德主义具有丰富的实质性价值观念的传统,集中于儒家的"和"的理念,打出无讼的社会、凭道德超越争端的君子以及凭道德感化子民的县官等的理想,因此认为依赖民间调解解决纠纷要

优于法庭断案、息事宁人要优于严厉执法、和解要优于胜负。进入
现代,首先是革命党对民间调解制度的采用,继之以法庭调解新制
度的创立,用和解"人民内部"的"非对抗性矛盾"的理念来替代和
延续传统的(今日称之为)"和谐社会"理念。

此外是传统"仁政"中的照顾弱者的法律理念,体现于"典权"
那样的社会惯习和法律范畴。现代革命党则更进一步,打出"社会
主义"以及劳动人民当家作主的价值观。这也不同于美国当前的
法律实用主义,虽然后者也明显比"古典正统"倾向于民主党的社
会公正精神。中国的社会主义现代传统应该可以成为今后形成社
会权利的一种资源。当然,这里我们已经离开了历史实际而进入
了理念领域。

四、前瞻

中国法律的古代以及现代的传统正面临着改革时期引进形式
主义法律的全面挑战。在两者并存的现实下,本章强调的是要通
过历史实践过程,而不是任何单一理论或意识形态去理解"现代
性"。我认为,中国法律的现在和将来既不在于传统调解也不在于
西方法律的任何一方,甚至既不在于实用道德主义也不在于形式
主义,而在于,并且是应该在于,两者的长期并存、拉锯和相互渗
透。传统的从解决纠纷出发、强调调解和好的民事法律传统明显
是有现代价值和意义的,并且是应当在现代中国、现代世界适当援
用的制度。法庭调解在当代中国已经具有半个多世纪的实践经验
的积累,不应抛弃,应该维持和进一步梳理、明确。它比较适用于
无过错的事实情况。同时,毋庸置疑,调解传统以及实用道德主义

传统有显著的混淆是非的倾向,不能清楚区别违反法律、侵犯权利的纠纷和无过错的纠纷,很容易出现用后者的原则来处理前者的和稀泥弊病。在当事者权力不平等的情况下,更容易沦为权力和关系的滥用。今日引进的西方的、从权利原则出发的法律,是对这样的倾向的一种纠正,应该在有过错的事实情况下明确权利、维护权利,正如中国的调解传统可能在无过错的纠纷中成为纠正西方过分对抗性的、必定要区分对错,判出胜负的诉讼制度一样。此外,中国革命的社会主义传统,排除少部分的负面因素,应该可以成为现代性的社会权利法律的一种资源。

问题的关键其实在于,形成一种允许移植和本土两者并存的制度,由它们长时期拉锯和相互渗透,允许代表各种群体的利益的公开竞争、相互作用和妥协。正如本章一开始就强调的那样,"现代性"的精髓在于法律能够反映日益复杂的社会现实和不同群体的利益的变迁,而不在于永恒的所谓"传统"或不变的所谓西方,以及任何单一理论或意识形态,而在于现实与实践。后者肯定没有形式主义逻辑要求的一贯性,而是相对复杂和充满矛盾的,但正因为如此,它更符合中国的现实、更符合实践的需要,并更均衡地合并传统与现代、中国与西方。美国法律的现代性的精髓如果确实在于"古典正统"和实用主义的长时期并存,中国法律的现代性精髓也许同样寓于西方的形式主义与中国的实用道德主义的拉锯。中国法律改革的去向不在于非此即彼的二元对立,而是在于两者在长时期的实践中的分工并存以及相互影响。从中国法律的古代和现代实践历史中挖掘其现代性,正是探讨两者融合与分工的原则和方案的一个初步尝试。

参考文献:

白凯(2007):《中国的妇女与财产:960—1940》,上海:上海书店出版社。

丁玲(1942):《三八节有感》,《解放日报》1942年3月9日。

胡汉民(1978):《胡汉民先生文集》,台北:中国国民党中央委员会党史委员会。

黄宗智(2001[2007]):《清代的法律、社会与文化:民法的表达与实践》,上海:上海书店出版社。

黄宗智(2003[2007]):《法典、习俗与司法实践:清代与民国的比较》,上海:上海书店出版社。

黄宗智(2006a):《离婚法实践:当代中国法庭调解制度的起源、虚构和现实》,载《中国乡村研究》第4辑,第1—52页,北京:社会科学文献出版社。

黄宗智(2006b):《制度化了的"半工半耕"过密型农业》,载《读书》第2期,第30—37页;第3期,第72—80页。

黄宗智(2007a):《中国民事判决的过去和现在》,载《清华法学》第10辑,第1—36页。

黄宗智(2007b):《中国法庭调解的过去和现在》,载《清华法学》第10辑,第37—66页。

季卫东(2006):《法律程序的形式性与实质性——以对程序理论的批判和批判理论的程序化为线索》,见《北京大学学报(哲学社会科学版)》第1期。亦见法律思想网,http://www.law-thinker.com。

梁治平(1996):《清代习惯法:社会与国家》,北京:中国政法大学出版社。

《六法全书》(1937),上海:上海法学编译社。

刘凯朋(2002)：《界定婚姻家庭关系的实质是修改和理解〈婚姻法〉的前提》，见中国民商法律网，http：//www.civillaw.com.cn。

马俊驹(2003)：《对我国民法典制定中几个焦点问题的粗浅看法》，第六节，见中国民商法律网，http：//www.civillaw.com.cn。

潘维和(1982)：《中国历次民律草案校释》，台北：翰林出版社。

彭勃(2007)：《替代性纠纷解决本土化问题初探》，载《政治与法律》第4期，第71—75页。

苏力(1996)：《法治及其本土资源》，北京：中国政法大学出版社。

苏力(2000)：《送法下乡——中国基层司法制度研究》，北京：中国政法大学出版社。

汪辉祖(1939)：《学治臆说》，载《丛书集成》，上海：商务印书馆。

韦伯(2005)：《法律社会学》，康乐、简惠美译，载《韦伯作品集Ⅸ》，桂林：广西师范大学出版社。

巫若枝(待刊)：《论我国婚姻法在法律体系中地位研究之误区——与婚姻法私法自治论商榷》。

晓宁(2006)：《物权法草案争议中的问题与主义》，见中国法院网，2006年3月2日，http：//www.chinacourt.org。

《中华人民共和国法律汇编(1979—1984)》(1985)，北京：法律出版社。

《中华人民共和国法规汇编(1985)》(1986)，北京：法律出版社。

《中华人民共和国法规汇编(1986)》(1987)，北京：法律出版社。

《中华人民共和国婚姻法》(1950)，载湖北财经学院编《中华人民共和国婚姻法资料选编》(1983)，无出版社。

《中华人民共和国婚姻法(1980)》(1985)，载《中华人民共和国法律汇编(1979—1984)》(1985)，北京：法律出版社。

《中华人民共和国继承法（1985）》（1986），载《中华人民共和国法规汇编（1985）》（1986），北京：法律出版社。

《中华人民共和国民法通则（1986）》（1987），载《中华人民共和国法规汇编（1986）》（1987），北京：法律出版社。

《中华人民共和国物权法》2007年10月1日起施行，http://www.gov.cn/flfg/2007-03/19content_554452.htm。

《中华苏维埃共和国婚姻条例》（1931），收入湖北财经学院编《中华人民共和国婚姻法资料选编》（1983），无出版社。

朱景文（2006）：《物权法争议源于社会深层矛盾》，见中国法院网，2006年2月28日。

最高人民法院研究室编（1994）：《中华人民共和国司法解释全集》，北京：人民法院出版社。

Bernhardt, Kathryn. (1999). *Women and Property in China*, 960-1949. Stanford, CA: Stanford University Press.

Clarke Donald. (1991)."Dispute resolution in China, " *J. of Chinese Law* 5, 2 (Fall): 245-296.

Cohen Jerome.(1967)."Chinese mediation on the eve of modernization, " *J. of Asian and African Studies* 2, 1(April) : 54-76.

Committee of Ministers of the Council of Europe. (1998). "European principles on family mediation, "http://www.mediate. com/articles/EuroFam. cfm (accessed July 29, 2005).

De Roo, Annie and Rob Jagtenberg. (2002). "Mediation in the Netherlands: past-present-future, "*Electronic Journal of Comparative Law* 6, 4 (Dec.), http://www.ejcl.org/64/art64-8.html(accessed July 29, 2005).

Galanter, Marc. (1985). "' …A settlement judge, not a trial judge':

judicial mediation in the United States, "*J. of Law and Society* 12, 1(Spring) :
1-18.

Geertz, Clifford. (1983) ."Local knowledge: fact and law in comparative
perspective, "pp.167-234 in Clifford Geertz, *Local Knowledge: Further Essays
in Interpretive Anthropology*.New York: Basic Books.

Grey, Thomas C.(1980) ."The disintegration of property, "*Nomos XXII:
Property*: 69 -85.

Grey, Thomas C. (1983 - 1984) . "Langdell's orthodoxy, " *University of
Pittsburgh Law Review* 45: 1-53.

Ha Jin.(1999) .*Waiting*. New York: Pantheon.

Lubman, Stanley. (1967) . " Mao and mediation: politics and dispute
resolution in Communist China, "*California Law Review* 55 : 1284-1359.

Lubman, Stanley.(1999) . *Bird in a Cage: Legal Reform in China after
Mao*. Stanford, CA: Stanford University Press.

McMahon, Kevin J.(2000) ."Constitutional Vision and Supreme Court
Decisions: Reconsidering Roosevelt on Race, " *Studies in American Political
Development*, 14(spring) : 20-50.

Palmer, Michael. (1987) . "The revival of mediation in the people's
Republic of China: (1) Extra-judicial mediation, "*Yearbook on Socialist Legal
Systems* 1987: 219-277.

Palmer, Michael. (1989) . "The revival of mediation in the people's
Republic of China: (2) Judicial mediation, " Y*earbook on Socialist Legal
Systems* 1989: 145-171.

Phillips, Roderick.(1988) . *Putting Asunder: A History of Divorce in
Western Society*.Cambridge: Cambridge University Press.

"Social Security online, "http://www.ssa.gov/history/a9r30.html.

Subrin, Stephen N. and Margaret K. Woo. (2006). *Litigating in America: Civil Procedure in Context.*New York: Aspen Publishers.

Tamanaha, Brian Z. (1996). "pragmatism in U. S. Legal Theory: Its Application to Normative Jurisprudence, Sociological Studies, and the Fact-Value Distinction, "*American Journal of Jurisprudence* 41: 315−356 .

Tunc, Andre ed. (1986). *International Encyclopedia of Comparative Law*, v.xi, *Torts.* Dordrecht, Germany: Martinus Nijhoff Publishers.

Weber, Max. (1978 [1968]). *Economy and Society An Outline of Interpretive Sociology.* Ed. Guenther Roth and Claus Wittich, trans.Ephraim Fischoff et al. 2 vols.Berkeley: University of California Press.

White, Morton. (1976 [1947]). *Social Thought in America: The Revolt Against Formalism.* London: Oxford University Press.

Wiecek, William M.(1998). *The Lost World of Classical Legal Thought: Law and Ideology in America*, 1886−1937.New York: Oxford University Press.

第二章 中西法律如何融合? 道德、权利与实用[①]

　　当前的中国法律体系同时具有权利和道德理念,也具有一定的实用性,展示着三种传统——来自西方的移植、古代的传统以及现代的革命传统的混合。本文探讨的问题是,在几种传统并存的情况下,这三方面如何协调或融合? 我们从其相互作用的历史中对中国法律未来能得到什么样的启示? 本文从过去的经验例子出发,探索和反思其中所展示的逻辑,由此试图勾画一幅符合未来需要的图景。

　　文章的中心论点是:中国未来的法律不一定要像西方现代法律那样,从个人权利前提出发,而是可以同时适当采用中国自己古代的和现代革命的传统,从人际关系而不是个人本位出发,依赖道德准则而不仅是权利观念来指导法律。同时,采用中国法律传统

---

① 本文原载《中外法学》2010 年第 5 期,第 721—736 页。纳入本书时做了一些修改。

中由来已久的实用倾向。长期以来,道德与实用的结合,加上近百年来从西方引进的权利法律,同时塑造着中国的法律体系。

本文先从这个角度重新梳理(笔者过去研究的)传统和现代民事领域的调解制度、离婚法、赡养与继承、侵权法以及(最近的)取证程序改革,进而讨论刑事领域中国内法学界最近争议较多的刑讯逼供和刑事和解问题,通过实例来说明中国法律体系如何协调中西法律以及其所包含的道德、权利与实用两个维度。其中,既有冲突,也有融合,既有错误的,也有明智的抉择。但是,总体来说,中国法律体制在近百年的变迁中所展示的是一个综合中西的大框架,既可以容纳西方现代法律的优点,也可以维持中国古代传统以及现代革命传统的优点,借以建立新型的中国法律体系。

一、调解制度

中国从古代贯穿到现当代的调解制度一直都是中国法律体系中比较突出的组成部分。与从个人权利出发的西方现代法律制度不同,它从人际关系出发,强调的不是对个人权利的维护,而是人际关系的和谐。它不会像西方权利法那样,过度强调对错,把即使没有对错的争执也引向对抗性的必分胜负。它是一种倾向于妥协和忍、让的体系。(当然,它的劣处是会对明显的对错采纳含糊的妥协。)它要求的不是简单负方的赔偿或惩罚,而更多的是赔礼道歉和恢复和谐。近几十年来,西方法律本身,鉴于其对抗性法律体系诉讼高度频繁的问题,也一直在探索"非诉讼纠纷解决"(Alternative Dispute Resolution,简称 ADR)的另类道路,其中多有借鉴中国经验之处。有关中国传统调解，以及其与西方现代权利法间的区别，已有众多的分析研究(笔者本人在这个课题上也已作了一定的探索——见黄宗智，2009：第2、4、7、8章)，这里不再赘述。

这个调解制度同时具有十分实用性的一面。法庭外的民间和半正式(例如，由社区干部主持的)调解制度，一直都有效地减少了正式法庭的诉讼和负担。这方面的研究也有不少积累，这里也不再赘述。

这里要特别突出的一点是笔者以往没有明确指出的一个方面，即调解制度背后的道德准则。与西方基督教对每个人的灵魂的永恒性和独立价值信仰不同，其历史渊源起码部分来自儒家传统的伦理观。时隔两千五百年，我们今天仍然可以在众多调解案例中看到使用儒家道德逻辑的例子。调解人仍然常常会用以心比心的"道理"来说服当事人，会问：如果别人对你这样，你会怎样感受，怎样反应？

从我搜集的调解案例中，这样的例子很多，这里只举单一个例子来说明：1990年前后松江县华阳桥甘露村党支部书记蒋顺林调解三名邻居的争执，一方(薛文华)要把新房子凸出于两个邻居房子的前面，但那样的话，会影响邻居们的景观、光线和空气，因此引起争执。按照当地高度现代化的规定，造房都要向村政府申请造房证，规定要得到邻居们的同意，以免侵犯对方权利，造成纠纷。根据该地当时的规则，妨碍景观不能成为反对对方造房的理由，但妨碍光线和空气则可以。这是源自权利观念和现代管理的一套规定，和笔者在美国洛杉矶同时的亲身经历基本一样。虽然如此，在甘露村的实际调解过程中，蒋顺林支书依赖的不是这些复杂的法律条文和权利规定,而是儒家的"如果人家这样对待你,你会怎样反应?"据他说,当时这样问薛文华,薛无以为对。(黄宗智,2009:45—46,49—50)显然,蒋所采用的"道理",基本是《论语》中的"己所不欲,勿施于人"的道德准则。

这里所说的儒家道德准则也许可以视作附带有类似于西方启蒙现代主义大师康德(Immanuel Kant)所论证的那种独立于功利/实用考虑、足可普世化的必然性的道德的含义。即它在中国道德观念中所用的是诸如"天经地义"类的表述,乃是不容置疑的道德准则。它类似于西方传统中所谓的"黄金规则"(golden rule),在西方则归根到底来自基督教的准则(《圣经》中的"你要别人怎样待你,你也要怎样待人"),与中国颇为不同。在康德那里和世俗化的现代,则源自对"理性",尤其是演绎逻辑的使用和信仰,并由此而产生其普适于全人类的想法。(Johnson, 2008;Williams, 2009)它也是西方现代所谓"人权"(human rights)的重要理论依据和来源。(Fagan, 2005)当然,儒家思想进路不同,也没有像西方现代传统那样程度地坚持自己的绝对性和普世性。

从这个简单的例子我们可以看到,今天众多的法律条文和规则虽然在话语层面上依赖移植过来的权利规定,但是,在实际运作中,真正起作用的,以及广为人们所接受的,常常是具有悠久历史的人际关系道德准则。正是从这样的观点出发,才会形成现今仍然具有顽强生命力的民间非正式以及半正式的调解制度。它也可见于正规的民事法律体系,包括离婚法、继承—赡养法等,而且不限于实践,也可见于法律条文。

二、离婚法

简单总结,西方前现代的婚姻法主要来自罗马天主教会的传统教规(canons,亦称教会法规,canonical law),认为婚姻神圣不可侵犯,禁止离婚。进入现代早期,先是新教改革,而后是法国革命,采用了权利逻辑:从个人权利出发,演绎出婚姻乃是一种由两个独立权利个体之间的契约关系的原则,再进而引申出离婚纠纷归根到底乃是一种一方侵犯另一方权利的行为,是一方侵权违反原来契约而导致的结果。显然,这样的理解把离婚置于对抗性的框架之中,认为婚姻契约的失效必定源自一方的过错。因此,在法律实践过程中,导致了在离婚法庭上双方持久、昂贵的争执,分别试图证明对方乃是过错方,借此争得比对方更多的共同财产。直到 20 世纪 60 年代,鉴于其实用中的众多弊端,西方婚姻法逐渐放弃了原先基于个人权利、必争对错的离婚逻辑,而迈向无过错离婚原则。到 20 世纪 80 年代,在离婚法律程序中,一般基本不再考虑过错问题。(Phillips,1988)当然,伴随以上简述的历史演变过程而来的是越来越草率的离婚。(详见黄宗智,2009:第 4 章)

中国现代的婚姻和离婚法虽然受到外来权利思想的影响(尤其可见于 1930 年的《中华民国民法》的婚姻法,也可以见于 1950 年的《中华人民共和国婚姻法》),但在一些节骨眼上,实施的其实是另一种逻辑:再次是从人际关系出发而不是个人权利出发,其最重要的条文是以夫妻感情为最终准则的"如感情确已破裂,调解无效,应准予离婚"。(《中华人民共和国婚姻法》,1980:第 25 条)感情如果尚未破裂,则应由法庭调解和好。显然,这样的法律条文的关注点是人际关系,和西方从个人权利出发的逻辑很不一样。它也不同于西方后来,为了摆脱个人权利逻辑链所引起的频繁争执而采用的不再考虑过错的离婚法。

从历史角度回顾,中国的离婚法当然也有其实用性的多方面:笔者已经详细论证,它的法庭调解制度主要来自革命史中的实用性需要。共产党在革命早期提倡结婚、离婚绝对自由,在江西苏维埃时期规定"男女一方坚决要求离婚的,亦即行离婚"(《中华苏维埃共和国婚姻条例》,1931:第9条),但很快就发现,如此规定过分偏激,引起民众,尤其是农村人民的强烈反对。最后,用以缓解党和农民间的矛盾的办法是,一起一起地调解有争执的离婚请求,并因此导致法庭调解制度的广泛使用。后来,更导致毛泽东时代的普遍过分强制性的调解和好制度。

在改革后期,却又脱离以上传统而转向西方化的离婚。其主要动力来自取证程序的改革:20世纪90年代以来,从移植而来的权利逻辑出发,为了确立当事人的权利,试图建立"当事人主义"的取证程序,用来限制"职权主义"取证程序下国家机关(公安局、检察院和法院)的权力。原来的动机主要针对刑法,但是,在现代化主义大氛围下,未经详细考虑便广泛采用于民法,包括离婚法。结果在离婚法实施中,因为缺失配套制度,尤其是证人制度的有效实施,导致无法证实虐待、赌博和第三者等问题,并因此趋向不再考虑过错的实践,逐渐脱离(包含对错的)法律条文的原意。① 立法者对这个趋势已经作出反思,最高法院领导人在 2007 年便已强调需要重新纳入原来的法官职权主义取证程序。这是对过分偏向权利逻辑的纠正。(黄宗智,2009:第 5 章)

今天的离婚法乃是权利和道德话语间长期拉锯的结果。首先,立法者采用了个人权利的西式话语,因此规定了一系列的权利,包括婚姻自由、男女平等、夫妻分别的以及同等的权利等条文。(见 1950、1980 年的婚姻法:第 2、3 章)这些规定确立了法律面前人人平等的现代公民理念,起了一定作用。同时,经过数十年的实践经验,逐步确立了具有不同逻辑的夫妻之间的"感情"准则,终于在 1980 年的婚姻法中,纳入了法律正式条文(第 25 条)。其背后的指导思想明显还是人际关系的道德准则,而不是西方现代的个人权利观念。再则是毛泽东时代广泛采用的法庭调解制度及其演变。三者合并,形成的是一种比较独特的离婚法体系。

同时,在离婚法的立法过程中展示了深层的实用性思维:即需要通过实践经验,确认可行,并且确认是可以为广大民众所接受的,方才正式纳入法律条文。"如果感情确已破裂,调解无效",才准予离婚,这个离婚法的道德准则早在 20 世纪 50 年代初期便在司法实践和话语中广泛使用,但是直到 1980 年方才被正式纳入婚姻法。那样的立法过程与西方现代法律的主导思想很不一样,它要求的不是从个人权利前提出发的逻辑连贯性,所问的不是其在法

---

① 参见 1989 年 11 月最高人民法院发布的"14 条",即《最高人民法院关于人民法院审理离婚案件如何认定夫妻感情确已破裂的若干具体意见》(最高人民法院,1989 [1994]:1086—1087)。

律逻辑上是否完美,而是如此的准则是否可以促进和谐的人际关系,是否会行之有效并被大多数的人民所接受? 它虽然与权利逻辑很不一样,但明显具有一定的"现代性":它之被采用的标准不是皇帝的意愿或官员与仁人君子的道德性见解,而是法律面前平等的公民的意愿和道德观念。

三、赡养—继承法

西方现代法律在继承—赡养方面,同样从个人权利出发。它最关心的是比较绝对的财产权,以及由此衍生的财产继承法。在这个基本框架中,赡养义务从属于个人财产权利,而不是独立的道德准则。因此,(作为中国的典范的)《德国民法典》所规定的是有条件的赡养责任:首先,唯有在父母亲不能维持生活的情况下,子女才有赡养他们的义务。(*The German Civil Code*,1900:第1602条)即便如此,还要让子女赡养人优先维持适合他们自己社会地位的生活,做到那样的条件,方才有义务赡养父母亲。(第1603条)①中国的赡养思想,与西方从个人权利而演绎出的赡养义务不同,不附带以上那种个人权利条件。即便是全盘移植西方法律的《中华民国民法》,也对《德国民法典》进行了一定的修改和重新理解。它在以上1602条的关于被赡养人是"不能维持生活而无谋生能力

---

① 其英文翻译版的原文是:" A person is entitled to maintenance only if he is not a position to maintain himself." (*German Civil Code*, 1900 [1907]:Article 1602);" A person is not bound to furnish maintenance if, having regard to his other obligations, he is not in a position to furnish maintenance to others without endangering his own maintenance suitable to his station in life." (Article 1603)

者"的条文之后,立即便附加:"前项无谋生能力之限制,于直系血亲尊亲属不适用之。"(第1117条)至于第1603条关于赡养人优先维持适合自己社会地位的生活一条,当时的立法者把它改为"因负担抚养义务而不能维持自己生活者",方才可以"免除其义务"(第1118条)。可见,即便是国民党移植主义下的民国法律,仍然在这些条文中掺入了中国传统中的赡养道德准则。(以上和以下的详细讨论见黄宗智,2009:第6章)

赡养父母亲道德准则有它一定的实际根据和实用考虑。与现代都市工作的职工不同,小农经济社会下的农村人民一般没有养老金和退休金;由继承家庭农场的儿子来赡养父母实在十分必要。但是,赡养准则不仅是实用性的规则,它也是"天经地义"的道德准则。因此,时至今日,农村干部劝诫不好好赡养老人的子女时,会问:你自己将来老的时候,如果子女不赡养你,你会如何感受?其隐含的逻辑最终其实还是儒家的黄金规则——"己所不欲,勿施于人"。

在以上道德准则的指导精神下,1985年的继承法还作出非常实用的规定:赡养老人者可以多分财产,不赡养者少得。(《中华人民共和国继承法》,1985:第13条)这个条文既照顾到赡养道德准则,也非常实用。同时,它解决了数十年来法律条文(规定男女平等)与农村实践(仍然由儿子继承财产和承担赡养义务)之间的矛盾。(这样,儿子继承财产不是因为他是男子,而是因为他尽了赡养义务。)这里,我们可以清晰地看到传统道德理念、现代权利思想,以及法律实用考虑二维的融合。

四、侵权法

西方侵权法的出发点同样是个人权利,因为有了不可侵犯的个人权利,才会得出侵权的概念,从而得出因侵权而必须负担赔偿责任的规定。在实际运作中,形成了必分对错的司法实践。如果没有侵权过错,便没有赔偿责任。此中的逻辑链是前后一贯的,完全符合西方现代法律的主导框架。举一个例子:美国加州的建筑纠纷一般要通过非诉讼的仲裁程序来解决,但在实际运作中,所谓仲裁是要确定哪方最终成为"优势方"(prevailing party),而所谓优势方是经仲裁法庭审查所有的主张和反主张之后,确定哪方的合法主张金额更高,哪怕只多一元。对方即成为"败方",必须承担昂贵的法庭费用和律师费(其金额常常超过争议标的本身)。(黄宗智,2009:227,注释22)

但是中国的侵权法不同。在字面上和形式上,它固然采用了西方侵权话语及其规则,譬如:"……由于过错……侵害他人财产、人身的,应当承担民事责任。"(《中华人民共和国民法通则》,1986:第106条)但是,它又同时规定:"当事人对造成损害都没有过错的,可以根据实际情况,由当事人负担民事责任。"(同上,第132条)从西方的个人权利逻辑链来看,后一条的规定是不可思议的:法律既然把赔偿定义为有过错情况下的责任,怎么能够又规定即使没有过错,也"可以根据实际情况"而负担民事责任呢? 这是前后矛盾的,是演绎逻辑所不允许的。但是,在中国的立法者眼里,这样的规定有它一定的(不言而喻的)道理:首先,法律确认一个基本经验现实,即造成损失的事件和纠纷中,有许多并不涉及过错,但是,虽然如此,损失问题仍然存在。[1] 这里再次从我搜集的众多案例中,举一个例子:1989 年在长江流域的一个县,一名七岁男童从村办幼儿园奔跑回家途中,与一位老妇人相撞,老妇人手中开水瓶落下,瓶中开水烫伤了男孩胸、背、四肢、颜面等部位。(黄宗智,2009:163)在这样的情况下,立法者规定,没有过错的当事人,"根据具体情况",也可能要负一定的责任。如此的规定首先反映了中国法律偏重经验的思维方式,与西方法律形式主义之以演绎逻辑为主的思维方式很不一样。同时,它更反映深层的文化和思维方式:从中国人长期以来以人际关系,而不是个人本位为主要关注点的道德思维来看,社会责任可以完全不涉及个人权利和其逻辑链所产生的过错概念。从这样的道德思维角度来考虑,协助被损害方完全可以认作是(无过错)当事人的一种为维持人际和谐关系的社会责任。(在以上的案例中,老妇人被法官说服负责男孩的部分医药费。)其隐含的道理也可以说是,如此的道德和实用逻辑,其"必然性"是可以与个人权利并行的,甚或是更高的。这里,我们再次看到传统道德观念、西方移植而来的权利逻辑,以及实用性考虑是如何相互作用,相互协调的。(详细讨论见黄宗智,2009:第 6 章)

从以上的简单总结我们可以看到,我们如果摆脱字面形式,观察到法律的实施用意以及其实践过程,当前的中国法律体系明显是由道德准则、权利思想以及实用考虑共同组成的一个二维体系。它也必然如此,因为它的历史背景中既有高度道德化的古代传统,

---

[1]　实用中,在西方发达国家,这种损失相当部分可以由个人保险来承担,但是中国实际缺乏如此的制度,而国家机构最多只会承担其中一部分,损失的问题仍然存在。

也有从西方移植的权利思想,更有在法律实践中不可或缺的实用考虑。其间的逻辑联系,与其说是西方那样的形式主义演绎逻辑,不如说是一种实用智慧。其最终的依据与其说是个人权利,不如说是人际关系的道德准则。下面我们用同样的框架来分析"刑讯逼供"和"刑事和解"问题。

五、刑讯逼供问题

对于刑讯逼供问题,1979 年的《刑事诉讼法》(1996 年修正)早已规定:"严禁刑讯逼供和以威胁、引诱、欺骗以及其他非法的方法收集证据。"(第 43 条)但是,众多的研究表明,在实际运作中,比较普遍采用不同程度的强制性逼供手段。譬如,一个对 487 名湖北和河南两省警察的问卷调查研究,发现有 39%的警察认为刑讯逼供"普遍存在,经常发生"(51%认为是"个别现象,偶尔发生")。(林莉红、余涛、张超,2006b:表 4)同一研究对 659 名湖北的"民众"的问卷调查发现,足足有 47%认为刑讯逼供"普遍存在,经常发生"(33%认为是"个别现象,偶尔发生")。① (林莉红、赵清林、黄启辉,2006a:表 4)此外,一个对广州市共 200 名警察、检察官、法官和律师的问卷调查,问及"你所知道的当事人在受到刑事指控时有没有受到威胁或者刑讯逼供",59 名被调查的律师中,足足有 84%回答说"有一些"(62.3%)或"有很多"(21.3%)。警察中则有 56%回答说有一些或有很多;即便是法官中也有 30%如此回答。(检察官

---

① 这里的"民众"不是来自"随机抽样"的样本,而是由 17 名武汉大学研究生通过各种渠道进行的调查,集中于武汉市和湖北省。

中则比例较低,只有 18% 如此回答。)(欧卫安,2009:表 5)由此可见,较高比例的司法人员和民众认为刑讯逼供相当普遍存在。

北大法学院陈永生教授搜集了 20 起 1995 年到 2005 年间被澄清是冤案的系统材料,其中 19 件中存在刑讯。更有违法取证例子多项,包括五起警察用暴力或诱供等非法手段迫使证人作伪证、五起警察造假(伪造物证、伪造证人证言)、三起阻止证人作证、一起贿赂证人、一起隐瞒证据、一起诱导被害人的例子。(陈永生,2007:51—53)

这些是媒体报道较多、资料比较完整的案件,但它们绝对不是仅有的案件。据统计,1979—1999 年全国共立案查处刑讯逼供案件 4000 多件,其中 1990 年 472 件,1991 年 409 件,1995 年 412 件,1996 年 493 件。(张文勇,2006:80)这里再举一个例子,是比较广为人知的佘祥林的杀人案。佘妻张在玉 1994 年 1 月失踪数月后,该地发现一具女尸,被错误确定为佘妻。作为犯案嫌疑人,佘被侦查人员分组轮流审问,遭受毒打、体罚、逼供 10 天 11 夜,定罪后被判 15 年徒刑,其上诉被驳回。直到 2005 年,其妻突然归回,方才澄清真相,但佘已在监狱度过 11 年。(同上)

面对以上的事实,一种比较简单的意见是,中国需要尽快引进西方所用保障个人权利的规则,诸如"沉默权"("米兰达规则",Miranda Rule)和非法证据的排除规则等。但是,正如陈瑞华等学者指出,在中国现行刑事法律体系下,"沉默权"只可能是一种不对症的药。现行制度的主导思想/政策之一是"坦白从宽,抗拒从严"。在那样的政策和实际之下,嫌疑人使用沉默权只可能被视作抗拒行为。(陈瑞华,2007)非法证据的排除规则同样与现行制度格格不入。现今的刑法体系是由三个不同机构所组成：公安局、检察院、法院。在行政等级上，公安局和检察院处于法院之上，或起码不在法院管辖之下。在这个体制中，主要证据搜集责任和权力在公安局和检察院，法院权限根本不包括（像美国法庭那样）对证据的审判权。在一定程度上，法院审判只是在罪行确定之后的一种形式化仪式。因此，形成了陈瑞华之所谓"案卷笔录中心主义"的"潜规则"，以公安局通过检察院所提交的口供笔录等书面证据为最主要的审判依据。如果被告以刑讯逼供为由提出抗辩，法官一般会要求被告提出证据，而在现行实际情况下，被告不大可能具备提出如此证据的条件，而法庭又不会传讯侦查人员。（陈瑞华，2006a；2007）作为实例，吴丹红的研究说明，在来自南方三省中级法庭的 33 起以刑讯逼供为抗辩理由的刑事案件中，有 19 件被法官认定"证据不足，不予采纳"，6 件被完全不予理睬，7 件被认定"与客观事实不符"，剩下的一件则被定作"认罪态度不好，从重处罚"。（吴丹红，2006：144）可见，试图树立排除非法证据的规则，和沉默权同样，只会陷于有名无实的形式。

与移植主义观点相反的意见则主要从实用考虑出发，否定引进西方沉默权等规则，认为在中国的现实技术、资源等条件下，当前实施的拘留、刑讯制度乃是个高效率的制度。譬如，其认罪率较高，远高于西方发达国家（例如，英国和法国的约 50%）。左卫民教授因此认为，现有制度无须改革。（左卫民，2009）

左教授在其论文中特别强调实证研究，并据此反对简单的移植主义，这一点我十分赞同，但是，这里要指出，他的实用性论证的隐含逻辑其实类似中国传统法家的思路，关心的只是国家治安效

率,基本无视"冤案""误判"问题。其隐含的价值辩护也许是,大多
数人的利益要比少量受诬陷、侦查错误等造成的冤案重要,后者只
不过是高效率的低代价。

这里需要区别这种认识的正确和错误的两面。首先,以上已
经讨论,西方个人权利本位以及对抗性法律制度不太符合中国实
际乃是正确的意见。但是,纯粹从实用角度,或回顾性的实证/实
践角度来考虑法律是不符合中国自己的法律传统的。中国法律制
度之所以具有顽强的生命力(在人类历史中寿命最长的法律体系
之一),不简单在于其实用性,而是在于其同时具有道德理念/表达
和实用/实践的两面。在古代历史中,有秦始皇帝之后的所谓"法
律儒家化",在法家制度之上添加了儒家的仁政理念和道德准则
(Ch'ü T'ung-tsu[瞿同祖],1961),也可以说是在严厉的父亲之上,
添加了母亲的仁慈,从而形成所谓"父母官"的仁政治理理念。此
外,当今中国实施的刑法制度在相当程度上源自毛泽东时代处理
反革命分子的需要,给予公安和检查人员极大的权力。但是,时至
今日,这样的司法已经不符合"后革命""转型"时代的实际和需要。

在我看来,刑讯逼供之普遍存在的事实亟须改革。它归根到
底来自古代的专制皇权,其实并不符合中国自己的传统的另一面,
即古代道德准则传统以及革命时期的"人民内部矛盾"理念传统。
这里,我们并不需要援用来自西方的个人权利逻辑链以及沉默权
等规则,而只需要根据传统道德准则而问:如果你被人诬陷而被投
入高压的刑讯逼供,你会有怎样的感受？ 即便是传统中国的刑法,
也有非常明确要严惩诬告的法律条文,并给予能够为人"申冤"的
"讼师"(区别于唆使人们健讼的"讼棍/师")以高度的评价。(《大

清律例》，律340；见黄宗智，2007：133—134）而现代中国从辛亥革命以来，历次革命都非常明确地提倡法律面前人人平等的公民和共和理念，不应因为某公民受到（未被确证之前的）嫌疑而被排除在人民范畴之外。鉴于反右以及"文化大革命"中相当广泛的诬陷、冤案经验，这并不是一个小问题。从长远的角度考虑，中国刑罚制度必须迈向一个使冤案、错判最小化的制度体系，绝对不应接受每年有四五百件被正式查处的刑讯逼供案现实。这是中国自己人际关系道德准则所要求的方向，不仅是西方人权法律所要求的方向。它是中国法律体系实用+道德中的道德的一面。

有的公安人士和学者对西方"人权"话语觉得特别反感，这是完全可以理解的。"人权"论明显来自西方，与西方基督教传统、现代个人主义、资本主义经济和自由民主政治传统密不可分，也因此确实与中国文化有点格格不入。许多人也因此不能接受来自联合国以及其他国际人权组织等的批评。本文强调，以儒家思想中的"黄金规则"（而不是人权思想中的康德的必然性道德权利，moral rights——Fagan，2005）来指导法律，刑讯逼供同样不可接受，同样不允许对嫌疑人采用粗暴手段。从如何建立中国未来的、能够持久的（"万世"）法律体系的长远视野来考虑，更不可仅凭实用逻辑而接受这样的现实。

至于近期措施，陈永生教授提出了很实际而有效的方案：采用刑讯中录音/像的办法。很明显，这是在现行的刑法制度下立刻便会使侦查人员感到一定约束的办法。陈更十分实用性地说明需要在审讯过程全程录音或录像，免得侦查人员在逼得嫌疑人认罪之后方才录下。（陈永生，2009；2008）林莉红等对487名警察的问卷调查发现,84%被调查的警察认为"审讯过程中采取全程录音、录像""能够"或"多数情况下能""有效地遏制刑讯逼供"。① (林莉红、余涛、张超,2006b:表18)这是个明智的建议,也体现了本文所要提倡的兼具前瞻性道德准则理念以及实用性考虑两方面的改革进路。

此外,林莉红等的研究更说明,目前审讯制度中设有法定"办案期限"的规定,在实践中有"限期破案""破案率"等要求,也是个重要因素。被调查者中有86%认为这些制度性因素"会给办案警察带来很大的压力而容易导致刑讯逼供"。(林莉红、余涛、张超,2006b:表11)从短、中期的措施来考虑,这也是个亟须改革的制度。②

最后要说明,笔者过去强调研究要从实践经验出发,为的是想纠正国内法学(和经济学界)过分偏重抽象理论和不关注实际运作的倾向,但绝对不是想提倡仅考虑实然而不顾应然,仅采纳回顾性的经验主义/实用主义,而拒绝前瞻性的道德理念或权利思想。法律体系必须两者并重,过去如此,现在也如此。中国法律传统的真髓不单在其表达或其实践,而是在两者的结合。从历史上看,中国法律长久以来便是一个"说的是一回事,做的是一回事,但是合起

---

① 陈永生更建议,要从侧面同时录入询问者和嫌疑人(而不是仅录下嫌疑人),以便更中立、精确地掌握整个询问过程。再则是给予被告方律师检阅录音/像带的机会,以便更好保障被告辩护权利。

② 当然,近年来已经有一些改良型的举措,例如2010年"两高三部"关于排除非法证据的规定以及2012年新刑事诉讼法关于强化审讯录音、录像的规定。但是,根据以上的论述,刑讯逼供问题是一个体系性的问题而不简单是个法律条文的问题,要真正完全克服这个弊端,绝对不是仅凭条文修订便可一蹴而就的事。

来又是另一回事"的体系。(这是我对清代法律的描述——见黄宗智,2007;2009)一个法律制度不仅要在实践/实施层面得到人们的支持,也要在主导理念层面(无论是道德准则还是西方的权利观点)得到民众的认可。片面强调实践/经验,可以成为卫护现存弊端、拒绝明智改革的借口。

六、刑事和解

中国的"刑事和解"运动始于 21 世纪初,比较突出的是北京市朝阳区从 2002 年开始的"试行",之后不久,便在北京市其他地区、上海市、浙江、湖南等地得到推广。近几年来,无论在学术界还是实务界,都形成了一股影响颇大的潮流。

学术界几乎异口同声地认可这个"新"的尝试。根据 2006 年 7月由中国人民大学"刑事法律科学研究中心"和北京市检察官协会共同召开的全国性"和谐社会语境下的刑事和解"会议的讨论综述,与会的 200 多名学者、法官、检察官和律师们,基本全都认可这股新潮流。(黄京平、甄贞、刘凤林,2006)部分原因当然是,会议是响应中央提出的"和谐社会"理念而召开的。

其中主要有两种意见。一种把这股潮流看作是与世界发达国家接轨的一个动向,认为西方从 20 世纪 70 年代开始,兴起被害人与加害人之间和解的运动,并得到相当广泛使用("victim-offender-reconciliation"或"victim-offender-mediation",简称 VOR 或 VOM)。部分学者更把中国的刑事和解等同/比照于西方这个所谓"恢复性正义"(restorative justice)运动。在那样的视野下,"刑事和解"被建构为中国法律体系进一步"现代化"和与国际前沿接轨的运动。
（黄京平、甄贞、刘凤林，2006）

　　这里需要指出，西方的"恢复性正义"主要是对其对抗性司法制度和它的频繁诉讼率的一种"另类"反应，特别强调被害人与加害人的面对面交谈，由社区、教会、家庭成员和亲友等参与，由此促使被害人与加害人的和解。它的着重点在加害人的悔过以及被害人之得到心理安慰。它附带有基督教的影响，尤其是其忏悔、宽恕思想，具体可见于（多被人们认作恢复性正义最早案例的）1974 年加拿大安大略省（Ontario）的一起案件：在一位基督教门诺派教徒（Mennonite）的中介下，促使两名破坏了共 22 个人家的财产的未成年犯人与他们的受害者相见，导致了较好的和解结果。美国则从 20 世纪 70 年代在明尼苏达州（Minnesota）开始，逐渐采用由中立的第三者促成受害人与加害人之间的和解方法；同时，在印第安纳部落中，采用其调解惯习来处理其中发生的刑事案件。加拿大也用同样的办法来处理土著群体中的刑案。（McCold，2006；Marshall，1999；亦见施鹏鹏［2006］关于法国的制度的研究）作为一种在西方的另类运动，它一定程度上类似于同时期的民事法律中兴起的非诉讼纠纷解决运动。（虽然，有的恢复性司法提倡者强调两者的不同，因为恢复性正义更加明确强调完全脱离现存以国家与被告相对立的法律制度，欲用聚焦于受害人与加害人之间的制度来取代之。）两者都在一定程度上借鉴非西方文化，ADR 则更多借重中国经验。（Subrin and Woo，2006；范瑜，2000，2007；黄宗智，2009）

　　但是，需要说明，西方当前的法律体系仍然主要是对抗性的，其中另类的和解制度适用率仍然比较微小。在美国的联邦主义司法制度下，缺乏全国的统一司法数据，而调解制度则更缺乏系统材料，但我们可以窥见一个大致的轮廓：以数据比较充分的弗吉尼亚州（Virginia）为例，根据通过调解人员和组织而搜集的材料，2002—2003 年（民、刑事）调解适用率只达到民刑事案件总数的 0.7%，其中家庭关系（尤其是抚养纠纷）的案件占很大部分（73%）。数据中没有清楚区分民、刑事案件，而是以青少年和家庭关系法庭（Juvenile and Domestic Relations Court）、处理轻案（轻罪以及金额 4500 美元以下）的法庭（General District Court），以及处理较重案的法庭（Circuit Court）来区分案件。三者在该年的调解案件总数中所占的比例分别为 79%、19% 和 2%。（Virginia Judicial System，2004；亦见 Philip C. C. Huang[黄宗智]，2010：220—221）可见，刑事调解的适用率要比 0.7% 的民、刑事案件总体适用率还要低得多。也就是说，在美国的司法体系中，调解仍然只是一个非常边缘的制度。

虽然如此，中国法学界部分人士把恢复性正义看作西方法律发展的前沿，并把这样的认识纳入了自己以西方"发达"经验为典范的意识。其中一种意见是把中国正在试行的刑事和解制度等同于西方的恢复性正义，把后者的话语和理论直接移植于中国。另一种意见则援用西方个人权利逻辑，把刑事和解视作确立被害人权利的一种措施，认为之前的西方法律比较偏重嫌疑人（相对国家公安、检察机关）的权利，缺乏对受害人的关怀；恢复性正义则纠正那样的偏向，特别关注被害人的权益。在如此的理解下，恢复性正义被纳入主流的权利主义逻辑，不顾其边缘实际。（见黄京平、甄贞、刘凤林，2006：109，111，尤见对甄贞、李翔、石磊、陈兴良等意见的转述；亦见宋英辉等，2008）具有讽刺意义的是，两种不同理解都同样把比较边缘的恢复性正义建构为西方法律的前沿，借此来建立中国刑事和解运动的正当性。

与这种"国际接轨"相反的意见则认为，"刑事和解"很好地体现了中国所特有的优良法律传统，尤其是其"和谐""息事宁人"的传统。用之于刑法，具有中国特色，与西方恢复性正义很不一样。正如葛琳博士的研究论证，中国长久以来便已在刑事案件中使用和解，其中包括源自唐代的"保辜"制度——在斗殴致伤的案件中，规定一定的期限，等看到期满后的伤情，方才定罪量刑，部分目的是促使加害人积极协助被害人的治疗。此外，法律认为亲属间以及过失伤害的案件中，尤其适用调解，但同时禁止重案中的"私和"。这是一套相当完整的"刑事和解"制度。具有讽刺意义的是，被视作落后的中国古代"民刑不分"法制传统，乃是促使用调解于刑事案件的一个重要原因。（葛琳，2008）其后，在中国自己的现代革命的传统中，也有一定的用调解于刑事的经验。陕甘宁边区司法工作的主要领导人（后任华北人民政府司法部部长）谢觉哉便鲜明地指出："我们要去掉那些与人民隔离的、于人民无利的东西。比如硬说刑事不能调解，有些轻微的刑事，彼此已经和解不愿告状，又何必硬要拉他们上法庭？"（引自赵国华，2009：36）（解放区的法律传统显然是中国今天的法律体系的三大传统之一，但仍然是个很少被人系统研究的领域——简单介绍见侯欣一，2008。）

北大法学院教授陈瑞华综合以上多种意见，更提出"刑事和解"可能成为一种来自实践经验、具有中国特色的制度，既可以具有类似西方"恢复性司法"的功能，也具有中国特色的调解／和谐功能。陈瑞华认为，它甚至可能成为一种"第三条道路"，不同于一般以惩罚为主的对抗性"国家追诉主义"刑法模式,而是由国家与已经认罪的被告人合作的模式。更有甚者,被害人与加害人之间的和解可能成为一种(与"公力合作模式"不同的)"私力合作模式"。(陈瑞华,2006b)可以看出,陈教授对"刑事和解"的期望非常之高,认为它具有庞大的发展空间。他转引一项关于北京市七个区2003年7月1日至2005年12月31日的调查,提出了比较醒目的数据:在所有的轻伤害案件中,刑事和解的适用率居然高达14.15%。(陈瑞华,2006b:24)如此的数据使人感到,刑事和解在短短几年的试用中,覆盖面便已相当宽阔,大有前途不可限量的势头。

但是,根据其后的调查研究,在近几年的实践经验中,"刑事和解"明显具有一定的局限。一个比较系统的研究是对率先试行刑事和解的北京市朝阳区2002年(该年区检察院正式制定了《轻伤害案件处理程序实施规则(试行)》)至2007年五年中实际运作的调查。根据该区的经验,刑事和解实际的适用率较低。以2006年为例,该年该区办理公诉案件共2826件,其中轻伤害案件480件,而适用刑事和解的只有14件,占轻伤害案件仅2.9%。(封利强、崔杨,2008:表2)

根据其他一些比较扎实的调查,湖南、广东、重庆等地的经验基本一样。湖南从2006年10月31日出台《湖南省检察院关于检察机关适用刑事和解办理刑事案件的规定(试行)》到2008年年底的两年零两个月中,全省适用刑事和解案件共3959件(嫌疑人)5028人,占同时期批捕、起诉部门审结刑事案件总人数的2.6%。(罗凤梅、单飞、曾志雄,2009:114)此外,广东省珠海市香洲区人民检察院的经验是,2006至2007年间,该院提起公诉的3018件案件中，仅有 17 件适用刑事和解，才占总案件数的 0.5%。（黄峰、桂兴卫，2008：86）再则是重庆市武隆县（现武隆区）的经验，2004 到 2008 年公诉部门共受理轻微刑事案件 128 件，其中使用刑事和解案件 6 件，占 4.7%。（钟文华、徐琼，2009：77）在众多调查报告中，规模较大的是宋英辉等课题组基于东部三个较大城市七个区检察院在 2005/2006 年的研究，每个检察院处理的案件总数在年 300 到 1400 之间，其中适用刑事和解案件的比例最低的是 0.5%，最高的是 4.4%。（宋英辉等，2008：表 1）可以说，此项研究确认了以上转述的其他不同地区的数据。按照目前的调查材料来看，刑事和解适用范围要比原来的期望狭窄得多。（虽然如此，仍然超出调解在美国的适用率甚多。）

在上述有限的幅度之内，"刑事和解"近几年在适用范围和条件上，已经形成了一些共识。实务界的北京市检察院副检察长甄贞教授以及学术界的范崇义教授同样指出，刑事和解主要适用于依法应判三年以下有期徒刑的轻微刑事和交通肇事案件，主要是初犯、偶犯、过失和协从犯，以及未成年犯，较多是与被害人之间存在亲属、邻里、同事、同学等关系的犯罪人。（黄京平、甄贞、刘凤林，2006：114）这基本也是北京市朝阳区的经验，而其检察院 2002 年制定的《轻伤害案件处理程序实施规则（试行）》更界定，适用条件包括事实/证据清楚充分、加害人认罪、被害人同意，再犯、累犯者不适用等。（封利强、崔杨，2008：109）根据宋英辉等的较大规模研究，刑事和解案件中轻伤害案件占比例最高（47%），交通肇事次之（21%）。其余主要是未成年人和在校（成年）学生案件，也有少量的盗窃、收购赃物、敲诈勒索、轻微抢劫等案件。（宋英辉等，

2008：521，621）

以上的经验所展示的"实践逻辑"是比较实用性的：轻伤害、初犯、偶犯、过失和未成年犯者对社会危害性比较低，适用赎罪、悔过原则，而亲属、邻里、同事、同学间都比陌生人间更适用和解的认罪、赔礼道歉、赔偿等和解方法。其背后的主导道德准则也许可以视作"和谐"理念。

至于刑事和解的实施程序，朝阳区经验基本是，首先由检察院的案件承办人审查、决定是否适用刑事和解。然后先征求受害人意见；同意之后才告知被害人如果能够取得受害人谅解并积极赔偿其损失，可能不再被追究刑事责任；最终要由检委会决定采用什么样的措施。在和解过程中，朝阳区强调受害人与被告人完全自愿自主，承办人原则上不参与对赔偿金额的协商，也不予以审查。在双方达到协议之后（朝阳区一般要受害人提交"不予追究犯罪嫌疑人刑事责任"的书面请求），再由检察机关审批，决定相应措施。（封利强、崔杨，2008：110—111）其中，主要的选择有：在审查批捕阶段，不批捕；在审查起诉阶段，酌定不起诉或建议公安机关撤销；在提起公诉阶段，向法院提出缓刑或从轻处罚量刑建议。（宋英辉等，2008：621；亦见宋英辉等，2009：9）

在这样的刑事和解程序中，我们可以看到三种理论因素的影响。一是西方舶来的权利思想。根据其思路，"刑事和解"的关键在于确立被害人权利，其目的之一是要限制（国家）检察官的权力，特别强调当事人的自主性。另一是来自等同/比附西方"恢复性正义"的思想，认为刑事和解的主要目的是促成被害人得到心理上的安慰，对加害人则促成其忏悔，由此来"恢复"社区平衡。第三种理论因素则来自对中国传统调解的理解,以民间的亲邻和社区调解为典范,坚持当事人的自愿性以及调解的非强制性。

　　首先,我们应该明确,恢复性正义观点其实对中国现实的意义不是很大。正如一项关于广东省珠海市的调研指出,在实际运作中,较高比例的加害人受到羁押,在和解过程中主要由其亲属或律师代表,本人在羁押中不可能(像恢复性正义的核心主张那样)和被害人面对面交谈、道歉、表示悔过,而更多的是由亲属代表本人。(黄峰、桂兴卫,2008:90—91)在朝阳区,在抽样的177名普通(不限于纳入刑事和解程序的案件)嫌疑人中,被刑事拘留的比例高达97%,之后被正式逮捕的91%。正如作者们指出,北京市在司法实践中很少使用缴纳保证金的制度(虽然法律条文规定可以采用),对于没有固定住处的农民工尤其如此。在抽样的177名嫌疑人中,只有11人(几乎全都先被刑事拘留)能取保候审。2003年,北京市政法委出台把嫌疑人是否积极解决赔偿作为是否采用强制措施(逮捕)的考虑因素之一,但其对恢复性正义型的实用效果影响不明确。(封利强、崔杨,2008:114—115)在中国现今的刑事制度下,"恢复性正义"的核心要求——让受害人与加害人面对面交谈,由此来进行对两者的精神上的"恢复性"和解,一定程度上仍然只是空谈。

　　至于援用传统社区调解的意见,则失于对中国调解传统比较简单化的单一维认识,忽视了中国现代革命传统中所形成的其他调解经验,包括带有不同程度的强制性+自愿性的干部调解、"行政调解/调处"以及法庭调解。它其实也混淆了中国传统的"细事"与"重案"之分,更毋庸说现代的民事与刑事之分:在前者中,国家基本是个局外人，而在后者中，国家乃是当事一方。鉴于此，不应简单援用传统的、主要是以"和稀泥"妥协为主的社区调解，而应更多借鉴现代革命传统中更为丰富的调解经验，可以是部分强制性、能够鲜明地确定过错而又不违反被害人和国家机关意愿的制度。（详见黄宗智，2009：第2、4、7、8章）

在近年的刑事和解的实践中，其实已经采用了更为多元的调解方法。根据宋英辉等关于东部三个城市的调查报告，我们可以看到，只有部分协议是主要由当事人双方自己（或其亲属或代理人）达成的；有的由检察院案件承办人主持，或消极促成，或积极参与；有的则由人民调解委员会主持，也有由所在社区、单位或学校促成或帮教的。（宋英辉等，2009：10—11，7—8；亦见陈瑞华，2006b；肖仕卫，2007）这样的多元做法其实更符合中国现代的调解传统。

在刑事和解的运作中，正如众多学者已经指出，一个主要弊端是被害人可能"漫天开价"。在朝阳区等的试行规则下，被害人具有是否要求启动和解程序的权利，几乎等于是对加害人是否被追究刑事罪名的决定权。为此，被害人可以对加害人（或其家属）施加高压，借此获得最高的可能赔偿，形成一种半制度化的可能敲竹杠的状况。同时，也加重了法律上不公平的问题：具有经济条件者可以通过高额赔偿促使原告"谅解"和检察机关不起诉或提议从轻量刑，在一定程度上以金钱来赎罪；不具备经济条件的则只能承受法律惩罚。这样，在实际运作中，刑事和解有可能变质为有钱人以钱赎刑的制度。

面对这样的问题，由相对中立的第三方来主持和解并适当参与协商,乃是对这样的倾向的一种制约。因此,不应该用权利逻辑来坚持要给予被害人完全自主的权利。(更不用说试图把这样的权利逻辑提高到西方限制国家权力的"公民社会""理论"。)当然,这不等于是要否定受害人自愿原则,只是要适当制约金钱赔偿的滥用。

　　显然,目前刑事和解制度尚处于一个摸索、试验阶段。根据中国在离婚、赡养、民事赔偿等方面的立法经验,去正式立法还有一段距离。在赔偿额问题以外,还存在众多的实际运作问题,诸如怎样提高效率(广东珠海的经验指出,对检察机关案件承办人来说,起诉只需一两天时间,和解则要投入三倍以上的时间——黄峰、桂兴卫,2008:93;亦见宋英辉等,2008:131)、如何建立检察机关考核指标的配套制度(逮捕不诉比例高的话,会影响现用批捕效率考核指标,从而抑制刑事和解的适用——封利强、崔杨,2008:114—115;亦见宋英辉等,2008:31)、对加害人再犯的预防力较弱(目前还缺乏明确的经验证据)等。

　　笔者这里关注的主要是理论逻辑上的问题,认为既不能盲从西方的个人权利逻辑,也不要迷信或误解西方的另类性恢复性正义;两者其实都不大符合中国实际。要建立一个经得起时间考验的制度,需要更精确掌握中国自己古代和现代传统理论和经验,配合当前的实践经验,逐步建立一个行之有效而又能受人民欢迎的制度。

七、结论

简单总结，现今的民、刑事法律体系不可避免地是一个多元的混合体，其中有来自三种不同传统的成分：中国古代、西方现代以及中国现代革命。这是个给定现实。因此，今天中国法学的一个重要命题是，怎样协调、融合这些不同的传统来创建一个适用于当今实际的法律体系。要避免什么样的盲点和误区？

以上的讨论说明，不可过分依赖任何单一传统的理论/理念，因为那样会造成不符实际的、不能实施的，甚或引发弊端的后果。上面看到的具体例子是：取证程序改革中，不合适地援用英美（"当事人主义"）取证制度于中国民事领域的离婚制度，导致不符合法律原意的后果；现今"刑事和解"试验中，过分偏重受害者的绝对"权利"，加重了有的被害人趁机"漫天开价"的弊端；同时，不合适地等同/比附西方的恢复性正义，导致对西方和中方制度的误解。同时，也看到用"实用"和"中国传统"作为借口而为"刑讯逼供"弊端辩护；另外，不合适地简单援用传统社区调解逻辑于刑事和解，忽视了现代革命传统中更丰富多元的部分强制性但仍然尊重当事人意愿的调解经验。

明智抉择的例子则主要包括，没有死板地从属于西方权利逻辑，也没有感情用事地坚持中国传统，而考虑到不同的历史背景、适当采用中国原有的道德准则+实用性的立法进路，经过试验而确定行之有效和为人民所接受，方才纳入正式法律条文。其中，在离婚法领域,既采用来自西方的原则(现代男女平等理念、公民理念),也采用中国人际道德准则(以夫妻感情为标准)以及革命传统的法庭调解。在继承和赡养法中,融和西方的男女平等财产继承权利和中国传统赡养道德准则,并实用性地把两者结合,在继承权利中掺入了赡养与否的标准。在赔偿法中,实用性地融合(西方的)"过错赔偿"以及(中方的)"无过错赔偿",其依据是实际情况(在涉及损失的纠纷中,既存在有过错的案例也存在无过错的案例),由此出发,没有像西方形式主义法律那样,把侵权理论等同于(所有涉及损失纠纷的)实际情况的错误。这样,很好地反映了中国在理论和经验的关系中,坚持连接经验与理论的思维方式。最后,在新近的刑事和解运动中,同样正在通过实践来摸索一条符合中国实际的融合中西法律的路径。

　　从以上得出的启示是,即便在法理层面,不可像移植主义那样只依赖西方的个人权利逻辑,把它认作普世的唯一选择,而是需要立足于对历史的清醒认识,同时考虑到中国自己的道德准则和现代革命传统的适用,并采用中国长期以来的实用性思维。同时,不可感情用事地坚持仅仅依赖中国本身的传统,要照顾到现、当代的移植传统,尤其是屡经中国现代历次革命所确认的公民理念。通过近百年的实践经验,中国其实已经确定了融合中西的大方向,并做出了不少明智的抉择;当然,我们也不要忽视其中的错误经验。

参考文献：

陈瑞华(2006a)：《案卷笔录中心主义：对中国刑事审判方式的重新考察》，载《法学研究》第 4 期，第 63—79 页。

陈瑞华(2006b)：《刑事诉讼的私力合作模式刑事和解在中国的兴起》，载《中国法学》第 5 期，第 15—30 页。

陈瑞华(2007)：《证据法学研究的方法论问题》，载《证据科学》第 15 卷 1/2 期，第 5—31 页。

陈永生(2007)：《我国刑事误判问题透视——以 20 起震惊全国的刑事冤案为样本的分析》，载《中国法学》第 3 期，第 45—61 页。

陈永生(2008)：《刑事诉讼法再修改必须突破的理论误区——与柯良栋先生〈修改刑事诉讼法必须重视的问题〉一文商榷》，载《政法论坛》第 26 卷第 4 期，第 106—127 页。

陈永生(2009)：《论侦查讯问录音录像制度的保障机制》，载《当代法学》第 4 期，第 70—81 页。

《大清律例》，见薛允升(1970)。

范瑜(2000)：《非诉讼纠纷解决机制研究》，北京：中国人民大学出版社。

范瑜(2007)：《纠纷解决的理论与实践》，北京：清华大学出版社。

封利强、崔杨(2008)：《刑事和解的经验与问题——对北京市朝阳区刑事和解现状的调查》，载《中国刑事法杂志》第 1 期，第 108—115 页。

葛琳(2008)：《中国古代刑事和解探析》，载《刑事司法论坛》第 1 辑，第 145—166 页，北京：中国人民公安大学出版社。

侯欣一(2008)：《试论革命根据地法律制度研究》，载《法学家》第 3 期，第 23—31 页。

黄峰、桂兴卫(2008)：《刑事和解机制的探索与实践——以某基层检察院的和解不起诉为切入点》,载《中国刑事法杂志》7 月号,第 86—94 页。

黄京平、甄贞、刘凤林(2006):《和谐社会构建中的刑事和解——"和谐社会语境下的刑事和解"研讨会学术观点综述》,载《中国刑事法杂志》第 5 期,第 108—115 页。

黄宗智(2007［2001］):《清代的法律、社会与文化:民法的表达与实践》,上海:上海书店出版社。

黄宗智(2009):《过去和现在:中国民事法律实践的探索》,北京:法律出版社。

林莉红、赵清林、黄启辉(2006a):《刑讯逼供社会认知状况调查报告(上篇,民众卷)》,载《法学评论》第 4 期,第 117—135 页。

林莉红、余涛、张超(2006b):《刑讯逼供社会认知状况调查报告(下篇,警察卷)》,载《法学评论》第 5 期,第 123—140 页。

罗凤梅、单飞、曾志雄(2009):《刑事和解适用实效实证研究——以湖南省为分析样本》,载《湖湘论坛》第 4 期,第 114—116 页。

欧卫安(2009):《律师辩护、权利保障与司法公正——来自法律职业群体的调查报告》,载《广州大学学报(社会科学版)》1 月,第 41—46 页。

施鹏鹏(2006):《法国刑事和解程序及其借鉴意义》,载《社会科学》第 6 期,第 116—121 页。

宋英辉等(2008):《我国刑事和解实证分析》,载《中国法学》第 5 期,第 123—135 页。

宋英辉等(2009):《检察机关适用刑事和解调研报告》,载《当代法学》第 23 卷第 3 期,第 3—11 页。

吴丹红(2006):《非法证据排除规则的实证研究——以法院处理刑讯逼供辩护为例》,载《现代法学》第 28 卷第 5 期,第 143—149 页。

肖仕卫(2007):《刑事法治的"第三领域"中国刑事和解制度的结构定位与功能分析》,载《中外法学》第 19 卷第 6 期,第 721—734 页。

薛允升(1970):《读例存疑重刊本》,黄静嘉编校,五册。台北:中文研究资料中心、成文出版社。引用以黄静嘉编律号、例号,如律 89,例89-1。

张文勇(2006):《刑讯逼供的历史回顾与现实反思》,载《湖北警官学院学报》第 4 期,第 78—82 页。

赵国华(2009):《中外刑事和解实践之概要比较》,载《江苏大学学报(社会科学版)》第 11 卷第 4 期,第 35—40 页。

《中华民国民法》(1929—1930),收入《六法全书》,上海:上海法学出版社。

《中华人民共和国婚姻法》(1950),收入湖北财经学院编(1983)《中华人民共和国婚姻法资料汇编》。

《中华人民共和国婚姻法》(1980),同上。

《中华人民共和国继承法》(1985),收入《中华人民共和国法规资料汇编 1985》(1986),北京:法律出版社。

《中华人民共和国民法通则》(1986),收入《中华人民共和国法规资料汇编 1986》(1987),北京:法律出版社。

《中华人民共和国刑事诉讼法》(1979),1996 年修正,http://www.law-lib.com/law/law_view.asp? id=321。

《中华苏维埃共和国婚姻条例》(1931),收入湖北财经学院编(1983)。

钟文华、徐琼(2009):《刑事和解的困境与对策——以公诉环节轻微刑事案件和解司法实践为视角》,载《中国刑事法杂志》第 12 期,第 77—78 页。

最高人民法院(1989):《最高人民法院关于人民法院审理离婚案件如何认定夫妻感情确已破裂的若干具体意见》,收入最高人民法院研究室编(1994)《中华人民共和国司法解释全集》,第 1086—1087 页,北京:人民法院出版社。

左卫民(2009):《范式转型与中国刑事诉讼制度改革——基于实证研究的讨论》,载《中国法学》第 2 期,第 118—127 页。

Ch'ü T'ung-tsu(瞿同祖).(1961). *Law and Society in Traditional China.* Paris: Mouton.

Fagan, Andrew. (2005). " Human Rights, " *Internet Encyclopeida of Philosophy*, http://www.iep.utm.edu/hum‑rts.

The German Civil Code. (1907[1900]). Translated and annotated, with a historical introduction and appendices, by Chung Hui Wang. London: Stevens and Sons.

Huang, Philip C. C.(黄宗智)(2010). *Chinese Civil Justice, Past and Present.* Roman and Littlefield.

Johnson, Robert. (2008). " Kant's Moral Philosophy, " *Stanford Encyclopedia of Philosophy*, http://plato.stanford.edu/articles/kant‑moral.

Marshall, Tony F. (1999). " Restorative Justice: An Overview, " *Home Office, Research Development and Statistics Directorate.*

McCold, Paul. (2006). " The Recent History of Restorative Justice, " in Dennis Sullivan and Larry Tifft, eds. *Handbook of Restorative Justice.* London and New York: Routledge.

Phillips, Roderick. (1988). *Putting Asunder: A History of Divorce in Western Society.* Cambridge, England: Cambridge University Press.

Subrin, Stephen N. and Margaret Y. K. Woo. (2006). *Litigating in*

*America: Civil Procedure in Context.*NewYork: Aspen Publishers.

Virginia Judicial System. (2004). M*ediation Information System Reports,* http://www.courts.state.va.us/courtadmin/aoc/djs/programs/drs/mediation/ resources/resolutions/2004/march2004.pdf.

Williams Garath. (2009). " Kant's Account of Reason, " *Stanford Encyclopedia of Philosophy*, http://plato.stanford.edu/articles/kant‑reason.

第三章　道德与法律：中国的过去和现在①

　　韦伯认为法律应该是纯粹"形式主义理性"的，由法律逻辑整合为一个统一体，而不该让"外来"的道德价值掺入，否则将会成为"实体非理性"的法律；但历史实际是，法律从来就与道德密不可分。本文聚焦于道德和法律在中国的过去和今天的结合，不仅在理论层面也在实践层面，并检视其正面与负面。本文用意不仅在论证道德与法律的结合在过去实际存在并在当今必然存在，也在论证这样的结合并不一定是模糊的，而可以是清晰和精确的，并且是依赖可说明的理性原则的。本文的目的是探寻一条既是现代的也是中国的，既符合中国文明基本倾向也符合中国"现代"实用需要的立法进路。

---

① 本文原载《开放时代》2015 年第 1 期，第 75—94 页。感谢白凯、高原、张家炎和 Perry Anderson 的反馈和建议。纳入本书时做了一些修改和补充。

一、韦伯与形式主义理性法律

韦伯(1864—1920)关于现代西方法律形成的叙述所采用的主题是"形式理性法律"的形成、发展过程。根据他的建构,这主要是与"实质非理性"相对的过程。这是因为在他的心目中,形式理性法律更能防止外来影响的侵入,尤其是来自专制统治者的干预,而实质主义法律则多受那样的干预,无论是凭借道德价值的名义还是源自政治或感情的因素。(Weber,1978:654—658;亦见黄宗智,2014,三卷本总序,第一卷:13—18)

对韦伯来说,西方现代形式理性法律兴起的一个关键维度是其(我们可以称作)"去道德化"的过程。他认为,之前的宗教法规以及"自然法"都是高度道德化(实质化)的法律(虽然两者都具有一定程度的形式理性倾向,也是韦伯在其形式理性法律兴起的叙述中所突出的倾向——Weber,1978:828—831),而形式理性法律则是依赖逻辑理性的。对韦伯来说,形式理性法律是个高度专业化的体系,其发展和传承所依靠的是具有逻辑专长的法学专家。他认为,这样的一个体系更能够抵御外来权力的干预,不像实质主义法律那样,无论是实质主义非理性的还是实质主义理性的。他对前者给出的例子主要是由统治者情绪主宰的"卡迪法",对后者的例子则主要是社会主义法律关于社会公平和福利的道德观念。(韦伯,2005:167—173;Weber,1978:812—814)

在美国,代表韦伯形式主义法律的是所谓的"古典正统"(classical or thodoxy)和"法律形式主义"(legal formalism)。在兰德尔(Christopher Columbus Langdell,1826—1906;1870 年后任哈佛大

学法学院院长)的领导下,它特别强调法律和法学的科学化。对兰德尔来说,美国法律虽然源自比较重视案例和经验主义的普通法传统,但法律仍然应该和欧几里得几何学一样,从有限的几个公理出发,凭逻辑推理得出真确的定理,而后通过逻辑适用于任何事实情况。也就是说,法律是一个跨越时空的、普适的体系。(White,〔1947〕1976;Grey, 2014b〔1983—1984〕;亦见黄宗智,2014,第三卷:208)

　　这里,我们要补充说明,近现代西方历史的一个重要维度是世俗化(去宗教化)。其前,不仅宗教法规,自然法也一定程度上受到天主教—基督教关于善恶的道德信仰的影响,近现代的世俗化则意味着法律越来越与道德分离,道德越来越成为主要归属宗教的领域,而治理和法律则越来越倾向去道德化的(现代)"理性"和科学。那是韦伯叙述历史和建构理论的大历史背景。中国文明没有像西方那样占据道德领域的宗教(天主教—基督教),道德主要归属儒学——它聚焦于在世的人生,基本不论鬼神——而不是宗教,而儒学在帝国时期长期占据统治地位则意味着伦理道德在中国法律中一直占据特别重要的地位。

　　形式理性法学传统在现代西方占据着"主流"地位,在今天中国法学中也具有极大的影响。今天国内的法学院几乎都以大规模引进西方现代法律为主导思想,许多中国法学家甚至比他们的西方同行还要无保留地相信现代西方法律是普适的,唯一足可称作"现代法律"的法律体系。在全盘模仿西方的大潮流下,即便是对西方法律核心的形式主义毫无认识的中国学者,也连带接纳了其霸权话语。

　　与此形成鲜明对照的是,中国实质理性法律历史的地位日趋式微,在各大法学院的教员、课程和学生中只占越来越小的比例。中国法史的研究越来越成为一种类似于"博物馆"管理员的培训,为的是偶尔展示"馆藏珍品",但都是没有现实意义和用途的东西。结果是整个法史学术领域的普遍危机。即便是那些提倡依赖"本土资源"的法学学者,其所指向的大多不是具体实际的传统法律,而是笼统的农村习惯,或革命传统,或笼统的中国文化,并把其置于中国和西方、传统和现代法律文化非此即彼的二元对立框架之中。(例见苏力,1996,2000;梁治平,1996;详细的讨论见黄宗智,2014,第三卷,序:1—7)

这里我们需要指出,形式主义在中国其实不会是长期一帆风顺的。首先,中国的语境对"形式主义"一词的理解与西方有一定的不同,主要有两种含义:一是官僚化的重形式、轻实质倾向,一是条文主义,而不是西方语境中侧重演绎逻辑的"形式主义"(formalism)①。有如此的不同部分源自(也反映于)两个语境中"形式主义"一词的不同连带含义,一是贬词,一是褒词。同时,西方的形式主义也受到民族感情或本土意识对全盘西化的抵制。还有就是中国思想界对演绎逻辑的陌生感,对其缺乏理解,没有认识到其在西方文明中的关键地位。一旦认识到其真正含义,许多人便不会再像目前这样无条件地接纳。

更有进者,韦伯所论述和代表的主流形式主义法律绝对不是西方法律思想唯一的重要法学传统。近两个世纪以来形式主义法律受到众多次级主流和非主流法学传统的质疑,在欧洲诸如历史

---

① 以至于陈锐(2004)以反驳法学界对形式主义的普遍蔑视为出发点,来争论需要更客观地对待形式主义。

法学（如萨维尼［Friedrich Karl von Savigny］，1779—1861）、法律社会学（如耶林［Rudolph von Jhering］，1818—1892；埃利希［Eugen Ehrlich］，1862—1922）和法律程序主义（如哈贝马斯［Jürgen Habermas］，1929—），在美国则诸如法律实用主义（如霍姆斯［Oliver Wendell Holmes］，1809—1894）、法律现实主义（庞德［Roscoe Pound］，1870—1964；卢埃林［Karl Llewellyn］，1893—1962）和近年的批判法学（如昂格尔［Roberto Unger］，1947—；肯尼迪［Duncan Kennedy］，1942—）。之前的自然法认为道德规范是内在于自然界的而法律必然是道德的（善的），而实证主义法学则认为法律和道德无关，有的坚持法律应当简单被看作（任何）被施用的法律。[①] 与之不同，19 世纪中期以来的另类法学传统可以被视作是对形式主义法学——即认为法律乃是一门科学，法律乃是普适的、绝对的、永恒的——的挑战。他们在不同程度上都认为，在法律现有条文和文本之外，还需要考虑到法律实践、社会和历史实际，以及对未来的社会的"应然"的道德理念。在一定程度上，他们都坚持在形式逻辑之上，还要考虑到或者更多地考虑到关乎应然的道德价值。（更详细的讨论见黄宗智，2014b：导论）对本文倡导的观点来说，它们都是可用资源。

二、中国法律作为道德主义法律的典型

　　从道德和法律相互关联的视角来说，中国过去和现在的法律体系都是很好的例子。近年来中国法律虽然引进了大量的形式主

---

① 正如李寿初（2010）指出，前者认为"恶法"非法，后者认为"恶法"亦法。

义西方法律,但一定程度上仍然保留了其原有的道德主义倾向,而该倾向又明显不会伴随法律的"现代化"而消失。在中国文化和思想中,道德维度的重要性是非常突出的,无论是在儒学传统中,还是在历史上对外来宗教和思想(例如佛教或近代的社会达尔文主义、基督教等)的反应和理解过程中,甚或是对马克思主义和共产主义革命的重新理解中,都很明显。

当然,在目前西化主义和本土主义法学的二元对立之中,道德和法律两者在中国法律中并存与结合的基本事实也许会显得模糊不清。这是笔者在这里要具体检视中国法律中的道德价值观的原因之一,为的是要精确地说明道德主义在中国法律中长期以来所扮演的角色,并试图阐明道德与法律结合背后所隐含的逻辑。中国法律在其实际运作中所展示的逻辑是笔者 25 年来努力研究的核心,本文将在多处引用笔者这些年来所积累的经验证据(详见黄宗智,2014,第三卷;亦见黄宗智,2001,2002,2009,2010,2013),目的不仅是要证实两者结合的实际,更是要梳理两者结合的基本轮廓与原则,不仅在其理论层面,也在其实践层面。在我看来,如此的结合是创建一个未来既是现代的也是"中国特色"的法律体系的主要方向和道路。

从这个角度来考虑,用调解的方法来解决纠纷乃是道德主义实际存在于中国法律体系的一个主要例子。在实践中,调解依赖的是关乎应然的道德准则,而不仅是合法与否的法律原则。它关心的是德行,不是法律条文。它追求的是"和谐"理念,不是权利和其保护。它的目的是通过互让来解决纠纷,不是确定法律上的对错。它期盼的是通过人们的"让""忍"等美德来建构更良好的道德社会,而不简单是禁止和惩罚非法行为。如此的调解一直是中国法律体系的一个基本特征,很好地阐明了其所包含的道德主义。它与从个人权利前提出发,通过逻辑推理来说明什么是和不是侵犯权利的法律体系十分不同。用韦伯的理想类型来说,它是"实质主义"的,不是"形式主义"的,是"实质非理性"和"实质理性"的,而不是"形式主义理性"的。(关于中国晚清以来调解制度的总结性论证和分析,见黄宗智,2014,第三卷:第2章)

(一)作为道德与法律、现代性与传统结合的调解制度

在20世纪共产党革命之前,调解是主要由社区和宗族(非正式)领导来执行的——譬如,几乎在每一个村庄之中,都有一位或几位社区所公认的(非正式)调解人士,由他们来解决村庄内部的纠纷。在中国共产党进入之后,旧式的调解大多被村庄的党干部所取代。此外,还加上了基层行政机构的官员/干部的调解和调处与国家正式法庭所执行的调解和调处。(黄宗智,2014,第三卷:第2、7章)

从大量当代正式法庭调解的实践案例中,笔者引证出以下的在实际运作中未经明言的逻辑最见成效的调解多来自双方没有单一方过错的或者是双方都具有同等义务的纠纷;那样的案件是调解机制运用得最有效的案件,也是应该用调解来解决的。而在一方有过错的纠纷之中,则更适用判决,虽然仍然可以通过象征性的调解和让步来减轻简单判决对错可能导致的当事人之间长期的仇恨。即便只是象征性的妥协也有可能达到如此的效果。历史证

明，调解和判决在过去和当代中国法律体系中如此并用是一个有效的、低成本的方法，减轻了法庭的负担。

当前的中国法律体系仍然显示对调解的侧重。今天，在每两个涉及他人斡旋的公开（有记录的）纠纷之中，仍然有一个是通过法院体系之外的调解而不是正式的法庭体系来解决的。而在进入法庭体系的（民事）案件中，每两个案件仍然有一个是通过某种调解而不是判决来解决的。（黄宗智，2014，第三卷：62—63；亦见《中国统计年鉴》，2013：表 23－20，23－22）事实是，中国广义的（非正式、半正式和正式）调解制度在其使用规模和成效上来说，一定程度上仍然是全球范围内的一个典范。西方近几十年来兴起的"非诉讼纠纷解决"模式（多受到中国调解制度的启发）远远达不到如此程度的规模和成效。（黄宗智，2014，第三卷：198—202）

在多种不同的调解之中，非正式调解——即由受人尊重的社区或族亲人士来调解，近年来有复兴的倾向，但无法统计——最清晰地展示了道德理念所起的作用。它的目的是防止纠纷双方长期的相互敌视（维持"和谐"），其最常用的道德准则是"己所不欲，勿施于人"（"如果别人对你这样，你会怎样感受？"），以及"让""忍"等道德价值，也就是传统儒家"君子"的道德价值观，与今天所谓的"好人"价值观也有一定的关联。（详细论证见黄宗智，2014，第三卷：第 2、7 章）

在半正式的调解——即由社区干部或调解委员会，或乡镇的法律事务所或基层行政人员和机构（包括警察）所执行的调解和调处，或城市中的新型调解中心等——之中，会更多地考虑法律（部分原因是伴随诉讼频率大规模上升，告上正式法庭已经成为越来越多当事人的可能选择），但仍然常常会使用儒家的道德准则来促使当事人妥协："如果别人对你这样，你会怎样感受？"避免双方长期的仇恨仍然是一个因素，但由于近年来（伴随大规模的进城打工）村庄大都逐渐从"熟人社会"转化为"半熟人社会"甚或城市那样的"陌生人社会"，社区的和谐性已经不再被看作像以前那么重要。（同上）

在正式的法庭调解中，成文法律所扮演的角色更为重要，而社区和谐则不再是主要的考虑因素。部分原因是在现有的制度结构下，法律只可能是最重要的因素，因为如果调解不成，下一步便是（同一）法庭的判决。而从当事人的角度来考虑，如果拒绝法庭建议的调解方案，紧跟着便要面对法庭的正式判决。虽然如此，妥协仍然在起一定的作用，尤其是在那些没有对错的争执中，例如在离婚或侵权案件中，具体应该如何分配财产或确定赔偿额度，或者是在同等责任的案件中，具体该如何分配儿女的赡养责任。和谐的考虑仍然起点作用。但是，在全国大部分地方，尤其是城市中，紧密整合的社区已经不复存在，"陌生人社会"和"半熟人社会"已经成为大部分社区的实际情况，社区和谐已不再是关键的考虑。（同上）即便如此，我们看到，在正式法院处理的民事案件中，每三起仍然有一起是通过调解结案的。

整个调解体系可以描述为一个连续统一体，从主要依赖道德到主要依赖法律。大部分的争执是在调解和判决之间的灰色地带解决的，而不是简单地完全由非正式调解或正式判决来解决的。

即便是在大规模引进西方法律以及诉讼频率大规模上升的情况之下，如此从调解到判决的连续统一体，以及两种制度在法律体系中的并存,仍然是中国法律体系的一个强韧延续的特征。即便有的法学家呼吁抛弃调解而加速"现代化"(西方化),道德和法律的并存结合看来仍然将是中国法律体系的一个核心特征,过去如此,今天仍然如此。

(二)赡养父母亲

在调解领域之外,道德主义可以比较明显地见于家庭法。一个例子是赡养双亲的法律。在帝国时期,"孝"是主导性的道德理念。《孝经》开宗明义地写道:孝乃"德之本也","教之所由生也"。"先王有至德要道,以顺天下,民用和睦,上下无怨"。在《大清律例》中,这个道德准则被部分表达于对不赡养双亲的儿子的惩罚。即便是 20 世纪的中华民国民法,虽然是以德国民法典为典范的,但在赡养规定上仍然作了一定的修改和重新理解:在德国民法中,子女唯有在父母亲无谋生能力,以及自己能够维持适合自己社会地位的生活的前提下,方才有义务赡养父母亲(*The German Civil Code*,[1900]1907:第 1602 条)。民国时期的立法者显然不愿接纳如此的法律条款,因此在第一个条件之后立刻加上了这样一句:"前项无谋生能力之限制,于直系血亲尊亲属不适用之。"(《中华民国民法》[1929—1930],1932:第 1117 条)至于第二个条件,则把其改为"因负担义务而无法维持自己生活者",方才可以"免除其义务"。(同上,第 1118 条)也就是说,基本上规定要无条件地赡养双亲。

此外,中华民国民法和当代中国法律同样采用了现代西方的男女权利和义务平等法则,规定子女(男女)具有同等的继承权利和赡养义务。但是,在农村的实际运作中,鉴于女儿多出嫁(到别村)的现实,大多只由儿子来赡养父母和继承家产。民国民法没有试图解决这方面的法律条文和农村实践间的矛盾。而当代中国法律要到1985年的《继承法》,方才解决了这个矛盾,作出非常实用的规定:赡养老人的子女可以多分财产,不赡养者少得。(《中华人民共和国继承法》,1985:第13条)这样,儿子继承财产不是因为他是男子,而是因为他尽了赡养义务。中国对西方赡养法律如此的重新理解,说明的是"孝"道德准则的顽强持续。(详细论证见黄宗智,2014,第三卷:265—266;亦见黄宗智,2010)

(三)家庭主义价值观与财产法律

和以上议题紧密相关的是家庭主义道德观对财产法的影响。众所周知,清代法律把土地房屋看作是家庭而不是个人的财产。根据所谓的"父子一体"的基本法则,土地房屋必须由诸子均分,而父亲不可以凭借一己的意愿剥夺任何一个儿子的继承权。这就和美国法律中凭借遗嘱而几乎可以无限制地把土地房屋传给任何人,包括一名陌生人的法律十分不同。清代法律按照父子一体法则作出了一系列的规定,包括多代家庭的道德理念、儿子没有父母亲的许可不得分家析产、父亲不能剥夺任何儿子继承家庭土地房屋的权利、儿子不许违反父亲(或在父亲去世后取代其权利的母亲)的意愿而出卖家庭的房子等。这一切都和现代西方法律中个人具有几乎无限制处理自己财产的权利十分不同。(详细的论证

见黄宗智,2014,第三卷:134—135)

在当代中国,父子一体的法则已被父母亲和子女一体的法则所取代,起码在城市如此。《继承法》规定,父母亲的财产由"第一顺序"继承人继承,即配偶、子女、父母亲。(《中华人民共和国继承法》,1985:第 10、11 条)中国虽然从西方采纳了个人可以凭遗嘱来支配其财产继承的法律,但其实在法则和实际运作中,一直都对此有一定的限制:立遗嘱人可以选择把房子的使用权传给合法继承人中的某一人或几个人,但是不可以排除合法继承人中的任何一人的继承房子的权利。如果使用房子的继承人要卖掉房子,在实际运作中必须得到所有第一顺序继承人的同意,由公证处出具证明,不然不可以卖掉房子。(详细论证见黄宗智,2014,第三卷:287—290)

吊诡的是,比较"家庭主义"的中国财产法律并没有接纳西方的夫妻作为单一体的"共同所有"(joint ownership/tenancy)概念。我们找不到美国房产通用的夫妻"共同所有,留存者全权"(joint tenancy with the right of survivorship)的法律。部分原因也许是,在中国已婚子女比较普遍和父母亲居住同一个房子,和美国比较普遍分居的情况十分不同。

更重要的是,这里我们可以看到,中国法律"家庭主义"的关键在于父母亲和子女一体的法则,而不在夫妻一体的法则。在中国法律看来,夫妻间的结合和父母子女间关系的性质是不一样的。前者可以是暂时的(可以离异),后者则是永久的。正如宋代名儒周密(1232—1298)形象地表述,"父子天合,夫妇人和"。从这个角度来考虑,美国法律中的夫妻房子"共同所有"权不是源自家庭主义的法则,而是源自另一套的逻辑,是关乎婚姻结合而不是亲子家庭关系的"结合"。正因为如此,中国法律完全没有接纳"共同所有,留存者全权"的法则,不仅房产如此,即便是银行或理财账户也如此。中国法理中亲子关系和夫妇关系间的不同,正是家庭主义道德观顽强持续的另一个重要例证和阐明。

(四)对婚姻和离婚的道德化理解

即便是中国今天的婚姻和离婚法律也受到深层的道德准则影响。现代西方对婚姻的标准理解是把它置于合同法之下:婚姻是夫妻作为两个个人间的合同关系。这个现代概念当然是西方世俗化过程中的一部分,是从宗教法规的"神圣的婚姻"(holy matrimony)演化出来的。由此,离婚被视作合同关系的破裂,并假定某一方必定有违反合同的过错,从而导致离婚诉讼中尽可能(不顾高额律师费用来)证明对方是过错方的做法。当代中国立法者则明确拒绝如此的观念。(黄宗智,2014,第三卷:105)

当代的中国法律对婚姻的看法是把其看作在协议关系之上,更是一种夫妇间的道德化行为,其基础是两人之间的感情。如此的理解主要来自革命传统,用意是要推翻之前把婚姻当作两个家庭之间的一种(经过象征化的)经济交易、婚后则是由丈夫支配的婚姻关系。当代中国的观念则是婚姻应该是一个夫妻感情良好的结合;离婚则是两人"感情确已破裂"所导致的后果。正是后者,成为离婚诉讼中法庭允许离婚与否的关键准则;其深层的观念是,婚姻不简单是一种合同,而是一种根据夫妇间应然的关系的道德化

结合。(详细论证见黄宗智,2014,第三卷:第4章)

以上的准则从20世纪50年代以来便被普遍使用,但直到1980年才被正式纳入婚姻法条文之中。其历史说明的首先是当代中国婚姻法与现代西方法律的不同,也是对西方法律从个人主义权利与合同关系出发,并由此推论出的一系列法律条文的不接受。它再次说明的是中国法律中道德价值和法律的并存。

它也说明当代中国立法的一个基本模型,即通过长期的试验,确定某一法则是符合社会实际、被人们接受的以及行之有效的,方才会被正式纳入法律条文颁布。这个特色也是中国的实质主义—道德主义化法律体系的一个方面。这点下面还要讨论。

在西方,由于之前必分对错的离婚法的运作对当事人和法庭都造成很重的经济负担,在20世纪60年代到80年代逐步采纳了"无过错"(no fault)的离婚法则。(Phillips,1988)但这里我们必须说明,所谓的"无过错"离婚法则的意思不是像有的中国学者理解的那样——即离婚案例中,既有有过错的案例,也有无过错的案例——而是"不论过错"的意思(因为它导致了极其高昂的离婚诉讼费用)。西方形式主义法律的思维方式是从一个抽象法则出发(不论过错),而后用之于所有的具体案件,而不是像中国法律的思维方式那样,先鉴别具体情况,从既有有过错的离婚纠纷也有无过错的离婚纠纷的事实出发,而后适用不同的法则。这样对西方法律的"错误"认识正好说明中西方法律思维上的基本不同。(详细论证见黄宗智,2014,第三卷:147—149)

三、实质理性法律其他的方方面面

以上的当代具体实例为我们提供了一个出发点来进一步说明中国法律思维与西方的不同,包括一些别的、与道德主义紧密相关的特征。合起来这些特征足够组成一个与西方形式主义理性法律很不一样的法律体系类型,是一个堪用韦伯打出的(但只是十分简略不清的)"实质主义理性"理想类型来描述的,也就是笔者称作"实用道德主义"类型的法律体系。(详细讨论见黄宗智,2014,第一卷:165—175)

(一)经验重于理论抽象

中国法律思维中一个特别顽强持续的特征是,在实质真实和法律(程序下所建构的)真实之间,具体经验和抽象理论之间,侧重实质真实和具体经验。这并不意味不愿或不能作抽象思考,并不是因为中国传统的法学家们只能掌握具体而不能运用抽象——韦伯是这么认为的(例见 Weber, 1978:845)——而是对抽象化/概念化的另一种想法。传统中国法律绝对不忽视或拒绝抽象的法律原则和道德准则,而是坚持抽象必须寓于具体事实情况,因为实际要比任何原则或准则来得复杂和多变,不是抽象理论所能完全涵盖的,所以任何抽象法则都需要用具体事实情况来阐明,那样才会明确、才能使用。如此的思维在《大清律例》中是很明显的。譬如,财产权利不是用抽象概念来表述的,而是通过一系列违反产权的具体事实情况来说明的。例如，欺诈性地将他人的土地房屋当作自己的财产来出售（"盗卖田宅"）、侵占他人田宅、（子孙）盗卖祖遗祀产等行为，都会受到法律惩罚。在关于婚姻协议的法律中，同样不采用抽象的原则，而是通过具体实例来说明不可欺诈或违反协议，例如将已有婚约的女子"再许他人""有残疾者，妄作无疾""期约未至而强娶"或"已至而故违期"等具体行为。这是和现代西方形式理性十分不同的思维方式，其对待如何连接抽象理论—道德原则和具体实例的方式，以及如何对待普适和特殊之间的关系的思维都十分不同。（详细论证见黄宗智，2014，第三卷：132—138）

中国法律这种思维的另一例子是当代的"侵权法"和关于民事损害赔偿责任的法律。表面看来，法律条文似乎完全接纳了现代西方的法则，即"侵权行为"可以被追索金钱赔偿，其中关键在侵权过错——没有过错便谈不上赔偿。但是中国的侵权法却进而规定"当事人对造成损害都没有过错的，可以根据实际情况，由当事人分担民事责任"。（《中华人民共和国民法通则》，1986：第132条）

对现代西方的法律思维来说，这样的规定，先说明有侵权过错就有赔偿的民事责任，而后又说没有过错也可以适当负担民事责任，是不符合逻辑的，是前后矛盾的。但对中国的法律思维来说，在造成民事损害的具体情况中，显然有的是双方都没有过错的（譬如，意外的[不涉及疏忽过失的]偶然事故），而在那样的事实情况下，损害的问题仍然存在，仍然需要解决。既然是显然的事实，立法者觉得没有必要多加解释，因为这是不言而喻的事，没有必要处理这种情况和抽象的有过错便有赔偿责任的法则间的逻辑上的矛盾。所以，只简单地规定当事人"没有过错"的，仍然（按照法律）

"应当承担民事责任"。(同上,第 106 条)其中隐含的道理可以说是,一个涉及民事损害的当事人,虽然没有过错,仍然应当在法律和道德上承担协助解决一个实际存在的社会问题的责任。(详细论证见黄宗智,2014,第三卷:144—149)

有的中国法学家认为,以上讨论的关于无过错侵权赔偿问题的看法是来自西方的"严格责任"法则的。但那其实是对"严格责任"(strict liability)法则的误解。"严格责任"的概念依据的不是"当事人都没有过错"那样的事实概况,而是关乎危险产品的生产者,法律要求更严格地对待他们,为此,降低了举证方面的要求,受害者只需要证实产品有缺陷,便足以证明过失并要求赔偿。也就是说,无须证明对方有意造成对自己的伤害,只需证明对方在行为上(无论其用意如何),对自己造成了伤害。此中的关键概念是"疏忽性过失"(negligence)。(详细分析见 Grey,2014c [2001]:231,257)这绝不是说即便是在当事人都没有过错的事实情况下,仍然应当承担民事责任。这里我们再次看到,中国法律对待抽象法则和事实情况之间的关系,以及其中的道德责任的不同思维。(同上)

在道德推理之外,笔者曾经指出,这种思维方式是"从经验/实践到抽象再到经验/实践"的思维方式,和西方形式主义理性的"从理论抽象到具体事实情况再到理论"的思维方式十分不同。以上的讨论同时也说明,这样的思维和道德化思维也是紧密相关的,可以被看作中国法律思维中一个长期延续的特征,过去如此,今天也如此。

（二）实质重于程序

　　和以上论述的中国法律中的经验主义倾向相关的是，"实质实际"重于法律程序的倾向。现代西方法律的一个基本原则是法庭只能依据在法定程序下证明的事实来作出判决。因为，那是在人为的制度下所可能做到的极限，而"绝对的真实"则只有"上帝"才能知晓。那样的形式主义法律所导致的是，侧重程序和（据此而证明的）"法庭真实"，而不是"实质真实"。美国法律体系中有不少法庭真实违反人们普遍认可的真实的例子——最广为人知的例子是辛普森（O. J. Simpson）的杀妻案。其背后的逻辑是，取证必须遵循法定程序，由此才可避免滥用证据，由此才可借以达到最客观的事实判断。其反面则是，为玩弄程序法律来证实或证伪违反实质的真实留下了一定的空间。

　　这里，"实质主义"的最清晰的例子再次是中国的调解制度。我们已经看到，主导这个法制领域的长期以来一直都是道德主义而不是法律条文。此外，调解过程中对待事实情况的态度一直都是实质主义式的，而不是程序主义式的，其目的是让调解人掌握事实情况以便提出双方都能接受的妥协方案。调解人的调查多是纯粹实质性的，不会太多关心法定取证程序。这就和西方近年来兴起的"非诉讼纠纷解决模式"（Alternative Dispute Resolution，简称ADR）很不一样：譬如，欧盟的部长委员会拟定了关于调解原则的协议，规定调解程序必须和法庭程序完全分开，调解程序中的证据不可用于法庭审判。（Committee of Ministers of the Council of

Europe,1998)中国的法庭调解制度则没有做出这样的程序划分,而是两者合并的,同一个法庭和法官,调解不成,便即判决。这也是侧重实质过于程序的一个方面。(详细论证见黄宗智,2014,第三卷:222—226,198—202)

事实是,中国古代法律长期以来一直都拒绝程序主义,而认为调解人和法官是能够并应该掌握实质真实的。那样的原则导致了一系列的相关制度安排:允许县官在搜集证据中较大幅度的灵活性,不会受到太多的程序约束,甚至可以在审讯过程中依赖对嫌疑人的察言观色而作出判断。同时,作为检验这种实质主义断案方式的方法,比较简单地要求当事双方的"对质",并要求嫌疑人供认其罪行(哪怕只是用刑而获取的供认)。今天,这种传统仍然可见于被广泛使用的"坦白从宽,抗拒从严"制度。中国法律从来没有接受现代西方那样区分"法庭真实"和"实质真实"的程序重于实质观念。

这里我们应该承认,如此的实质主义法律的做法,包括对程序法律的抵制,比较容易演变成为现代西方法律所不能接受的对嫌疑人应有权利的侵犯。我们知道,近年来有许多关于中国刑法制度中部分使用"刑讯逼供"来强迫嫌疑人认罪的报道。目前,中国的刑事制度似乎无法克服对嫌疑人的"沉默权"("米兰德"规则,Miranda Rule)规则的制度性障碍(无论其提倡者的用意多么善良)。在现有的制度环境中,嫌疑人如此的要求只可能被理解为"抗拒",接着来的只可能是"从严"。刑事制度整体所关心的仍然主要是工具性的司法效率,而不是西方法律强调的"正当程序"(due process)和"(在被证明有罪之前,应该作出)无罪假定"(innocent until proven guilty)。据统计,1979—1999年间,全国共有

4000多件"立案查处刑讯逼供案件"(1990年472件,1991年409件,1995年412件,1996年493件;其中错判案件无疑占较高比例),而这些数据肯定只是实际使用刑讯逼供案件中的较小比例,因为嫌疑人要克服很大的困难来挑战整个刑事制度才有可能让自己的案件被正式立案查处。这样看来,目前"冤案"数量是不小的。但是,有的学者还是争论,少量的误判只是整个高效率低成本刑事制度所付出的较小代价。(例见左卫民,2009)事实是,中国的刑事制度在适当保护嫌疑人的权利上,须要进一步改革。(详细论证见黄宗智,2014,第三卷:268—272;亦见黄宗智,2010)

但是,这里需要指出,道德主义和威权主义法律之间并没有必然的连带关系。我们已经看到,韦伯特别指望法律能够成为一个独立的、归专家们组成的、不会受到外来权力——统治者或非法律专家的人们的道德价值或意志——侵入的领域。他甚至反对普通法传统中的陪审团制度,认为那样会让普通人的意志和道德价值干预法律的运作。(Weber, 1978:813—814)但是,他的这种批评被普通法国家相当高度的司法独立性所证伪,正如他对德国法律体系独立性的信仰被后来的纳粹主义统治所证伪。和普通法的非专家陪审团制度类似,中国儒家的仁政理念并不一定会妨碍司法独立。历史上儒家思想与专制主义的结合是具有一定偶然性的。初期的儒家道德思想是因为和后来的专制皇权制度结合而后导致了所谓的"帝国儒家主义"(imperial Confucianism)统治意识形态。(Legge,1877—1878)即便如此,儒家的道德思想(和仁政理念)无疑仍然软化了强硬、专制的法家思想,塑造了县官为"父母官"的隐喻(而不简单是严峻的父权)。

（三）法律体系中的实用性与"实用道德主义"

此外，中国法律中的道德主义一直是与实际效用考虑结合的。清代法律中这样的例子很多。譬如，《大清律例》规定"父母在，子孙别立户籍分异财产"是要受到惩罚的。法律要求的是多代同居家庭的道德理念。但是，鉴于已婚兄弟之间（由于妯娌不和等矛盾）不容易相处的现实，法律继而又十分实用性地规定"其父母许令分析者，听"（《大清律例》，律87，例1）。我们知道，有清一代，如此父母在世时的分家析产已经成为普遍的社会现实。这是帝国时期法律体系同时确认道德理念而又允许其实用性调节的例子。它是个适应社会现实的做法。（详细论证见黄宗智，2014，第三卷：134—135）

在当代中国，类似的例子可以见于以上讨论的婚姻和离婚法律。中国共产党在其革命早期，由于婚姻和离婚自由的道德理念，在1931年中央苏区颁布的《中华苏维埃共和国婚姻条例》中，不仅允许双方同意的离婚，还规定"男女一方坚决离婚的，亦即行离婚"。（《中华苏维埃共和国婚姻条例》，1931：第9条）但党很快就发现，这样的规定是不符合社会现实的，因为结婚，尤其是在农村需要巨大的花费（相对家庭的经济情况来说），是一辈子一次性的大事。一般父母亲不会赞同比较轻率的结婚和离婚。面对农村父母普遍反对的现实，党很快就作出退让，先是禁止抗战军人妻子单方面要求的离婚，借以保护革命军人的利益——对党来说，军人的忠诚当然是个特别紧迫的考虑。随后则是决定把调解（和好）作为离婚前的必经程序,先是由社区干部来调解,而后是基层政府机构,不然法庭不受理,而即便在受理之后,法庭也必须先试图调解,调解不成才可能判决。这是党处理婚姻—离婚自由理念和社会实际间的、法律条文和实践需要间的差距的实用性方法,一起一起地来处理有争执的离婚纠纷,为的是尽可能使党和民众间的矛盾最小化。(详细论证见黄宗智,2014,第三卷:第4章)

在当代中国的毛泽东时代,离婚纠纷占据到法庭处理案件的绝大比例,而其对调解的广泛使用促使国家的正式法庭制度在其他民事领域中也同样使用调解。笔者曾经详细论证,传统法庭其实很少使用调解而更多依赖"断案",因此,当代法庭的广泛使用调解可以称作正式法庭制度的"调解化"。我们甚至可以说,法庭调解其实是中国共产党在离婚法实践中所发明的一个实用性制度。(同上)

当代中国对离婚法律的实用性做法也可以见证于其较普遍的立法经验:只有在经过较长时期的实验之后,证明某个法则是被人民接受的并行之有效的、是符合社会实际并可以成为指导社会发展的准则之后,才会被纳入法律条文而正式颁布。(同上)

我们上面已经看到,把夫妻感情作为婚姻和离婚的关键准则在20世纪50年代便被广泛使用,但一直要到1980年,方才被纳入法律条文而正式颁布。这是一个可以灵活使用的法则,可以同时照顾到稳定婚姻关系的目的(区别于被视作西方资产阶级对待婚姻的轻佻态度),以及"离婚自由"的革命理念。(同上)赡养和财产继承法则同样。法律规定了男女同等的赡养责任和继承权利,但是在农村的法律实践中,一直(由于女子多"出嫁"的社会现实)

主要只由儿子继承和赡养。最终,1985 年的继承法规定,尽了赡养(的道德)义务的子女在继承财产时可以多得,没有尽义务的少得,如此非常实用性地解决了法律理念和(农村)实践间长期以来的矛盾。

　　以上的具体例子说明的是,当代中国法律实践展示了一定程度的"实用主义",而其实用性是和关乎应然的前瞻性道德理念结合的。这种倾向也可以见于传统法律和其实践,例如关于分家的法则:法律虽然规定儿孙在父母去世之前分家是要受到惩罚的,但是,如果父母亲允许,则可以分家。如果和美国的法律实用主义相比,中国法律的"实用道德主义"在实用考虑之上,还附有前瞻性的道德理念,使法律得能成为推动社会变化的动力,避免陷入简单化的实用主义和经验主义可能导致的纯粹回顾性。(详细讨论见黄宗智,2014,第三卷:229—231)

四、法律中负面的非理性道德价值

　　以上论证的是,道德准则应该指导中国法律。这并不是说道德一定要完全取代现代西方法律的个人权利原则,而是说它应该扮演一定的角色。譬如,在没有过错的纠纷中,道德和其所主导的调解体系肯定是适用的。此外,本文的论点的用意是提倡今天仍然要延续中国长期以来的道德化法律特征,尤其是涉及家庭关系的法律。在调解制度的例子之外,赡养法律、当代的产权和继承法律、婚姻和离婚法律中的"感情是否确已破裂"准则等都是实例。此外则是中国革命的社会平等和公平理念——虽然在朝向市场化和个人主义的转型过程中,实际运作多忽视了这些革命的道德价值。这些都展示了道德理念在法律中的不可或缺。我们可以把这些例子看作是"合理的"实质主义—道德化法律。

但是,必须承认,道德主义也可能变成压迫性的。中国法律实践中有众多这样的例子——即便是"好"的用意,也可能导致"坏"的结果。一个明显的例子是帝国皇权对家庭伦理的应用,把君臣、君民关系等同于威权主义父亲和子女间的关系,导致了极端专制主义的统治,基本把臣民等同于幼年孩子,也导致了广泛使用"刑讯逼供"的刑事法律制度。下面我们再举两个具体的负面例子来阐明这个论点。

(一) 贞节作为压迫妇女的道德价值

一个例子是男女高度不平等的社会中关于性行为的道德观。清代法律关于贞节的观点的部分法律建构是,妇女是个缺乏独立意志的消极体,而后从那样的建构得出关于妇女"和从"其侵犯者的罪行,包括"和诱""和略""和卖"甚至"和奸"。笔者曾把这套概念称作"消极的能动性"(passive agency),既非独立自主,也不是没有抉择。那样的建构,结合对妇女贞节的苛求,促使法律制度对妇女做出不切实际的要求,要求她,即便是在冒着自身被伤害或被杀的情况下,证明自己曾经拼命抵抗。不然的话,便会涉嫌和从对自己的侵犯。对许多妇女来说,在面对那样的嫌疑下,最终只能用自杀来表明自己的清白。(详细论证见黄宗智,2014c:56—76;亦见黄宗智,2014,第二卷:第9章)

　　赵刘洋敏锐地指出，清代和当代中国显示的是妇女占据超常（在国际比较视野下）比例的自杀率（多于男子），而经过相当多案例的审视，赵初步假设妇女自杀的原因多与道德伦理相关。（赵刘洋，2016）果真如此，我们看到的将是，法律不切实际的道德要求对妇女形成了严酷的压迫，导致大量妇女的自杀。

（二）超前的性别平等追求对妇女的负面影响

　　如此的负面效果也可见于与上述例子相反的一个例子，即超前的道德理念追求导致对许多妇女的伤害。在 20 世纪 50 年代初的婚姻法运动中，政府大规模动员妇女参与婚姻解放运动，目的是要终止一夫多妻、婢女、童养媳、父母包办和买卖婚姻五大类型的"封建婚姻"。许多妇女响应了号召，奋起要求解除那样的婚姻，但她们发现，自己面对的是强大的阻力，包括来自家长、男子、甚至党政干部的抵制。结果是，根据官方公布的数据，在 1950 年至 1953 年间，每年平均有七八万妇女因此自杀。（《贯彻婚姻法运动的重要文件》，1953：23—24；亦见黄宗智，2014，第三卷：99—101）那样的结果说明，法律和政策超前的道德追求可以造成对妇女的大规模伤害，甚至比落后的道德要求还要严重。

　　以上所举例子的目的不是要争论法律不应该带有应然的道德价值观，而是要说明其局限以及法律需要适当和实用性地纳入应然道德准则，而不是（像韦伯那样）完全排除使用应然的（道德）准则，拒绝以此来推动社会演变——这是后面还要讨论的问题。

五、盲目引进西方取证程序法律的问题

提倡全盘西化的当代中国法学家们(像韦伯那样)要求完全拒绝道德准则而引进西方各方面的法律和法则,包括其程序法。上面我们已经看到,"米兰德规则"(沉默权)引进并没有可能起到应有的结果。这里我们要考虑另一个完全无视中国实际制度环境的例子。

世纪之交以来,中国把引进的西方取证程序法适用于离婚。原来的动机是不错的:鉴于中国刑法中被告嫌疑人权利的缺失,立法者意图用西方的取证程序法来加强被告的权利。具体来说,是把原来的法官的取证权力和责任转给诉讼当事人,前者被称作"法官职权主义"的观点,后者则是"当事人主义"的观点。(详细论证见黄宗智,2014,第三卷:第5章)在引进西方法律的大潮流下,这样的取证程序改革被同时用于离婚法领域。但在该领域,实际效果并没有加强当事人的权利,而等于是从离婚法领域废除了任何取证。中国的离婚法律条文特别关心的是三项问题:一是夫妻间是否有虐待和暴力的问题;二是有没有第三者;三是夫妻感情到底如何。此前,这些问题的答案是由法官通过与社区亲邻的访谈来确定的。但在新的取证程序下,取证权力理论上转到了当事人,但一般的当事人其实都无法提供关于此三项问题的证据。一个重要的原因是,人们普遍不把法庭的证人传唤当回事,而目前的法庭制度又没有(像美国那样的既带有一定程度的强制性也带有)提供出庭作证人补贴的制度。在缺失证人的实际下,离婚法的实际运作

基本无法提供关于上述一、二、三问题的证据。因此，法律实践基本不再考虑法律条文原来定下的准则：即凭借对夫妻感情的状态来决定是否允许离婚，以及凭借有没有涉及过错，即一方与第三者的关系或虐待其配偶的行为，来确定怎样分配夫妻财产和孩子的抚养权。结果是，离婚法在实际运作中变成几乎与西方"不论过错"相似的制度，基本不再考虑实质性和道德性的问题。离婚法庭越来越趋向一种官僚形式化的操作，即在当事人第一次提出离婚申请时，一般都不允许离婚，而在其第二次提出申请时，则几乎没有例外地允许离婚。这等于是整个离婚法体系的一种去道德化，加剧了人们尤其是城市的青年，在婚姻态度上越来越漠视道德观念的倾向。（同上）

　　这个例子指向的是一个更大的问题，即引进的去道德化形式主义法律的总体性后果：引进的形式主义法律不但没有起到纠正、抵消或减轻伴随市场化和资本化而来的，社会和人们生活中普遍的去道德化和消费主义化，而是加强了那样的趋势。这里我们可以联想到影片《秋菊打官司》：秋菊的丈夫被村支部书记踢在"要命的地方"，秋菊要求的是旧式道德化的"赔礼道歉"，但书记拒绝道歉，秋菊只能试图向上面的司法机关"讨个说法"。但她发现，新的形式主义化法律体系根本就不考虑旧的那一套，她无法讨得她所要的公道。而最后，在影片的结尾部分，秋菊突然发现，公安部门按照新法律认定村支书犯罪伤人，因而对他实施刑事拘留，但那根本不是秋菊所希望讨到的公道，使她感到惘然若失。我们可以说，用引进的形式法律来替代旧的高度道德化的正义体系，其结果是加剧了伴随市场化和个人主义化而来的道德真空化。在我看来，这也是法律应该带有道德价值观的部分原因。

六、怎样决定纳入哪些、排除哪些道德准则？

　　"善法"和"恶法"并存的实际不可避免地突出一个具有长久历史的问题，一个使我们联想到自然法和实证（主义）法间争执的问题，即道德在法律中到底扮演什么样的角色？[①] 也许更重要的问题是，如果道德准则确实不可避免地存在于法律之中，我们该怎样来决定不同道德准则的取舍？我们上面已经看到，对韦伯来说，法律应该排除道德准则，不然的话，它们会成为统治者或利益团体侵入法律领域的途径。在他看来，道德价值是极其多样和易变的，不能凭借形式理性来统一和普适化；对他来说，唯有形式主义演绎逻辑才可能达到他所认定的"理性"标准。正因为如此，他认为"实质主义"最终只可能是"非理性"的。事实是，他虽然没有像兰德尔那样简单地把法学等同于几何学，但在坚持法律超越时空的普适性上，是和兰德尔基本一致的。

　　韦伯代表的其实是现代西方法学和哲学中，把法律和道德、司法和德性作为非此即彼二元对立的倾向。形式主义理性主张的是普适性（如人权、演绎逻辑、法学乃一门科学），而实质主义道德倾向的则是特殊性。在韦伯那里，道德被视作为局限于一定时空情境中的德性；它不可能超越时空而凭借逻辑被证明为普适原则。在现代西方的法学和哲学中，普适主义 vs.特殊主义，法律 vs.德性，

---

① 正如李寿初（2010）指出，前者认为"恶法"非法，后者认为"恶法"亦法。

其实是一个最基本的分歧。① 这也是后现代主义为什么会特别强调特殊主义,针对现代主义的普适主义而主张把一切历史化,把法律置于具体的时空情境中,并在价值观上侧重传统、历史和地方的特殊性。

对主张普适性与特殊性是必然并存的而不是非此即彼对立的人来说,我们要问的是:在形式主义理性的强势之下,道德(与历史)要怎样才能够争取到其在法律领域所应有的地位? 特殊性(或实质性道德)要怎样才能够和"理性""科学"以及普适性连接上而不被完全局限于历史和特殊? 同时,在全球化的今天,特殊以及"中国特色"要怎样才能与西方所声称的普适性"接轨",成为西方法学界所能理解的原则?

要回答以上的问题,我们首先需要区别"抽象化"和"理想化"。韦伯是倾向拼合两者的,他的"形式主义理性"是对历史现象的抽象化,但也更是对该抽象概念的理想化(他自己便称之为"理想类型")。我们需要明确,"抽象化"(或概念化)固然是推理的不可或缺的步骤,但理想化则不是。正是理想化,而不是抽象化,才会很快被等同于实际而成为对实际的过分简单化。清楚地区别两者可以允许我们探寻没有理想化的概念化的道路,也就是比较符合实际的抽象化。② (固然,"理想类型"乃是一种理论家们常用的手段。严格来说,其目的是,或应该是,借助简化而更清晰地突出其

---

① Onora O'Neill(1996:第 1 章)明晰地总结了哲学和法理学界中普世主义和特殊主义、司法和德性两大倾向的分歧。

② O'Neill, 1996:39—44,有关于区别抽象化(abstraction)和理想化(idealization)的特别明晰的讨论。

中隐含的逻辑。譬如,形式理性理想类型的逻辑性、专业性、封闭性、独立性等。但韦伯并没有如此说明。结果是,他的"理想类型"带有强烈把历史实际理想化的倾向。部分由于此,他的大多数的读者的理解都倾向把其"理想类型"等同于普适性理论,甚或更简单地把其等同于实际。

这里,西方近代屹然超群的哲学大师康德(Immanuel Kant),可以成为我们的重要资源。在他那里,我们可以找到强有力和细致的推论,说明理性绝对不仅仅限于形式理性(理论理性)。要把理论理性和行为/实践连接打通,需要的媒介是"实践理性"(practical reason),亦即关乎指导行为的道德准则的理性。[①] 纯粹的理论理性既是抽象化的,也是理想化的;实践理性则可以是没有理想化的抽象化,可以用来指导行为。

康德的实践理性还需要和一些其他的实践区别开来。它不是预定目的的行动,也不是为达到某种利益的工具性行动,也不仅仅是纯特殊性的行动,因为那些都不可能凭借"理性"来证明是普适的。对他来说,"实践理性"的关键在于他的"绝对命令"(categorical imperative)准则:"你要仅仅按照你同时也能够愿意它成为一条普遍法则的那个准则去行动。"[②]正是这个绝对命令连接、打通了特殊性和普适性,能够使特殊的道德观念理性化,使道德理性能够成为指导真实世界中的行为的准则。实践是应该由能够通过

---

① 在本文脱稿之后,我非常诧异地发现,哈贝马斯(Haberrmas, 1986)曾经提出与本文相似的关于韦伯形式理性和康德"实践理性"的思路,但他的目的是论证他提倡的借助程序法来保证理性辩论和交往行动。

② 这是邓晓芒(2009:6)的翻译。

"绝对命令"标准的准则和法则来指导的。（O'Neill，1996：49—59）

　　从以上的视野来考虑，韦伯单一地偏重形式主义理性是对理性比较狭窄的理解。他建构了形式与实质、理性与非理性的非此即彼二元对立，没有认真考虑到实践理性，而后者才是连接理论理性与实际行动的不可或缺的步骤。这方面的欠缺，以及其对抽象概括的理想化，乃是促使韦伯最终成为一位主要是普适主义、唯心主义思想家的原因，虽然他确实也是一位同时考虑到特殊性的比较史学家。更具体地来说，虽然他在叙述历史演变（而不是理想类型）时，偶尔也会考虑到不同类型的"悖论"结合，譬如，如上所述，他曾把社会主义法律认作"实质理性"法律，但他没有加以仔细论述，并且最终还是强调了其非理性。（详细论证见黄宗智，2014，第一卷，总序：13—16）又譬如，在叙述中国的政治体系时，他提出了"世袭君主官僚制"的混合体概念（混合其世袭君主制［patrimonialism］和官僚［科层］制［bureaucracy］两个理想类型），但同样没有加以详细说明，并且最终仍然强调了其实质非理性。（详细论证见黄宗智，2014，第一卷：185—188；亦见 Weber，1978：1047—1051）也就是说，在面对其理想类型和历史实际之间的张力时，他最终倾向的是重申自己的理想类型并把其等同于历史实际，所选择的仍然是理想（类型）化，而不是建立连接、合并理想类型和实际情况的概念/理论。我们这里要做的则是后者。

　　这里，我们可以再进一步引用欧尼尔（Onora O'Neill）（1996：49—59）来区别只适用于某种具体情况下的特殊道德价值，和能够适用于在同一情况下的别的人的道德准则。康德的实践理性是区别这两种准则的关键。然后，把后者更区别于适用性较狭窄的实践理性准则(例如,处于某一种事实情况下的所有的人),和适用性更广的准则(例如,适用于某一时代的所有的中国人,或更为广泛的,甚至适用于全人类的准则)。本文讨论的众多实例可以视作一个从狭窄到宽阔的连续体的后一类准则。这是一个可以把康德绝对命令付诸实用的解读。

在儒家思想中,相当于康德赖以对众多道德准则作出选择的"绝对命令",可以理解为这样一个标准:此准则达到"己所不欲,勿施于人"的"黄金规则"的标准了吗? 同时,我们要加上这样一个现代条件:"能够适用于所有的公民吗?"儒家这个"绝对命令"固然没有像康德的那样,附带着非常"现代"(启蒙时期)的个人自由(道德)选择的前提概念:在西方的传统中,突出那样的抉择,是和过去的自然法思想十分不同的认识——后者的出发点不是个人自身内在的自由抉择,而是被认作给定的、客观存在于自然的准则。这个不同可以被视作一个划时代的变化。(邓晓芒,2009)但儒家思想可以被视为起码暗示了主观的道德抉择,至少对"君子"来说如此。当然,儒家思想在其初期之后,和专制皇权紧密结合,变成了专制主义的统治意识形态,而不再是简单的道德哲学。这是儒家思想今天之所以成为过时的思想的缘由,但道德思想本身则可以说是中国文明持久延续的基石。

如此的道德理性(加上适用于全体公民的现代化条件),足以遏制以上讨论的负面例子。它不会允许脱离实际和法律用意的程序法改革,也不会允许男子和女子那么悬殊的性道德要求及其所造成的对妇女的伤害,或者超前的不实际政策/行动及其所造成的对许许多多妇女的伤害。它们显然不该成为普适的法则。但男女平等和婚姻(和离婚)自由则是能够通过"可以成为普遍法则"标准的道德准则,可以赖以推进向男女公民平等社会的演变。至于婚姻和离婚应以夫妻"感情"为主要准则、尽了赡养义务的子女在财产继承上可以多得(反之则少得)、家庭化的土地房屋产权、没有过错的造成民事伤害的当事人也应负一定的道德和法律责任等,则是可以推广、适用于一般公民的法则。我们不一定需要引进康德的绝对命令以及其对西方法律的特殊影响,更不需要简单凭借韦伯单一的形式理性来推进中国法律的"现代化"。儒家的道德主义传统本身便是一个可以用于现代实践理性的资源。

我们如果再加上中国法律所展示的实用方法——即经过实验证明是被人们广泛接受并行之有效的,方才正式立法颁布——我们便可以比较清晰地看到一条不仅能够从众多道德价值中做出选择的道路,也能够看到适应社会变迁而进行法律修改和创新的道路。

七、长时段历史视野下的法律和道德问题

(一)"法律的儒家化"?

从长时段的历史视野来看,瞿同祖先生关于"法律的儒家化"的论点也许需要根据以上的讨论而加以补充和重新理解。对瞿来说,"儒家化"的核心含义是从汉代开始,在之前的法家法律里纳入了儒家尊卑等级法则及其相关的礼仪,亦即在法家的"法"中输入了儒家的"礼"。而"礼"不仅是关乎"民事"领域的道德准则,更多

地是涉及按照尊卑身份来定刑的刑事领域法则。(Ch'ü Tung-Tsu, 1965：第 6 章，尤见第 267—279 页) 这是个被法史学界广泛接纳的论点。①

　　我们首先要指出，到有清一代，尊卑等级和阶级的观念已经不再那么重要，许多之前的规定已经不再存在于法律条文和实践中。譬如，从雍正时期开始，许多贱民——如乐户、疍民、雇工等——与"良民"间的法律身份划分被消除。(瞿先生本人在后续的思考中也提到这点——见 Ch'ü Tung-Tsu, 1965：281—282) 在清中叶以后的"细事"(民事) 案件档案中，我们基本看不到"贱民"的身影。同时，之前禁止有功名的"士绅"和妇女提起诉讼的规定也明显松弛化——案例中有不少这样的士绅(主要是生员、监生，偶尔也有举人) 和孀妇的例子。同时，我们可以在法律中看到，占据人口绝大多数的一般小农越来越占到法律所关心的中心地位，亦即白凯之所谓"法律的小农化"。譬如，因为婚姻的"彩礼"对农村人来说乃是一辈子一次性的大花费(占据远高于富裕人家家庭财富的比例)，已经接受了彩礼的家庭的即将出嫁的女子，与之前不同，被法律认作已经是未来夫家的人，当作已出嫁的女子来对待。(Bernhardt, 2014) 但家庭内部的尊卑关系则比较强韧延续，变迁比较缓慢。

　　直到 20 世纪，伴随革命，越来越快速的城市化和工业化，以及改革时期的农民外出打工，阶层间和家庭中的尊卑划分也更快速变化。随之而来的先是皇帝制度的消失，而后是等级区别的更进

---

① 吴正茂、赵永伟(2006) 是很有限的异议之一，下面将会引用。

一步弱化(当然,农村和城镇户籍制度除外——见黄宗智,2014,第三卷:附录三,301—328;亦见黄宗智,2013),以及家长威权的弱化——亦即瞿所强调的儒家思想核心。事实是,尊卑等级划分以及与之相关的礼仪今天大多已经成为不合时宜的过去。

但我们不应就此认为儒家化和儒家传统已经不再存在于中国法律和文明中。其实,部分儒家思想体系的消失一定程度上揭示了更为深层的儒家和中国文明的特征,在剥去了过时的表层之后而显得更加清晰。正如以上的论述指出,真正坚韧的特征是关乎家庭关系的道德价值,在连接具体与抽象中侧重经验的思维,以及对待基本性文明挑战的一种态度和倾向。

上面我们已经看到,深层的道德观念在法律中的顽强持续:例如"和谐社会"的道德价值(可以见于用调解制度的理论与实践来维持社会"和谐")、赡养父母的孝顺法则,以及家庭化的财产法则等。在更深的层面,则是一种思维方式,即结合道德主义和实用考虑,组成了笔者之所谓实用道德主义。它包括侧重经验过于抽象理论,要求寓抽象法则于具体事例的思维,以及侧重实质真实过于形式化和程序化真实的法理。(当然,现有的官僚体系的运作仍然严重偏向形式和仪式多于实质,但这是源自官僚体系的运作机制而不是道德价值观或法理思维的问题。)

更深层的是对待众多二元主义建构的一种基本思维。现代西方的倾向主要是把二元性视作非此即彼的二元对立,诸如现代与传统、西方与非西方(的"他者")、形式与实质、理性与非理性、形式主义与实质主义、普适主义与特殊主义、法律与道德等。这样的基本倾向可以清晰地见于韦伯——他也许仍然可以被视作既是西方现代主义最出色的代言者，也是其最出色的分析者之一。这种思维倾向的关键是演绎逻辑及其所强调的逻辑一贯性，区别于互相排斥的矛盾性。如此的思维是制定非此即彼二元对立形式化公式的来源。

中国和儒家的倾向则不是把这些二元性建构看作非此即彼的对立，而是把其视作并存的、相互作用的以及结合的。这当然是"中国思维"对待男性与女性、光明与黑暗、热寒、不变与变等二元性的基本态度。这点可以见于仍然具有一定影响的《易经》，更可以具体地见于历史上儒家和法家间的关系，一如"外儒内法""阳儒阴法"等词句所表述的那样。上面已经指出，儒家思想正是从那样的思维来回应法家的挑战的，后来也是那样来回应一系列来自北方草原民族的挑战，以及（印度）佛教对中国文明的挑战的。鉴于如此的历史先例，我们也许可以预期中国文明最终也会这样来回应西方法律和文明的挑战。

作为一个侧面的观察，我们可以进一步指出，如此对二元主义建构的"中国思维"也经历了伴随马克思主义理论而来的"辩证法"的挑战。后者不是韦伯型的非此即彼二元对立思维，而是正题、反题、合（成）题的思维。用于生产方式理论，它指的是从封建主义的否定到资本主义的再否定而后到社会主义的演变。用于阶级斗争，它指的是反封建地主（对佃农的）剥削的阶级革命，而后是反资本家（对工人）的剥削的革命而导致的（合成的）社会主义。而毛泽东思想对这样的辩证法的理解则是在那样的"对抗性矛盾"（需要通过阶级斗争来解决）之上，补加了"人民内部"的"非对抗性矛盾"，借此而保留的是中国文明思维中对二元性的基本思路。（毛泽东，1937：308—310）在毛泽东时代，人民共和国确实曾经更多地倾向非此即彼的二元对立观,但今天则已经再次像儒家那样侧重二元共存和互补,而不是对立和相互排除。从长远的历史视角来看,也许二元的互补性才是中国思维真正的基本倾向。

这里,"悖论的二元共存"(paradox)一词,即表面上(根据西方理论)是对立的(矛盾的)和不可并存的现象,但其实都是真实而并存的——也有助于阐明这里的论点。(详细的讨论见黄宗智,1993)它可以适当地用于韦伯所认为是相互排除的矛盾,如西方和中国,现代性和传统,法律和道德。儒家思想所添加的是,在并存以上,这些二元性可以是互动的(我们可以说,类似于生物世界而不是机械世界中物与物的关系),或互补的,或被融合的。

面对二元性的现实,儒家的根本思维是选择"中庸之道",让"悖论的"两者并存。再加上共产党所接纳的现代进步理念以及马克思主义的辩证思维,我们还可以得出超越二元性的新合成体的思路。沿着儒家的"中道"来考虑,关键在不偏重任何一方,而在以一个宽阔的框架来允许两者的互动,犹如历史上的儒、法结合,实际上既包含"法家的儒家化"也包含"儒家的法家化",而不是简单的"儒家化"。瞿同祖"(法家)法律的儒家化"一词其实容易引领人们错误地理解为法家被儒家所取代。[①]

如此的用词和二元结合的思维很可能是中国文明的一个根本和深层的特征。它指向的是同样对待形式理性的西方现代法律和实质主义的中国法律。它其实也是一些已经被做出的重要抉择背后的思维,诸如结合代表"无产阶级"的共产党和代表新生产力的资本家,结合计划经济与市场经济的"社会主义市场经济"、结合西

----

① 吴正茂、赵正伟(2006)强调此点来对瞿同祖先生的"法律的儒家化"提出商榷。

方和中国以及现代性与传统的"（中国特色的）现代化"等。

很大程度上，这些其实不简单是思想上的抉择，更是适应给定的现代中国的基本现实，即中国传统（古代的和革命的）和西方影响的不可避免的并存乃至今天的（"指导性"而非"指令性"）计划经济和市场经济的并存。从这样的视角来看，中国法律传统和西方法律、道德主义—实质主义和形式主义—理性主义的并存只是这幅大图像中的一个部分。它有可能成为与旧儒家—法家的结合那样的具有同等长久性的结合。

（二）走向更精确地阐明"中国的方式"

以上的论点如果笼统地表述，可以变得模糊和庸俗，像"阴阳""五行""八卦"等与时代不合的传统概念。"中道"同样可以成为不清不楚的"和稀泥"思维，也容易成为停滞（和保守）的、只有重复和循环的观念。那样的思维显然不可能成为现代中国法律体系或文明的主导思维。

笼统含糊的"中国思维"也容易成为没有实质的修辞。在那样的大环境下，"中道"和"互补性"等言辞很容易变成掩盖腐败的说辞。那当然不是本文的用意所在。这里的目的是要清晰、精确地说明结合两者的原则，以及其法律体系在法理和实用层面的含义。

上面已经论证，两者的结合首先意味的是，正义体系中调解和判决以及其不同逻辑的并存。前者更侧重传统，是以和谐和无讼的道德理念而不是个人权利为出发点的。在实际运作中，它最适合用于没有法律过错的纠纷，其目的是依赖妥协和道德劝告来解决纠纷,并尽可能避免当事人之间长期的相互仇视。但是,在一方有过错的纠纷中,则更适合明确依法判决对错,而不是模糊法律原则而默许同样错误的重犯。① 这样,不是要用含糊的、不分对错的调解来解决所有的纠纷,而是要求更精确地鉴别什么样的具体情况下使用调解,什么样的情况下适用判决。用意是要阐明道德和法律怎样具体协作。

我们还要清楚区别法律理论和实践。理论理性要求的是逻辑上的一贯性,现实和实践则多是复杂和含糊的,既包含相互排斥的二元矛盾(contradiction),也包含并存(co-existence)或互补性(complementarity),乃至调和性(syncretism)、互动性(symbiosis),更可能包含(促进)合成性(synthesis)或超越性的融合。表面看来,这样的观点也许是含糊不清的,但其基本含义则是这样一个清晰精确的概念,即具体事实情况和实践几乎必然带有含糊性和无限的可变性,不该被违反实际地简单化。这正是为什么"理论理性"要通过"实践理性"的媒介才可能理性地与实践/行为连接,而不是像韦伯那样,把经过抽象化的实际进一步理想化,以至于违反实际。在我看来,如此区别理论逻辑性和实践模糊性与非逻辑性、法典与社会实际、法则与实际运作,才是对真实世界的精确掌握,而不是对其违反实际的理想化、简单化。

---

① 至于在民事和刑事法律交接的地带,经过之前(从 21 世纪初开始)由于意识形态化的"和谐"理念所导致对"刑事和解"所可能起的作用的严重夸大,包括对西方修复性正义理论的错误援用,近几年来逐渐摸索出比较合理和实用性的做法,即把"刑事和解"限定于轻罪尤其是青少年和大学生所犯,以及(疏忽性)"过失"等有限领域,逐步建立适应程序和法则。(详细论证见黄宗智,2014,第三卷:272—279;亦见黄宗智,2010)

　　如此区别理论与实践，以及如此理解理论与实践间的关系，可以成为当前指导立法和法律实践的思想。要把理性和逻辑用于立法，一个可行的途径是，用儒家的道德推理于立法，亦即（可以被认作是康德的）实践理性和"绝对命令"来决定道德准则和法则的取舍。它们有没有达到"己所不欲，勿施于人"并适用于所有的中国人的标准？在上列的具体例子中，使用调解于无过错的纠纷、家庭化的产权、赡养父母的义务、以夫妻感情为准则的离婚法律、没有过错的意外损害中的道德义务等，应该是符合这样的条件的。同时，过去采用的立法做法，即通过一定时期的实验，证实是被人们接受的并行之有效的，方才正式纳入法律条文，也可以被视作是采用那样的标准的一种方法。（这和哈贝马斯所提倡的通过树立程序法律来让人们充分沟通和理性地辩论，以此作为立法抉择的途径颇不一样。）另一方面，把人民当作幼童的专制政府、性别间的道德等级区别、超前的不实际追求、脱离实际的程序规定、刑讯逼供等则不可能达到上述适用于所有人的法则的标准。

　　如此应用实践理性/推理可以建立一个既符合道德准则也符合理性法则的，既是具有中国特色的也是与西方"接轨"的现代中国法律体系。如果强行做出韦伯型形式理性法律与实质主义/道德化的法律之间非此即彼的抉择，结果肯定不符合中国实际情况。无论强制执行哪一种选择，都会在具体实践中与中国实际脱节。承认真实世界的复杂性，以及其已经给定的中国传统和西方影响、过去和现在的并存，才是恰当的选择，也是唯一符合实际的选择。如此才是既理性又实用的思路，即便不是非此即彼的韦伯之所谓形式理性的。

　　以上讨论的实际法律例子也为我们阐明了不同性质的结合。譬如,非正式调解制度和正式法庭制度的并用,可以视作是并存性的结合(co-existence)或悖论性的并存(paradox),而两者之间的半正式调解和调处以及法庭的调解,可以视为一种互动性(symbiosis)或互补性(complementarity)或融合性的结合。在侵权法中,区别有过错和无过错的民事损害,是一种调和(引进的)抽象法则和不同逻辑的具体事实情况的结合(syncretism)。尽了赡养义务的子女在继承财产时可以多得的创新性法则同样。在婚姻法中,以夫妻感情为准的法则可以被视作对传统凭借彩礼的婚娶的否定,而后又对("资产阶级"的)合同婚姻的再否定,最终通过实践和普适准则而得出的则是以感情为准的一种"合成"性的法律(synthesis)。

　　以上的逻辑链是,从实际存在的现实出发,包括不可避免的二元性并存与结合,而后系统地检验法律体系的(道德)准则和(法律)原则是否足可达到根据中国的"黄金规则"的测验而成为普遍法则的标准,同时,通过实验来确定法律是否被人们接受并行之有效,如此来推进法律向应然理念的演变。更有进者,在众多的二元性建构中,区分真正对立、矛盾的二元以及貌似对立而实质上同是真实和并存的,或者是可以结合/调和、互补或合成的,甚至超越性地融合成新颖体系的二元性。如此的创新性立法进路才是实际的和实用的,也是现代的,并且既是道德化的也是合理的。这是和今天具有广泛影响的非此即彼二元对立的西化主义和本土主义法学思想完全不同的立法进路。本文探索的问题最终是:怎样建立一个同时符合逻辑、道德和实用的新中国法律体系?

参考文献：

陈锐(2004)：《法理学中的法律形式主义》，载《西南政法大学学报》第 6 卷第 6 期，第 3—8 页。

《大清律例》，见薛允升条。

邓晓芒(2009)：《康德论道德与法的关系》，载《江苏社会科学》第 4 期，第 1—9 页。

《贯彻婚姻法运动的重要文件》(1953)，北京：人民出版社。

湖北财经学院编(1983)：《中华人民共和国婚姻法资料选编》。

黄宗智(1993［1991］)《中国研究的规范认识危机——社会经济史的悖论现象》，纳入黄宗智(2007)《经验与理论：中国社会、经济与法律的时间历史研究》，第 57—89 页(以及黄宗智，2014，第二卷：附录)，北京：中国人民大学出版社。

黄宗智(2001［2007a］)：《清代的法律、社会与文化：民法的表达与实践》，上海：上海书店出版社，增订版，黄宗智，2014。

黄宗智(2003［2007b］)：《法典、习俗与司法实践：清代与民国的比较》，上海：上海书店出版社，增订版，黄宗智，2014。

黄宗智(2009)：《过去和现在：中国民事法律实践的探索》，北京：法律出版社，增订版，黄宗智，2014。

黄宗智(2010)：《中西法律如何融合？道德、权利与实用》，载《中外法学》2010 年第 5 期，第 721—736 页。纳入黄宗智，2014，第三卷：附录。

黄宗智(2013)：《重新认识中国劳动人民劳动法规的历史演变与当前的非正规经济》，载《开放时代》第 5 期，第 56—73 页。纳入黄宗智，2014，第三卷：附录。

黄宗智(2014a)：《清代以来民事法律的表达与实践：历史、理论与现实》，三卷本，增订版。第一卷《清代的法律、社会与文化：民法的表达与实践》;第二卷《法典、习俗与司法实践:清代与民国的比较》;第三卷《过去和现在:中国民事法律实践的探索》,北京:法律出版社。

黄宗智(2014b):《〈历史社会法学:中国的实践法史与法理〉——导论》,载黄宗智、尤陈俊编《历史社会法学:中国的实践法史与法理》,北京:法律出版社。

黄宗智(2014c):《清代与民国法律下妇女的抉择:婚姻、离婚与犯奸》,载黄宗智、尤陈俊编《历史社会法学:中国的实践法史与法理》,第54—98页,北京:法律出版社。

李寿初(2010):《超越"恶法非法"与"恶法亦法"——法律与道德关系的本体分析》,载《北京师范大学学报(社会科学版)》第1期,第114—120页。

梁治平(1996):《清代习惯法:社会与国家》,北京:中国政法大学出版社。

毛泽东(1937):《矛盾论》,载《毛泽东选集》第一卷,第274—312页。

苏力(1996):《法治及其本土资源》,北京:中国政法大学出版社。

苏力(2000):《送法下乡——中国基层司法制度研究》,北京:中国政法大学出版社。

韦伯(2005):《法律社会学》,康乐、简美惠译,《韦伯作品集 IX》,桂林:广西师范大学出版社。

吴正茂、赵永伟(2006):《法律儒家化新论》,载《安徽大学教育学院学报》第2期,第57—60页。

《孝经》,无出版日期,http://www.guoxue.com/jinbu/13jing/xiaojing/xiaojing001.htm。

薛允升(1970):《读例存疑重刊本》,黄静嘉编校,五册,台北:中文研究资料中心、成文出版社。引用以黄静嘉编律号、例号,如律 89,例 89-1。

赵刘洋(2016):《转型社会中的法律与家庭:以中国乡村社会中的妇女自杀为例》,载《天府新论》第 5 期,第 127—138 页。

《中国统计年鉴》(2013),北京:中国统计出版社。

《中华民国民法》(1929—1930),收于《六法全书》(1932),上海:上海法学编译社。

《中华人民共和国继承法》(1985),载《中华人民共和国法规汇编(1985)》(1986),北京:法律出版社。

《中华人民共和国民法通则》(1986),载《中华人民共和国法规汇编(1986)》(1987),北京:法律出版社。

《中华苏维埃共和国婚姻条例》(1931),收入湖北财经学院编(1983)。

周密(无出版日期):《齐东野语》,http://www.360doc.com/content/12/0331/07/2722521_199496913.shtml。

左卫民(2009):《范式转型与中国刑事诉讼制度改革——基于实证研究的讨论》,载《中国法学》第 2 期,第 118—127 页。

Bernhardt, Kathryn. (2014). " A Ming-Qing Transition in Chinese Women's History? The Perspective from Law, " in Philip C. C. Huang and Kathryn Bernhardt eds. *The History and Theory of Legal Practicein China: Toward a Historical-Social Jurisprudcnce*, pp.29-50.Leiden: Brill.

Ch'ü T'ung-tsu(瞿同祖). (1965).*Law and Society in Traditional China.* Paris: Mouton & Co.

Committee of Ministers of the Council of Europe. (1998). " European principles on family mediation, "http://www.mediate.com/articles/EuroFam.cfm(accessed July 29, 2005).

The German Civil Code. (1907[1900]) . Trans. and annotated, with a historical introduction and appendices, by Chung Hui Wang. London: Stevens & Sons.

Grey, Thomas C. (2014a) . *Formalism and Pragmatism in American Law.* Leiden: Brill.

Grey, Thomas C. (2014b [1983 − 1984]) . "Langdell's Orthodoxy, " *University of Pittsburgh Law Review* 45: 1−53. Reprinted in Thomas C. Grey, 2014a: 46−99.

Grey, Thomas C. (2014c [2001]) . "Accidental Torts, " *Vanderbilt Law Review*, 54, 3: 1225−1284.Reprinted in Thomas C. Grey, 2014a: 198−257.

Habermas Jürgen. (1986) . "Law and Morality, "Trans. Kenneth Baynes. *The Tanner Lectures on Human Values,* Harvard University, http: // tannerlectures. utah. edu/_ documents/a −to −z/h/habermas88. pdf (accessed Aug.11, 2014) .

Legge, James. (1877 − 1878) . "Imperial Confucianism, " in *The China Review*, 1877, no.3: 147−158; 1878, no.4: 223−235; 1878, no.5: 299−310; 1878, no.6: 363−374.

O'Neill, Onora. (1996) . *Towards Justice and Virtue: A constructive account of practical reasoning.* Cambridge, England: Cambridge University Press.

Phillips, Roderick. (1988) . *Putting Asunder: A History of Divorce in Western Society.*Cambridge: Cambridge University Press.

Weber, Max. (1978 [1968]) . *Economy and Society: An Outline of Interpretive Sociology.* ed. Guenther Roth and Claus Wittich, trans. Ephraim Fischoff et al.2 vols.Berkeley: University of California Press.

White, Morton. (1976[1947]) . *Social Thought in America: The Revolt Against Formalism.*London: Oxford University Press.

第四章　法学和社会科学应该模仿自然科学吗？[①]

　　在全球的现代化历程之中，自然科学无疑起到了至为关键的作用，而在中国全力追求现代化的今天，几乎一切都要向自然科学看齐已经成为一种不言而喻的信条。这样的意识可以见于"法学科学"（juridical science）和"社会科学"（social science）这两个词汇本身——虽然人们曾经试图把社会、经济、政治以及法学等学科与自然科学区别开来，但是，久而久之，大家都几乎没有例外地采用了"社会科学"和法学科学两词[②]，而且习惯性地把其中各个学科

① 本文原载《开放时代》2015 年第 2 期，第 158—179 页。文章由黄宗智负责社会科学和法学方面的论述，高原（获得理论物理学博士学位后转入社会经济理论与历史研究）负责自然科学方面的论述，而后共同修改写成。感谢白凯、赖俊楠、彭玉生、余盛峰和张家炎的详细阅读、批评和建议。纳入本书时做了一些修改。

② 在美国，"法学院"一般是和"社会科学院"并行的，同是"院"级单位，高于社会科学院下属的经济学、政治学、社会学等"系"级单位。在国内则大多把"法学"当作社会科学下属的学科之一。

都与"科学"相提并论,在国内尤其如此。这种倾向可见于学术管理人员的思想,当然也可见于各个学科的专业人士。

　　本文的目的首先是要说明"社会科学"与"自然科学"的多重不同。当然,这不表示笔者提倡社会科学应与自然科学完全隔离,拒绝任何借鉴,而是面对当今"科学主义"——认为关乎人间世界的社会科学应该和自然科学同样追求普适规律——的强大威势,更需要澄清的是两者之间的不同。本文之所谓的"科学主义"所指不仅是哲学史中的"自然主义"和"实证主义"等影响强大的思想,而更是由于科技在现代世界中所起到的有目共睹的广泛作用,它在人们心目中有着无比的威信,从而促使人们认为其方法不仅适用于物质世界,也适用于人间世界。本文强调的则是,唯有认识到两种世界的不同,才有可能有限和有效地借助真正的自然科学方法来认识真实的人间世界。

一、法学和社会科学与自然科学的不同

(一)研究对象的不同

　　首先,应该说明两者研究对象的关键差别。人是个具有意志、理性、感情的主体,而不是物体,而人间社会是由如此的主体相互作用所形成的,因此,尤其是在实践生活(区别于理论建构)之中,明显在客观性之外更具有主观性,在普适性之外更具有特殊性,在确定性之外还具有模糊性和偶然性。而关乎物质的研究,则只需考虑其客观性和普适规律性。固然,自然科学在其现代发展中,似乎日益关注特殊性,譬如,划分为众多不同的领域/次级学科,分别具有其不同的研究对象、规律和方法，但是，总体来说，自然科学仍然强烈倾向普适主义和纯粹的客观主义。这一倾向，在自然科学的第一个系统化的现代成果牛顿力学那里，表现得非常突出。其基本信念是：第一，科学的研究对象外在于研究者并永恒存在且不带有主观因素；第二，认为自然世界是被几个关键普适规律所支配的；第三，认为关于自然世界的命题与判断可以由可确定的几个基本公理的组合、应用推理出来，就像欧几里得几何学那样。（Bohm，1971［1957］：130—132；Cohen，2002：57—58）

人们多认为，社会科学研究的最高目标应该是追求、模仿像自然科学那样的普适主义。殊不知，正是普适和特殊以及客观和主观的并存实际才足以说明人与物质世界的不同。其中关键不在于排除特殊而简单偏重普适规律，而在于同时看到普遍性和特殊性的并存以及其间的异同和互动。关乎真实人间世界的抽象应该同时照顾到普遍和特殊，而不是把两者简单化约为其单一方面。这也是为什么现有的不同学科共同组成了一个从普适主义到特殊主义的连续体，其两极是普适主义的自然科学和特殊主义的人文研究，而法学和社会科学则正居于其间。

（二）研究对象背后的基本关系的区别

自然科学所界定的研究对象，是处于人类意识之外的自然世界。在自然科学看来，这一研究对象背后起主要作用的主导性规律，是确定性的因果规律。自文艺复兴与启蒙运动以来，寻找自然现象中促因（cause）与后果（effect）之间确定性的因果规律，逐渐成为自然科学最重要的任务。对这些因果规律的发掘与认定，逐渐被视作理性（rationality）的重要能力。（Von Wright, 1971: 2—3）这一特征，在自然科学的核心——物理学那里尤为显著。而物理学中，牛顿力学最早得到系统的发展与严密的数学化。这和牛顿力学本身特别适合处理一对一的确定性因果关系（一个原因对应一个后果，而且这种对应关系是确定性的）有很大的关系。牛顿力学的对象——物体的运动，特别适合用一对一的确定性因果关系加以把握。（Bohm, 1971［1957］: 5—6, 12, 34）

在人间社会，当然也有较为明确的一对一因果关系存在，但是，重大的历史现象（如英国的工业革命、中国革命、中国近 20 年的"隐性农业革命"，见黄宗智，2014a，第三卷：第 2 章；黄宗智，2003［1995］；黄宗智，2014a，第三卷：第 5 章），多源自几个不同来源和半独立的历史趋势的交汇或交叉，在社会经济结构性因素之外，还有源自人的主观意志的抉择，也有实践世界中的无穷的特殊性和模糊性；在确定性的因果规律之外，还存在偶然性；而源自实践中的偶然性的长期积累，更可能成为具有强大影响力的历史趋势。也就是说，对理解人间社会来说，要逼近真实不能从确定规律和抉择、客观与主观、必然与偶然、普适与特殊等二元双方中简单做出非此即彼的单一选择，而在于看到两者的并存和相互关联。

（三）普适与有限的规律

相应的不同是，物质世界与人间社会间的"规律"性质的不同。前者追求的是确定化、普适化的真实——是能够在实验室里重建设定条件并且没有例外地证实（或证伪）的规律，但在人间社会这是不可能达到的条件，最多只能探索到有限真实的有限规律。在我们从经验作出概括和抽象化的过程之中，只能希望达到一种局部有限的真实，而不是普适的、完全确定的，可以通过可重复的实验来证实的真实。即便是在现今追求高度"科学化"（形式化）的法学和经济学领域中，也会承认法律／经济是不可以像自然科学那样无条件地普适化的：譬如，把美国法律不加选择地完全照搬、实施于中国，或把来自美国经验的经济规律不加选择地完全适用于中国。

在社会科学领域，历史学科相对最偏向特殊主义。今天在国内，历史学科尤其带有强烈的完全特殊化倾向，其主流几乎拒绝任何抽象化（概括），只求忠于史实，只求精确"真实"地"反映""重建"史实，因此导致了（批判者所谓的）史学的"碎片化"。但这和经过半个多世纪的社会科学影响的国外历史学科很不一样。在西方发达国家，历史学科已经广泛采纳了社会科学众多的方法和理论。这种倾向尤其可见于经济史、社会史、家庭史、人口史等领域，并创建了认识上重要的突破。但这并不等于简单地采用科学主义、简单地追求绝对化的规律、简单地模仿自然科学，而是有限定界限的抽象化、规律化和理论化。

其实，历史上的重大事件，譬如中国革命，既不可以仅凭叙事来理解，也不可以仅凭社会经济结构来理解，而是要兼顾两者，既要掌握长时段的结构性变迁，也要认识到关键人物的意志和抉择。也就是说，兼顾结构与能动、普遍与特殊、规律与偶然，而且更要看到两者间的互动。中国革命史充满抉择与结构间的张力、相悖以及适应的例子。（例见黄宗智，2003［1995］关于土改和"文化大革命"的论析）譬如，适当结合倾向特殊主义的叙事史学和倾向普遍主义的社会科学化史学,要比简单依赖任何单一方更能解释中国革命。

(四)一统的规范认识和多元的理论

自然科学领域较多地认同于单一理论/规范认识。即便如此,仍然会呈现由于规范认识危机而导致的"科学革命"。正如库恩(Thomas Kuhn)说明的,科学界一般倾向于大多数专业人士都接纳同一规范认识(paradigm)的常态,要到积累了众多违反规范认识的经验证据之后,才会形成一种范式危机,最后导致规范认识的修改和重组。(Kuhn,1970[1962])我们可以用以下的例子来阐释库恩的这个论点:17至18世纪,物理学的规范认识是以牛顿运动定律为核心的。在这一规范认识下,物体的运动可以用严格确定的一组微分方程来描述。给出恰当的初始条件(initial conditions),我们可以推算物体在此后任一时刻的运动状态,特别是该物体的位置(position)与动量(momentum,质量与速度的乘积)这两个描述物体运动状态的关键变量。而物理世界的全部现象,最后均可化约、归结到由这样确定性规律所左右的物体的运动。[1] 追求这样带有确定性、可预测性、一对一因果关系的普适规律迄今仍然是(社会科学中的)科学主义的主要内涵。

但是,在19与20世纪之交,随着微观领域物理实验手段的发展,科学家逐渐发现,在原子层面这样的微观现象领域,物体(粒

---

[1] 对牛顿力学及确定性机械论的一个简洁总结,参见 Bohm,1971(1957):34—35。

子)的运动状态存在内在的、固有的不确定性,因此相应的物理理论,只能以概率(probability)来刻画粒子的运动状态。这种非确定性的运动规律,一个最广为人知的表述就是不确定性原理(uncertainty principle),亦即粒子位置与动量无法同时确定,同时,这一不确定性是可以通过一个数学不等式来描述的。[1] 到 20 世纪30 年代可以精确分析微观物理现象的量子力学的基本框架已经被建立起来,其基本精神便是对牛顿力学规范认识的否定。从牛顿力学到量子力学的转变,正是一种由实验领域新发现的积累否定原有规范认识,并且在实验与理论的相互刺激下,催生出新的规范认识的典型历史经验。[2] 今天,牛顿力学的自然观甚至被批评为一种机械主义的决定论。(Bohm,1971[1957]:64)但是,以概率和不确定性为主的科学观至今仍然没有渗透社会科学,其"主流"仍然强烈倾向之前的牛顿力学的世界观。

物理科学的常态是统一的规范认识,而社会科学,正因为其主题以及其性质的不同,不会趋向同样的统一性。而且,社会科学完全不像自然科学那样,能够以普遍有效的可重复的实验方法,对理论/规范认识进行检验和约束,从而保证在整个学术圈中规范认识的一统性。长期以来,法学与社会科学更多倾向一种天下分而不合的常态,在形式主义理论的主流之外,有众多其他影响较大的非主流理论与之对抗(例如,倾向特殊主义的后现代主义和实质主义

---

[1] 与不确定原理相关的实验,及该原理的数学描述,参见 Braginsky and Khalili,1992: 2—11。

[2] 关于量子力学这一新"规范认识"的形成,一个简明的介绍可参见 Dear,2006: 142—148,其中包含了促进量子力学形成的主要实验现象与理论探索。

或实用主义／现实主义，当然也包括与形式化的新自由主义对立的马克思主义，虽然后者同样带有强烈的普适主义冲动）。如此的现象是我们这里要论证的法学和社会科学与物理科学实质上的不同的佐证。而这个社会"科学"的"特征"说明的不是其不足，而正是社会与物质世界的实质性不同。

　　人们其实凭直觉就能相当广泛地认识到，在人们追求的真、善、美之中，唯有"真"应该是部分由科学研究主宰的，而"善"与"美"则明显是特殊化的，不能普适规律化。其实，我们在上面已经看到，即便是在"真"的领域，人与人间社会也与自然世界十分不同，部分原因是"善"和"美"一定程度上也是人间社会的重要组成"因素"，也是其中占据一定重要性的动因。这也是为什么试图建立科学主义认识的形式主义理论一般都排除关乎"善"与"恶"的道德伦理，而与之对抗的后现代主义和实质主义则倾向强调道德伦理在人间社会所扮演的角色（下面还要讨论）。

　　对我们拒绝科学主义的人来说，社会科学的多元常态是正面而不是负面的。正是其多元常态使我们可以在科学主义化的形式主义主流传统之外找到更多、更有洞见的理论资源，赋予我们可资借用的非主流资源。

（五）意识形态的作用

　　我们也可以从意识形态——背后有政权推动的理论——的作用的角度来理解法学和社会科学与自然科学之间的不同。在后者之中，可以说绝少见到"左"和"右"之分。这当然和其研究对象的不同直接相关：追求物质世界的规律一般谈不上什么政治意识。而社会科学则完全不同，几乎所有的社会科学理论都会涉及意识形态，因为"意识形态"几乎都是与社会科学理论交搭的。这就是为什么毛泽东时代的马列主义、毛泽东思想意识形态几乎完全左右了"社会科学"和历史学学术的原因，也是为什么"新自由主义"（新保守主义）在近几十年的西方已经完全（再次）占据法学和社会科学中的主流位置的原因。马列主义和新自由主义同样是高度意识形态化的理论，都是试图掌控所有不同社会科学学科（包括历史学和法学）的理论。也正因为如此，在社会科学领域我们会看到对其的众多多元化反应和抗拒。在改革时期的中国，则由于原来的马列主义和改革中舶来的新自由主义的并存，几乎也达到与西方世界同等的多元化理论的局面——当然，仍有不少"禁区"。

以上各项不同说明，我们不该，也不能简单地把法学和社会科学等同于自然科学，不能简单地模仿自然科学、简单地运用其理论和方法于社会科学。

二、方法

这并不是说我们要完全拒绝自然科学及其方法。毋庸置疑，自然科学具有一整套比较系统的研究方法，正因为其更可以确定、统一认识，更可以规范化、规律化，更可以凭借能够重复的实验对理论进行检验，更可以较好地结合归纳与演绎方法。其精确性以及对经验证据的尊重是值得我们社会科学界学习的，但绝对不是要像有的机构和学科的管理人员那样要求无条件地模仿和援用。

简单地模仿其实会导致完全脱离社会实际的研究,硬把人间社会现象物质化——也就是说,把人间社会简单化和片面化,从而导致科学主义的错误,乃至于意识形态化的认识。

(一)演绎与归纳

在科学的认知方法中,比较广为应用的是两种不同的抽象化:一是对经验证据的归纳(induction),也可以说是从具体证据来提出抽象概念(abstraction);二是根据演绎逻辑的推理(deduction)以及与演绎推理紧密联系在一起的公理体系(axiomatic systems)来建立普适化和绝对化的真理。前者是对经验证据的概括和论析,应该是通用于社会科学与自然科学的方法(下面还要讨论),后者则是一条充满陷阱的途径。

演绎逻辑的典范是古希腊的欧几里得几何学,这也是西方文明最引以为豪的一个传统,被普遍认为是西方文明所独有和特别突出的文明财富。它今天被广泛认可为西方现代哲学学科的核心。譬如,今天美国的主要高等院校哲学系都以形式化、甚至数学化的演绎逻辑为其主要方法,并拒绝纳入没有同等传统的其他主要文明传统(包括中国、伊斯兰、印度文明)的哲学,坚持它们不是真正意义上的现代哲学。结果是美国全国排名最高的哲学系普遍只教西方哲学,排除其他文明的哲学思想,使它们全都被置于诸如"东亚语文""近东语文""南亚语文"等系,在正规的哲学系里占不到一席之地。[1]

今天演绎逻辑推理被广泛用于（自以为是社会科学中最"硬"的）经济学和法理学。尤其是经济学，广泛要求经济学从设定的公理出发，用数学化推理来表述和"证明"。而法学则要求，像韦伯强调的那样，把法律条文完全整合于演绎/法律逻辑。在美国的主流"古典正统"法学传统，即由兰德尔（Christopher Columbus Langdell，1870—1895 年任哈佛大学法学院院长）开启的传统中，非常有意识地把法学等同于欧几里得几何学，坚持法学可以同样从几个"公理"（axioms）出发，凭演绎逻辑而得出一系列真确普适的定理（theorems）。在兰德尔那里，所采用的方法是从案例出发，但目的不是从众多案例的经验证据来归纳出不同的法律实践，而是凭借演绎推理来从选定的案例建构一个自洽和普适的理论和法则体系。[2]（见 Langdell，1880：1—20 关于合同法的论述）由此树立了美国法学的主流"古典正统"，更奠定了美国法学界普遍采用的训练和教学方法。其把法学"科学化"的意图的影响今天仍然广泛可见于美国的主要法学院——譬如，它们所采用的"法学科学博士"学位（Doctor of Juridical Science，简称 JSD）制度，被设定为各法学院的最高学位。

在中国，形式主义经济学今天已经占到绝对的主流地位。其中，在新古典经济学上添加了产权理论的"新制度经济学"影响尤

---

[1] 这是笔者在加利福尼亚大学洛杉矶校区主持中国研究中心时试图向哲学系介绍、引进中国哲学专业教授的亲身经历。

[2] 兰德尔著作其实极少，他的影响力主要来自他在哈佛法学院开启的教学方法。虽然如此，一篇能阐明他的观点和方法的例子是 Langdell，1880：1—20，这是关于该书选编的合同纠纷案例的导论。亦见格雷关于兰德尔的细致分析。（Gery，2014：第3章）

其巨大（下面还要讨论）。至于形式主义法学，部分由于中国学者对演绎逻辑感到难以接受或陌生，并更习惯使用"实用道德主义"思维，①则尚未占到与形式主义经济学同等的近乎霸权地位。但是，在全面引进西方的形式主义法律条文的大潮流下，其所附带的形式主义逻辑起到更大影响只是迟早的问题。此外，我们更可以指出，要清醒地做出不同的抉择，中国法学界非常需要掌握美国的"古典正统"法学理论以及德国的"形式主义理性"法学理论背后的形式化逻辑基本思维——这是本文重点讨论兰德尔和韦伯的原因。

归纳加上演绎方法之被广泛援用于社会科学，其本身无可厚非，因为社会科学的认知过程同样包括从经验得出概括，由经验证据得出抽象化的概念，而后从抽象化的概念试图加以推理来延伸。但是，在实际运作层面上，演绎逻辑之被用于社会科学其实常常变成一种简单地从贴近经验的抽象跃进到理想化的"理论"。即便是深奥如韦伯的理论建构，也展示了这样的倾向。首先，他把西方法律历史抽象为倾向"形式主义理性"的演变，突出形式逻辑在其中所起的关键作用。这是一个具有一定经验证据基础的抽象化概括。（Weber, 1978［1968］:784—880［第 iv—vii 节］。韦伯关于法学的论述集中于他的第 viii"章"，第 641—900 页，其中第 784—880 页的第（iv）到第（vii）"节"是其历史叙述部分。）但是，他进一步把其建构为四大法律"理想类型"中的一个（Weber, 1978［1968］:655—658），而后更试图论证它是西方独有的、日趋完美的趋势。

①　这是笔者对中国法律思维的总结表述，见黄宗智，2014b，第一卷：第 8 章，亦见第三卷：第 8 章。

最终，由于其逻辑体系和形式主义方法本身的驱动，把它论述为一个完全由逻辑整合的自洽体系，与其他的类型形成非此即彼的对立。由此，一再坚持形式理性法律乃是四大法律类型中唯一充分体现现代"理性"的法律传统，唯一真正理想的类型，而其他文明的传统则基本全是非理性的，亦即现代西方反面的"他者"。（关乎中国的论析尤见第 818、845 页；亦见黄宗智，2014b，总序，第一卷：1—18；黄宗智，2015；赖骏楠，2015）也就是说，从原先的有限归纳跃进到普适规律和理论。如此的论述实际上是一种脱离实际的理想化，名副其实地成为"理想（的）类型"（ideal-type）。读者明鉴，这里我们需要清楚区别抽象化和理想化：前者是认知过程中不可或缺的步骤，但后者则是脱离和违反实际的跳跃。

这里，可以再以诺贝尔经济学奖得主舒尔茨（Theodore Schultz）为例。他从新古典经济学设定的"人是理性经济人"以及"纯竞争性市场必定会导致资源的最佳配置"（农作物市场被认作最佳的例子之一）的两大前提"公理"出发，由此来论定劳动力的过剩不可能存在。他的出发点和与他同年分享诺贝尔经济学奖的刘易斯（W. Arthur Lewis）是完全对立的——后者特别强调的则是（主要是第三世界）农业中"劳动力无限供应"的现实。当然，舒尔茨也曾经用其在印度走马观花获得的经验数据为其论点提出"经验证据"，即在 1918—1919 年的异常流行性感冒疫症中，有 8% 的人受到感染，而农业生产因此显著下降。他论述，如果真的有劳动力过剩，那么 8% 的人受到感染便不会导致生产的下降。（Schultz，1964：第 4 章）在逻辑上，如此的论析似乎很有说服力，但事实是，疫症感染不会同样程度地影响每个农户的 8% 的劳动力，因为有的农户没有感染,而有的则全家感染,由此影响总产出。但舒尔茨并不在乎这样的经验实际,因为在他的思维之中,设定的公理和其推演才是关键:如果市场经济必定会导致资源的最佳配置,那么,劳动力"过剩"便不可能存在;如果人是"理性经济人",那么,便不可能为"零价值"而劳动。对劳动力过剩做出如此的定义,本身便是一种仅凭演绎逻辑得出的定义;论者所言的"过剩",其实多是相对的过剩而不是"零价值"的绝对过剩——后者只是舒尔茨凭其设定的公理来拟造的稻草人。舒尔茨所模仿的正是简单的、类似于欧几里得几何学的演绎:如果出发点的公理是真实的,而其后的演绎推理是正确的,那么,由此得出的结论必定也是真实的。在舒尔茨那里,所谓的经验证据,说到底只是一种装饰;演绎逻辑才是一切的关键。(详细论证见黄宗智,2014a,第三卷:第9章)与其对比,韦伯的视野要宽阔得多,并且带有较深的历史研究,虽然最终同样强烈倾向形式主义化的理想建构。

　　但是,真实的人间社会是不可能像几何学那样凭几条公理来化约的,其经验证据也不可能达到自然科学那样的确定性,更不可能抽离出可以完全控制的具体条件,经过可复制的实验来证实,而又通过演绎推理达到一种普适化的认识。在不可能做到如此的推演过程的实际情况下,试图建构绝对和普适的理论,只可能要么是像韦伯那样从抽象化跳跃到理想类型化,要么是像舒尔茨那样从设定的脱离实际的理想化"公理"推演出不符实际的"定理"。

　　演绎逻辑的典范是欧几里得几何学。在其几何学体系中,首先给出的是一组最基本的"定义"(definitions)。这些定义界定了点、直线、平面等这些几何学将要处理的最基本的对象。紧接着这组定义的,是五个"公设"(postulates,第一公设是"从任意一点出发可向任意一点做一条直线")和五个"一般观念"(common notions,第一个一般观念是"和同一事物相等的事物,它们彼此亦相等")。① "公设"和"一般观念"一起,形成作为推理前提的"不证自明"的"公理"。此后任何一个涉及具体几何问题的命题,都可以通过对概念、公理和其他(由概念和公理推导出的)已知命题的组合运用,推导而出。(Lindberg,1992:87—88)譬如著名的毕达哥拉斯定理(勾股定理):"直角三角形斜边的平方和等于两直角边的平方和"便可由基本的公理推导而出。② 这是一个在设定的前提条件下的数学—逻辑世界中适用的方法,一定程度上适用于物质世界,但用于人间世界,只可能是脱离实际的建构。

正是出于模仿这样的典范的动机,高度形式主义化的新古典经济学一开始便设定类似的公理:如"理性经济人"和"纯竞争性市场",而法学则设定个人权利的必然性前提。而后,两者都由所设定的前提公理出发,凭借推理来得出其自身认作普适的定理。上述兰德尔关于合同基本定理的论析便非常有意识地模仿这套方法。在科学主义的大潮流下,正是因为试图把数学世界中的演绎推理用于社会现象,促使这些学科的"主流"采用如此的理论建构进路。

之后,进一步(像兰德尔领导的哈佛法学院以及新自由主义经

---

① 关于欧几里得几何学的定义、公设及一般观念的详细内容,参见 Heath ed.,1908:153—155。
② 此定理是欧几里得几何学第一卷中的第 47 个命题,其具体正面参见 Heath ed.,1908:349—350。

济学主导的芝加哥经济学系那样)制定,所有本学科专业人士都必须经过这样的训练,由此形成强大的制度化力量,把本学科专业人士全都推向接纳其设定的前提。如此,更促使本学科大部分人员都把其前提公理和被推演出的定理认作普适的真理,要么把其认定为真实世界的必然状态,要么更简单地把理想化的状态等同于真实世界的实际。

但是,上述的理论前提显然只是一种理想化的建构,绝对不是什么跨时空的普适规律。我们只要看到人们的实际性质,由此出发,便不可能简单地设定人只是简单的纯理性经济人主体。正如上面已经说明,人明显不是简单的"理性人",也是"感性人",更可以是遵循道德理念的人。在其实际生活(实践)和人际关系之中,一般都不会遵循单一清晰的逻辑,而是错综复杂和模糊的逻辑。把人简单设定为一个完全理性的个体,完全没有感情化、道德化或偶然化的主体,再把如此的设定当作给定不证自明的"公理",其实是一种脱离实际的理想化建构,绝对不是符合人间世界实际的普适真理或规律。

如果从真实的人间世界出发,我们其实更需要把人的多元性和复杂性作为前提,从人们的"实践" / 实际行为而不是其理想化的理论建构出发。那样,便不可能制定形式化/理想化的公理,也得不出其后的一系列由演绎推理得出的定理。譬如,在历史和现实中所存在的市场,都是与政府权力密不可分的,都带有不同程度的政府政权建立、维护、干预、控制。从实际存在的市场出发,便不会得出(完全没有政府干预的)纯竞争性市场的理想化建构。同样,符合实际地设定人既是理性人也是感性人,其实比简单的"经济人"建构更能解释历史上市场经济的多次危机——它们其实多与迷信必然增值和盲目逐利(贪婪)而不是理性抉择相关。在法学领域亦然，如果从法律的实际运作出发，便会看到舶来的法律条文几乎不可避免地要经过重新理解才能适应中国社会现实。譬如，在产权法律领域，其实家庭(及其人际关系)的"权利"一直是主要的，在现当代则和舶来的单一个人的权利并存。而且，"家庭主义"的产权并不一定劣于个人主义的产权法理，其间差别不在真实与否，而在道德价值抉择。(详细讨论见黄宗智，2015；黄宗智，2014b，第三卷，附录二：285—297)

这里要进一步说明，在社会科学领域，演绎逻辑应该被当作一种用来达到有一定界限的认知或洞见，而不是终极真理的手段。譬如，我们可以有意识地就局部真实来建构一个模式，用以进行模式化推理，目的在于探寻出某种被忽视的逻辑关系，借以阐明某种有限的概括。这其实是理论家们常用的手段，但也是常被其门徒或后人错误理解的手段，把其等同于普适规律。

在经济史领域，一个能够阐释这样的方法的例子是农业经济理论家博塞拉普(Ester Boserup)关于人口增长与农业劳动密集化的模式。她指出，人类的农业历史是一个趋向越来越劳动密集化的过程——从二十五年一茬的森林刀耕火种到五年一茬的灌木刀耕火种，再到固定耕地的三年两茬的"短期休耕"，而后一年一茬到一年数茬。从这样的基本经验概括出发，经过逻辑论析，说明其中的关键在于人地关系的演变：如果有无限的土地，刀耕火种是劳动投入最少的方法，要在一定的人地压力之下才会采用下一步的种植方法。也就是说，人地压力推动了农业的演变。(Boserup，

1965；亦见黄宗智，2014a，第一卷：总序）她的理论在中国研究领域中，得到珀金斯（Perkins，1969）很好的量化阐明（虽然只是一种巧合）。这里，我们要清醒地认识到这样的理论的适用界限，以及其所采用作为手段的逻辑推理方法，才能适当地认识到其洞见，而不是错误地把其等同于超越时空的普适规律。

再譬如，经济史理论家瑞格里（E. Anthony Wrigley）指出，传统农业经济与现代工业经济的关键不同在于其使用的能源的不同，从有机能源如人力、畜力到"基于矿物的能源"（mineral-based energy，如煤炭）。其间的主要变化是，单位劳动力所产能源扩增了许多倍（一个矿工一年能够挖掘 200 吨的煤炭）。（Wrigley，1988：77；亦见黄宗智，2014a，第一卷：总序）这是一个基于经验事实的概括，其洞见在于清晰有力地说明农业经济和工业经济间的关键差别。在普遍援用源自工业经济的经济学理论于农业经济的今天，这是一个十分重要的（有限）理论。在（户籍）农民仍然占总人口大多数，以及小家庭农场仍然占农业生产最大比例的中国，尤其如此。这并不是说瑞格里给出了一个永恒的规律，譬如，他完全没有考虑到地力的有限性问题，土地其实和人同样也是个有机体。但他的理论毫无疑问地在其所限定的范围内具有一定的洞察力。（黄宗智，2014a，第一卷：总序）

另一个有效创建有一定界限的理论的例子是农业经济理论家恰亚诺夫。他根据家庭作为一个（农业）生产组织的基本经验实际出发，即它既是一个生产单位也是一个消费单位，凭借数学化演绎推理，说明其与一个只是生产单位的雇佣劳动的企业单位的众多经济行为上的不同，同时又返回到经验证据中去验证。他得出的是一系列关乎两者在不同条件下的不同行为的强有力的洞见。例如，在人地关系的压力之下，两者的经济行为逻辑十分不同，一个以消费需要为主，一个以营利为主。这也是从经验概括到理论抽象再到经验的有效认知方法的例证。在小家庭农场仍然是农业主体的中国，这些理论洞见尤其关键。和瑞格里一样，这并不是说恰亚诺夫打出了一个无可置疑的规律——譬如，他并没有考虑到家庭生产单位在商品化/市场化中所起的关键作用，而是说，他的理论具有一定的洞察力，并且特别适用于中国。（Chayanov，1986［1925］；亦见黄宗智，2014a，第一卷：总序）

在法学领域，我们可以从法社会学、法律实用主义、批判法学、后现代主义以及实践理论等非主流西方理论传统吸取认识，但不容易找到直接适用于中国实际的理论。虽然如此，我们仍然可以从中国自身近百年来的法律实践（区别于舶来的条文），看到许多兼顾条文和社会实际的创新性尝试。但是，在目前西方法理占据绝对话语霸权的情况下，较难看到系统的法理概括和建树。笔者近25年来关于中国古代、现代和当代的法律实践研究特别关注的正是这些实践中的法理创新实例，包括经过一定程度现代化的传统调解制度（尤其是法庭调解），比较独特的当代婚姻离婚法、考虑到赡养的产权法、侵权法的特殊适用等。笔者在中国古今法律和其实践中看到的是与西方十分不同的，结合道德理念和实用考虑，兼顾抽象和具体、普世和特殊的实用道德主义法律思维方式。它完全可以主导中国今天的法律。（黄宗智，2014b，第三卷）

其实，无论是法律还是经济领域，中国的实践早已远远超前于其理论，其中的众多创新都尚未得到中国自身的理论概括，更不用说现有的西方理论了。在经济领域,中国改革期间举世瞩目的快速发展显然如此。在法学领域,现阶段我们需要做的一项重要工作是对实践中的创新进行适当的理论概括。如此的探讨一方面可以说明中国在韦伯理论视野中的悖论性,一方面可以说明中国创建符合自身国情的法律体系的可能道路。韦伯的理论显然不足以概括中国的实际。(黄宗智,2014b,尤见第一卷:总序)

虽然如此,我们如果从认知手段的角度来理解韦伯的类型学,仍然可以看到其洞见,即从经验实际抽象出"形式主义理性"理想类型,能够展示一些特定条件间被忽视的逻辑关系——譬如,高度形式化和专业化的法律体系可以(但绝不必然)成为一种防御外来权势侵入法律领域的力量。如此的理解十分不同于简单把这种法律等同于唯一的、普适的"现代""理性"法律,并把其他文明传统的法律简单等同于"非理性"的他者。我们必须清楚区分韦伯类型学作为认知手段的价值,以及将其理想类型学作为真实世界的超越时空的写照或必然的指示的谬误。

正如诺贝尔经济学奖得主哈耶克多年前已经从一个内部人的角度论证:许多经济学学者会把新古典经济学的形式化建构等同于真实,把数学化/简单化的模式等同于真实,从而把真实世界等同于理想化的理论。(Hayek,1980[1948]:尤见第2章,亦见第3、4章)其实,这些理论并不是如经济学家所想象的那样,是一种对外在世界的绝对把握和客观再现,而只是经济学科这一系统内部建构出来的"知识"的集合。这些知识被接纳为"真",是因为它们的创制符合了学科训练体系的规范性方法。舒尔茨便是很好的例子。同样,许多法学家都经过类似的形式主义训练,并同样简单地把形式理性法律等同于唯一"真正"的"现代"法律。把博塞拉普和舒尔茨进行对比,我们可以看到,博塞拉普的设定前提是历史经历:在有限的土地面积上不断增长的人口;其结论也限定于人地关系,并且是具体的历史经验。其模式所起的作用是指出(之前人们没有清晰地看到的)历史经验之中的逻辑关系,适当地、有界限地使用演绎推理于从经验归纳出的抽象。而舒尔茨则不同,其出发点是理论前提(公理),而后加上适合其前提的经验装饰,由此得出的结论只不过是根据其原先的前提的演绎,其实是循环的论证。两种理论间的差别是:一是从经验到抽象再到经验的理论化,一是从前提到经验再到前提的理论化/理想化。这是个关键的差别。

从中国的法律实践经验出发,我们可以看到中国的传统法律体系不简单是韦伯凭其理想类型所突出的非理性"卡迪法",而更具有韦伯所没有认识到的"实用道德主义"逻辑。至于现当代的中国法律,其给定实际是,中国古代法律传统、革命时代的立法传统,以及舶来的西方法律三大传统的必然并存,而韦伯建构的片面化的形式主义理想类型则明显把西方和中国都简单推向非此即彼的二元对立。也就是说,对理解现当代中国法律来说,韦伯的理论只能是有用的对话对象,绝对不是其真实的写照,也不可能是其必然走向的指示。

更有进者,形式化的理论,正因为其高度简单化和绝对化,对当权者来说,特别适合被采纳为统治意识形态,而一旦被政权设定、推广、强加为统治意识形态,便不可避免地会被更进一步简单化和庸俗化。在历史上,我们可以看到,19世纪的帝国主义的借口正是把偷运鸦片进入中国建构为(古典自由主义经济学中的)"自由贸易"和"平等"的国际关系大原则,而把鸦片战争建构为西方"文明"进入"野蛮"中国的战争。而今天,同样的(新自由主义经济学)理论被广泛作为"软实力"的武器来应用于全球霸权的争夺,运用于为跨国公司无限制地在全球逐利的借口和辩护。(当然,今天独立自主的中国可以设定条件来利用全球化资本和市场。)19 世纪的形式主义国际法(当时中国根据其自身脱离实际的道德化思维倾向而接纳了"万国公法"的翻译)同样,把其适用限定于"文明"国家,对"野蛮"的中国则使用了凭侵略战争强加的不平等条约。(赖骏楠,2014)20 世纪 60 年代和 70 年代的所谓"绿色革命"便是由农业跨国公司和发达国家政权推动的一种意识形态,其依据则是上述舒尔茨的理论。当然,在中国自身的历史中,我们也可以看到理论话语的表达与社会、政治实际背离的例子——"文革"中的"阶级斗争"便是就近的一个例子。(详细讨论见黄宗智,2003[1995])

　　毋庸赘述,要贴近真实,我们需要对这样的理论和话语建构具备来自历史知识和意识的警惕和自觉。要借用科学方法,需要有同样的自觉,认识到社会科学和自然科学的不同。那样,方有可能真正认识到人间社会的实质,而不是其形式化/理想化了的建构。那样,才有可能适当借用自然科学的方法而不至于被其误导为高度简单化或意识形态化的认识。

(二)演绎与归纳之外的第三方法

美国实用主义创始人皮尔斯①(Charles Sanders Peirce,1839—1914)指出,人们十分惯常使用的推理其实既不是演绎也不是归纳,而是一种凭借经验证据推导出来的合理猜测。譬如,如果我们知道这些球都是同一壶里的球,也知道此壶里的球都是红色的,那么,如果从壶里拿出一个球来,它必定是红色的。这是演绎推理,在设定的条件下,是无可置疑的。但如果我们并不知道壶里所有的球都是红色的,而是经过从壶里拿(抽样)出好几个球,看到它们都是红色的,由此推测壶里的球多半全是红色的。这是归纳,有一定程度(概率)的可信性,并且可以经过反复实验而证实。但是,如果我们看到一个红色的球,并知道旁边壶里的球全是红色的,凭此猜测,这个球多半是从该壶里拿出来的,那样的推测,既不同于演绎也不同于归纳,仅是一种合理猜测。这是一个不可确定的猜测,因为这个红球很可能另有来源。② 在自然科学领域,这样的因果猜测等于是个初步的假设,可以通过演绎推理来设定相关假设而后通过实验来验证。皮尔斯把这种理性猜测称作"abduction",即尚待精确化、确定的合理猜测,而不是相对较可确定的归纳(induction),更不是可以完全确定的演绎(deduction)。皮尔斯指

① 皮尔斯(Peirce)、詹姆斯(William Jams)、杜威(John Dewey)一般被视作美国实用主义哲学的三位大家。詹姆斯是皮尔斯的同学,杜威则师从皮尔斯。关于皮尔斯的最好的简短介绍是 Burch,2014。
② 这是 Burch,2014 给出的阐释性例子。

出,这样的猜测其实是人们在日常生活中常用的理性推理,也是医学诊断中的一个常用方法,其实是自然科学设置初步"假设"的常用方法。他争论,这样的合理猜测乃是演绎和归纳之外的第三科学方法,其实是科学认识中的第一阶段,之后才会进入演绎推理和归纳实证。"科学方法"(scientific method)乃是三者的并用,不仅是演绎和归纳。[①]

　　皮尔斯没有区别自然科学和社会科学。在我们看来,社会科学领域关乎因果关系的理论很像这样的合理猜测。它有点类似于探寻杀人凶手。我们要做到的是,尽可能严谨地找出佐证(譬如,附近并没有别的可能红球来源),尽可能达到较高程度的说服力、可信力(plausibility)。但同时,与自然科学不同,我们需要承认,我们的推测一般是不可能完全确定的,是会有错误的。我们可以凭借演绎推理和对所有可用证据的归纳来尽可能提高这种推测的正确概率。但是,十分关键的是,需要承认我们不能达到绝对真实,因为我们不可能像自然科学那样设定同样条件的实验来证实我们的推测。我们更不应该像形式主义理论那样,把自己的推测设定为给定的不证自明的公理,再凭演绎推理来建立定理和整套普适

―――――――――――

① 譬如,见 Peirce,1998:第 16 章(即其 1903 年在哈佛讲解实用主义的第七讲)。皮尔斯著作极多,已发表的约有 12000(印刷)页,另有 80000 页未曾发表的手稿,涉及面极广,从数学、逻辑、语言到历史和经济(其全集尚在整理和陆续出版的过程中)。也许正因为如此,他的写作带有较严重的"初稿"气味,文字有点晦涩,思路有时候也比较混乱。同时,其长期从事应用科学(大地测量)的非学术职业。也许正因为如此,他的思想更侧重实用。今天,他被比较普遍认为是实用主义传统中最具有创见的哲学家。

理论。那样的话,只可能是对真实世界的严重误导。[①]

(三)计量

与以上论述紧密相关的是计量方法的应用。计量本身无可厚非。首先,量的概念可以起到把我们的经验证据精确化的作用。具体数字和比例要比"很多""较多"和"很少""较少"精确。即便是在某一时期的某一地方/社区的内部,我们也常常需要知道,我们注意到的现象在该处到底具有什么程度的普遍性。更有进者,"量"能够让我们更精确地说明自己从质性经验证据得出的概括/抽象到底具有什么程度的普遍性。譬如,我们从某一时期某一地方的历史研究或某一微观社区(如自然村)的田野调查得出的经验证据,把其概括/抽象为概念之后,可以通过计量来有效地估计其到底带有何等程度的普遍性——是只限于某种类似的特殊条件的地方或村庄? 还是具有更宽阔的普遍性? 其实,像这样的量化经验证据,是对我们从经验得出的抽象概念的适当延伸的有用方法。它是一种有效结合特殊主义和(有界限的)较普遍适用性的研究方法。量化既是一种延伸,也是一种限定的手段。

另一种量化研究是在充分掌握质性知识之后,发现不被人们

[①] 近年来,哲学学术界纠结于试图通过演绎逻辑来确定皮尔斯关乎合理猜测的概念,从"最简单的解释是最佳解释"这一"定理"出发,试图把合理假设到确定规律的过程形式化,并逐渐把合理猜测(abduction)改述为"最佳推理"(inferencce to the best explanation)。(Douven,2011)我们认为,对社会科学来说,如此的追求没有实用意义,其实是违反社会科学所应该研究的真实人间世界的基本性质的形式主义追求。

注意到的问题,既可以是根据质性认识而发现的问题,也可以是通过不被人们注意到的数据(或者通过对常用数据的重新理解)来发现广为人们所忽视的认识。以新近的皮克迪(Thomas Piketty)的《21世纪资本论》为例,他通过使用过去鲜为人使用的所得税和遗产税记录和数据(之前多依赖横切面的家计抽样调查数据,不具有跨越代际的历史深度)初步证实,在最近的1970年到2010年的40年间,美国和主要欧洲国家最富裕的1%的人所占的社会总财富的比例一直在上升,在美国从不到30%扩增到约34%,在欧洲则从不到20%扩增到约24%。之前,从1810年到1910年,同比扩增非常显著,在美国从25%扩增到45%,在欧洲则从约51%扩增到约63%。此后,一度趋向较平等的分配,但在1970年之后,税收率大规模下降,导致分配不公重新上升。(Piketty,2014:349,图10.6)

检视最富裕的10%的人所占的社会总财富比例,结果同样:在美国,1810年不到60%,到1910年增加到80%,之后下降到1970年的约64%,而后再次攀升,到2010年的约70%。在欧洲,从1810年的约81%增加到1910年的90%,之后下降到1970年的约60%,之后再次攀升到2010年的约63%。(同上)

皮克迪解释说,以上的现象之所以如此,是因为资本的回报率一般要高于经济增长率。在主要是农业经济的时期,增长率一般低于1%,而资本的回报率则达到4%—5%。这样,长期下来,继承大量资本者越来越富,所占比例越来越高。但在两次世界大战时期,经济增长率显著上升,达到3%—4%的地步,而同时,由于所得税和遗产税的累进税率较普遍地提高(在美国最高超过70%),分配趋向平等。但之后,累进税率降低,经济增长率也降低,财富不均再次回升,导致 1970 年之后 40 年的持续攀升。

据此,皮克迪呼吁,各国政府需要再度采纳较高额度的累进税率,甚或是新的"资本税"税法,不然,社会将重蹈覆辙而趋向越来越不公平。(Piketty,2014:347—358;亦见崔之元,2014 对全书的论析)

此书引起很大的轰动,主要是因为其上述具有较强说服力的精细计量研究,对广为人们所接受的新自由主义经济理论带来了强劲冲击,可以说很好地展示了计量研究所可能发挥的威力。美国的著名经济学家、哈佛大学前校长萨默斯(Lawrence H. Summers)甚至写道,皮克迪证明了不平等趋势这个事实,是个"值得获得诺贝尔奖的贡献"(is a Nobel Prize-worthy contribution)。(Summers,2014)其实,皮克迪著作的关键不仅是精细的计量,更是独立思考与创新,而不是不加思索地接受主流"权威"理论。

但是,我们今天常见的不是这样由经验证据和与其紧贴的概括出发的计量,而是另一种计量,即从给定的形式化理论并由其产生的时髦"问题"出发,由此定下某一"假设",而后搜集数据来证实该"假设"。上述的舒尔茨便是一个例子。又譬如,从市场化和私有化必定会导致更高效率的理论前提出发,由此来估计私营企业相对国有企业的各种要素的生产率(或要素的综合生产率),借此来试图证实自己已经认为是给定的真实前提。如果数据不符合原先的假设,则指出现实的不足,得出私有产权和市场机制运作尚不够完善的"结论",凭此来提倡进一步朝向早已被理想化了的"理论"和其前提条件的改革。一个就近的例子是天则经济研究所的《国有企业的性质、表现与改革》,试图通过计量研究来"论证"国有企业必定是低效的,据此拒绝任何混合所有制,要求完全的私有化。(天则经济研究所,2011)殊不知,中国国家(包括地方政府)在改革期间的发展中,其实起到十分关键的作用,而且,在全球范围的激烈竞争中,中国作为后来者,其实只有通过国家机构在资源和资本等方面的特殊优势方有可能和世界先进的大规模跨国公司竞争。(见黄宗智,2010,2012)。形式主义的计量研究其实多是一种理论先行的"研究",其实质是一种循环论证的逻辑,其推理其实已经包含在其当作前提的公理体系之中。它说到底不过是一种数据游戏,而且高度意识形态化,与真实世界无关,但今天却是我们常见的"科学""研究"。

那样的研究,究其根源,最终还是来自对形式主义理论的盲目接受,把其等同于普适规律,试图借助计量来"科学地""证明"自己已经认为是给定的真理。这是没有真正求真动机的"研究",是不会有创新性发现的研究,也大多是可以利用、雇佣他人——如研究生——来不经批判思考做的经营式"学术"。

另一种常见的计量研究不带有(自觉的)理论意识,是简单来自对数字和对(误解了的)科学方法的盲目信仰。用于历史学科,那种计量常常缺乏基本的质性知识,使具备专业知识的人士对其所提的问题和所追求的答案要么觉得完全不靠谱,要么觉得再明显不过,但这种研究的组织者却往往能够凭借科学主义的包装而获取资助,由此组织一批学生来为其"项目""打工"。

以上两种研究如今常被学术管理者认作"科学"的研究,并直接影响到其所支配的项目资金的"发包"。(关于"项目制"的论析,见黄宗智、龚为纲、高原,2014)其根源在于对科学主义的迷信,错误地把人间社会等同于物质世界。

三、兼顾普适主义和特殊主义的社会科学

（一）形式主义理论为什么会成为"主流"？

在物理科学里，演绎和归纳是相互证实和推进的。这是因为其所研究的物质世界本身是带有可确定的规律性的。由归纳得出的规律，以及基于这些规律建构起的理论体系，时时刻刻都需要接受可重复的实验方法的检验。上述的牛顿力学便是如此，至今仍然适用于一般生活中的物质世界。其后的量子力学的建立同样是由归纳和演绎相互刺激而促进的所谓"范式革命"。

我们可以根据光量子理论——这是通向量子力学的关键一步——的形成来更具体地说明物理学中理论与实验、演绎与归纳之间相互刺激的关系。在 1905 年爱因斯坦提出此理论之前，物理学主流将光理解为一种连续分布于真空中的电磁波。由此，光所携带的能量，也被认为是在空间中连续分布的，并且可以无限细分为任意小的部分。这是与一般物质（例如水、金属、空气等）截然不同的理解：一般物质被认为由大量离散的原子构成，该物体所携带的总能量，则是构成它的各个原子的能量的总和，是不连续分布的，不能被无限细分。这种光的波动理论，可以很好地解释日常生活中的光学现象，例如光的衍射和散射。（Einstein，1998［1905］：177—178）

　　然而,19世纪后半叶的实验进展,尤其是黑体辐射①与光电效应②,却与上述光波动理论存在明显的矛盾。黑体辐射实验数据显示,辐射源向外散发的光束所携带的能量是不连续的。光电效应实验数据显示,光与金属板上的电子之间进行的能量传递,同样是不连续的。(Dear,2006:142—143)基于这些实验的启发,爱因斯坦提出将光同样视为一种由基本的单元——光量子构成的物理对象。③ 由这一新的光量子理论出发,立刻可以推理而知,光在辐射和传递过程中,其所携带的能量也是离散的而非连续分布的。由此,光量子理论及其数学计算可以很好地解释黑体辐射与光电效应的实验数据。此后该理论不断被新的实验证明其有效性,并成为后来一些重要的工业技术,例如激光、半导体和光纤通信等赖以实现的重要理论支柱。上述光量子研究是"真正"的现代科学方法的例证。它很好地展示了我们之前讨论的自然科学研究方法的一些基本特征:合理猜测加上演绎和归纳的相互刺激和支撑(及其相关数学计算)。同时,也可以被视作自然世界的一种支配性规律的例证。

　　由于科学主义的巨大威势,社会科学从来没有放弃过试图得出像物理科学那样的关键性普适规律。但是,人间世界,正因为其

---

① 黑体指的是一个完全吸收而不反射任何外来电磁波的物体。但同时,该物体仍会向外散发电磁波,称为黑体辐射。因此,测量该物体(黑体)向外辐射电磁波的实验数据,能够排除那些并非来自该物体的外来电磁波的影响,从而能够准确地反映这个物体向外界辐射电磁波的机制。

② 光电效应指的是光照射在金属表面上激发出电子的现象。

③ 实验现象的启发在爱因斯坦提出光量子理论的原始论文中体现得非常明显,尤其可参见该论文的开篇部分(Einstein,1998[1905]:177—178)。

与自然世界在本质上的不同,其实际是由众多对立的二元或多元所组成的,既带有逻辑性和可确定性,也带有悖论性、偶然性、特殊性。而演绎逻辑最基本的要求则是从设定的公理出发,通过严密推理来建立定理。它是一个带有严厉的自洽性要求的方法。就像欧几里得几何学那样,所有的定理都必须在逻辑上符合原定的定义与公设和公理。它不允许例外、不允许悖论、不允许模糊或偶然。因此,在人间社会中,仅凭演绎得出的普适公理,必定会和从实际得出的归纳带有一定的张力、背离、矛盾。两者是不能像自然科学那样相互证实的。这是为什么形式主义经济学在追求普适规律的驱动下,强烈倾向摆脱归纳而单一依赖演绎来设定片面化、理想化的前提"公理",而后试图模仿欧几里得几何学凭借推理来建构其普适规律。这也是为什么形式主义理论长期以来会受到持续不断的挑战,尤其是侧重特殊的理论,如实质主义和后现代主义的强有力挑战。

但如此的挑战却没有导致类似于物理科学界那样的范式革命。部分原因是,关乎人间社会实际的归纳不可能带有和物理世界同样的确定性——因为在人间社会中,不可能通过实验来复制指定条件而证实可确定的规律,它不可能对形式化理论带有同等的挑战力。因此,面对相悖的经验实际,形式化理论仍然有余地来坚持争论,其形式化理论本身是正确和真实的。如果当前的归纳不符合其理论推理,这要么因为其归纳是错误的,要么因为经验实际尚未达到其必然发展到的状态。形式化理论惯常借助"反事实的推理"(counter-factual reasoning)来卫护其理论:如果某一经济体能够更高度市场化,就必定会呈现理论所预测的现象;如果它具备

更完全的私有产权，便必定会更像理论设定那样更高度发展。（关于反事实推理的进一步讨论见黄宗智，1993[1991]）

　　但事实是，资本主义经济世界在历史上所经历的多次危机——最主要的当然是 1929 年至 1933 年的经济大萧条以及 2008 年的金融海啸，都完全没有被经济学家们预测到，实际上完全违反其主流理论所设定的图景。这其实是形式主义经济学试图追求自然科学那样的普适规律和可预测性的失败的明确实证。但是，虽然如此，在经历了一定程度的批评之后，形式主义经济学仍然能够对其理论略做修改和补充而卷土重来，再次以其形式逻辑化的理论来占据学科的主流。在法学领域，韦伯—兰德尔型的形式主义同样，在经过众多经验研究和其他理论传统——如历史法学、法社会学、实用主义法学、批判法学、实践理论以及后现代主义等一再强有力挑战其普适意图之后，凭借科学主义和演绎逻辑的强势再次成为其学科的主流。（详细的论析见黄宗智，2014c）

（二）从实践出发的法学和社会科学

　　本文强调，研究真实人间世界的社会科学，不应该从形式主义理论出发，因为其所设定的前提公理只可能是抽离人间真实世界的高度简单化、片面化和理想化的设定，而且，由于形式逻辑的驱动，必定会把整套理论逼向排除悖论和相反的实际，进而绝对化和普适化。正因为如此，我们需要摆脱由形式主义理论主导的认识方法而从实践出发，也就是说从紧贴真实世界的经验出发，而后由此概括/抽象，再凭借推理来发现特定经验现象间的逻辑关系，最终再返回到经验中去检验,如此不断往返,方才能够避免演绎逻辑的理想化驱动,方才能够兼顾特殊和有限度的较宽阔适用性。这是为什么本文在上述的例子中一再强调从经验/实践出发,避开形式化理论那样的普适主义驱动。(详细论析见黄宗智,2015a)

当然,我们也要避免陷入简单的特殊主义的泥沼之中。特殊经验的碎片化叙述虽然能够澄清个别史实的真伪,但不可能就此提高到抽象化的认知层面。认识不应该只停留在像搜集邮票那样的堆积,而是必须配合抽象化概括。事实和概括的适当结合才是真正有说服力的认识。

但仅此还不够。我们还需要试图尽可能把研究得出的发现朝向更宽广的含义推延,甚或对其因果关系做出合理猜测——是有限度的扩延和理论化,而不是绝对化和普适化。在此过程中,我们必须同时照顾到特殊性可能包含的可以被有限度扩延的适用性,以及有限扩延的适用性所包含的特殊性,如此方有可能从特殊的经验积累中挖掘出真正的洞见。

此中的一个关键问题是如何处理人间世界一系列的并存二元因素:如客观与主观、普适与特殊、理论与实践、抽象与经验、现代与传统、西方与中国等。我们的研究应该尽可能兼顾二元双方,起到双方间的媒介、连接作用。而演绎主义则因为其排除特殊性和偶然性而强烈地把我们的思维推向在二元之间作出非此即彼的选择。我们在上面看到,韦伯便是一个鲜明的例子。但真实世界是个二元(多元)并存和相互作用的世界。正因为如此,我们要做的是使用能够兼顾两者的认知和研究道路。(详细论析见黄宗智,2015a;尤见导论)

更有进者,我们绝对不该放弃理论领域,让它变成完全由形式主义主宰的天下。历史告诉我们,形式化理论,尤其是被政权采用为统治意识形态的理论,是具有极大威势的武器。正因为科学主义/形式主义理论高度简单化,当权者多倾向于采用其为意识形态,由此更壮大了其威势。我们需要做的是,从真实世界的视角来与之进行对话、质疑,并提出不同的、更贴近真实的有界限的理论。对习惯把自身设定为特殊主义研究的历史学学科和区域研究来说,此点特别关键。我们需要认识到,正是从经验出发的研究才是最有资格提出理论洞见的研究,绝对不可放弃自身在理论界应有的发言权。

(三)有限的理论 vs.普适的理论

笔者在上面列举了几个有效的兼顾(有限定条件和范围的较宽阔的)适用性和特殊性的理论的例子。人间世界和历史固然包含无穷无尽的特殊事实,但是,我们可以通过扎实、深入的研究来察觉特定经验现象之间的逻辑/因果关联,而凭借有限度的推理来精确地说明这些关系,进而把原先从经验证据得出的抽象概念进一步延伸、推广,由此形成具有一定洞察力的局部的/有界限的适用性的理论。而后,返回到经验世界中去检验其正确性,如此不断往返。如此的理论不是普适规律/理论,而是局部和有限的抽象及其延伸。其威力在于对相似历史现象/实际之下的适用性,而不是简单的普适性。

也可以说,我们要提倡的从实践出发的社会科学是一种结合

（倾向特殊化的）实践研究和（倾向普适化的）理论抽象，在特殊中探寻更宽广的（有限）适用性，在理论中探寻能够兼顾特殊的概括。对待质性和量化研究，我们同样提倡兼顾两者，结合使用。当然，这并不是说所有的研究都必定要这样做，研究者完全可以也应该追求各自最喜欢或做得最好的一种研究。虽然如此，面对真实世界的无穷多元和复杂性、偶然性，我们认为最好的办法是使用多种可资利用的资源和学科来逼近真实及其所包含的逻辑关系，而不是试图把其化约为形式化普适理论/规律。笔者认为，这样才是面对人间世界的实质性所应该使用的真正的"科学方法"。

这里，有的读者也许会联想到社会学家默顿（Robert K. Merton）的所谓"中层理论"，它在专业人士中影响非常之大，描述了其学术实践中比较普遍试图采用的方法。默顿争论，宏大的（关乎全社会系统的）理论实际上已经成为社会学学科发展的障碍，因为它们是不可论证的，只会导致无谓的争执，而他之所谓的"中层理论"则是可以论证的，也是可以积累的。（Merton, 1968：第 2 章）这里，他所强调的结合经验证据与理论概括的方法和我们提倡的研究进路具有一定的交搭性。

但是需要说明，不同的首先是，默顿没有明确提倡我们这里所说的从经验证据到概括再返回到经验证据的研究进路，他也没有探讨演绎逻辑在形式主义理论中所起的关键作用，没有提出我们需要把它们置于一旁。同时，他的设想最终仍然是一种科学主义/实证主义的设想，认为人们可以凭借积累和"巩固"（consolidate）众多中层理论而逐步形成全面完整的理论，由此来建树类似于自然科学那样的普适规律/理论。（Merton, 1968：尤见第 2 章）而我们则认为,如此的理念本身便是错误的。我们提倡的是另一种研究,即从人间真实世界的多元、悖论、模糊性出发,承认绝对化普适理论/规律之不可能,但同时,不是完全拒绝普适主义的演绎逻辑,而是排除其绝对化和普适化驱动,而把其当作手段来运用于发现真实世界中特定条件下的逻辑关系,借此来建立局部的但是具有洞见的有限适用理论。

我们的用意并不是要完全拒绝形式主义大理论。首先,因为它们原先(在其形式化和普适化之前)多含有一定的洞见。排除了其夸大的包装,便能看到其洞见。只要我们不把它们当作给定、全面的真理,完全可以从他们得到一定的启发。同时,如果适当配合对其提出挑战的非主流理论,会有助于我们形成自己的问题意识:譬如,从两者的交锋点来提出问题。最后,如果是像韦伯(和马克思)那样极其宽阔的理论,与之对话会有助于拓宽自己的视野。

这里提倡的方法的关键在于追求特定经验条件和界限下的理论。其实,今天的自然科学方法的重点一定程度上已经不再是追求几个关键的支配性普适规律。伴随大量有限规律的发现,更重要的工作是对各个规律的适用范围的精确限定。库恩之前所谓的"规范认识革命"其实更多是一种叠加性而不是颠覆性的发现。牛顿力学仍然适用于相当广泛的领域之内,例如人类日常生活不可或缺的建筑与工程设计;而在物体速度接近光速以及处理宇宙中极大宏观尺度的时空现象时,则需用相对论代替牛顿力学;在极为微小尺度的原子层面,则需应用量子力学。在现代科学的视野下,自然世界日益被视作拥有无限丰富的侧面。科学家最多能够构建有限的理论和规律来把握自然世界某些侧面的性质,而无法做到将自然世界的无限复杂化约、还原为几个普适规律。(Bohm, 1971 [1957]: 31)也许，正是限定条件下的有限规律的探寻，才应该是我们社会科学应该借鉴的自然科学方法。

以上的论述中已经举了一些具体例子，这里我们可以加上科斯(Ronald H. Coase)的交易成本理论来进一步说明此点。他精辟地指出，之前的(微观)经济学理论极少考虑到"公司"(firm)的运作逻辑，只考虑价格以及供给与需求。在一个像20世纪美国那样高度市场化、法规化和公司化的经济世界中，作为一个逐利体，公司的"交易成本"特别关键——诸如信息、交涉、合同、执行、验收以及解决纠纷等在交易中必定涉及的成本。如此的交易需要一定的法规制度环境，不然，交易会变得非常混乱而其成本会变得非常昂贵。科斯由此做出推论：譬如，公司的组织逻辑是要做到最低的交易成本——它会借助扩大公司自身的规模和功能来尽可能降低其交易成本，直到其边际成本变成大于凭借与其他公司签订合同来进行同样的行为的成本。这套理论(科斯自己说他21岁的时候便已经说明其基本轮廓)原本显然是一个具有特定条件和经验根据的概括，也用上了逻辑推理。(Coase, 1988, 1991)

与科斯相似，诺斯(Douglass C. North)的出发点是在保留新古典经济学的基本信念(市场机制会导致资源的最佳配置)之上，对其做出了以下的修改和补充：在市场交易的大环境下，经济发展的关键在创新，而稳定和有保障("高效")的产权是创新的主要激励动力，由此才会推动其他相应的制度变迁，减少交易成本，进而促进经济发展；之前的新古典经济学则没有考虑到私有产权法律制度在经济发展中的关键作用。(North, 1981：尤见第1、2章；North,

1990:尤见第13章)这也是带有一定经验条件和根据(市场经济、私有产权、法规制度)的见解。

但是,1997年,诺斯与科斯共同创建了"新制度经济学国际学社"(International Society for New Institutional Economics)。(North,1993;Addendum,2005)在两人的诺贝尔奖象征资本以及一定程度的科学主义的推动下,试图把(只有私有)产权(才会推动经济发展和创新)设定为其普适规律,由此来解释所有的发展与欠发展经济现象。正如诺斯自己说明,他出身于(美国的)经济史研究(一般比较侧重特殊),但在其学术生涯中,一直都在追求解释经济为什么发展和不发展(也就是说,普适的经济规律)。正是由于那样的深层冲动,促使他试图把自己原先的(有特定条件的、有限度的)洞见建构为一个超越时空的普适规律,配合新古典经济学关于市场经济的建构,由此来分析历史上所有的相关经济现象。他争论,历史上最高效的产权"制度"是稳固的私有产权,在竞争的环境下,它会取代低效制度(虽然如此的变迁也可能会被独裁、专制的制度妨碍),由此推动了大部分西方国家经济体的高度发展。(North,1993;North,1981:尤见第3章)在他实际的经济史研究中,虽然论述得非常复杂和多元,甚至不可捉摸,但其核心其实主要是凭借其设定的普适规律(虽然是自我表述为尚待证实的理论假设),来阐释西方的成功发展经验以及其他地方的欠发展经验。最终,其实和舒尔茨一样,其经验论述成为一种只是为了突出其所设定的普适规律的装饰。两人的研究最终其实同样是前提先行的理论演述。

其结果是一个由形式主义经济学和形式主义法学合而为一组

成的理论体系,同时凭借两者来建构其"新制度经济学"的"普适公理"。说到底,它也是一种类似于韦伯那样的自我正当化的"理想类型"、自我普适化的理论,等于是说明现代西方优越性的必然。之后,它又被"新自由主义"(新保守主义)采纳为其意识形态而进一步绝对化、庸俗化。在中国则更被其信仰者当作绝对真理("天则")来使用,据此一再提倡全盘私有化,拒绝任何混合产权制度,拒绝任何国家干预,要求完全引进被理想化了的西方资本主义政治经济制度,也就是说全盘西(美国)化。

我们认为,要认识到科斯和诺斯真正的洞见,我们需要把他们返还到其原先有限度的、贴近真实世界的概括,剔除其后的简单化、绝对化、普适化和最终的意识形态化。后者只可能衍生出没有独立思考的伪学术和伪科学。我们需要认识到社会科学与自然科学的不同,对普适化的社会科学理论要具备来自历史和理论知识的警惕。我们反对的是理论先行/决定的研究;我们要提倡的是从问题而不是给定答案出发的学术研究。由此,方有可能认识真实世界。

(四)公理设定还是价值抉择?

最后,需要说明,我们绝对不是想要提倡一种纯回顾性的学术,因为我们认为,学术应该带有改善我们的世界的关怀,应该带有一定的前瞻性。但是,我们要清楚区别公理设定和价值抉择这两个不同的前瞻方法。我们上面已经看到,形式主义理论的一个惯用手段是把其(实际上是)价值的抉择建构为价值中立的科学公理,例如,经济学理论中的"理性经济人"和法学理论中的个人权利。前者归根到底其实是西方源自启蒙时代的关乎理性的理念,不是什么"不证自明"的普适公理;后者则可以追溯到基督教关乎人的灵魂的永生性的信仰,同样不是一种属于绝对真实的范畴。而在中国文明核心的儒家思想之中,并没有设定这样的公理的冲动,其核心理念明确来自关乎人间社会的道德伦理,而不是模仿自然世界的普适公理,也不是来自关乎死后来生的宗教信仰。

笔者认为,两者之间的差别具有很重要的不同后果。把理念设定为普适公理,会促使人们把自己原先带有一定特殊性的价值抉择普适化为绝对真理。结果是,原先的价值抉择被赋予了科学和绝对真理的"公理"标签,甚至进而(像韦伯的理想类型那样)完全拒绝道德抉择,把道德归类为带有强烈"非理性"的"实质主义"。正因为如此,驱动了一系列的排他抉择,包括把西方文明普适化和绝对化,把非西方文明排斥为非理性的他者。

中国传统中的道德抉择则很不一样。它的出发点是关乎应然的道德抉择,不是科学主义/自然主义中的普适公理/规律;它不带有从公理演绎出普适真理的冲动。它比较明确地认识到实然与应然之间的不同。正是出于如此的思想体系,中国文明更能容纳不同的理念和道德抉择,不会像西方文明传统那样强烈倾向排他的普适化,把自己等同于唯一的真理。也就是说,它不带有同等的科学主义倾向。正因为如此,它不会导致形式化的科学主义理论。

两大文明之间这方面的不同最终是关于"真"与"善"之间关系的问题。我们已经看到,现代西方科学文明强烈倾向于把道德抉择排除在"真"之外,强烈认为"真"完全归属于科学,并在近现代世俗化的大趋势下，强烈把"善"划归宗教领域。在社会科学领域，更特别提倡和自然科学同样完全价值中立的学术。这也是本文所谓的"科学主义"的部分内涵。而高度道德化的中国文明则不然，一直把"真"和"善"并置于人间社会，认为缺一不可（虽然也附带有一定程度的把"善"等同于"真"的冲动），不像现代西方文明那样，把两者推向非此即彼的二元对立。

其实，西方现代文明的启蒙大师康德，早已对此问题做过比较深入的论析，提出"实践理性"（practical reason）的概念，把其作为纯粹理性（或理论理性，pure reason）和实践之间关乎道德价值的关键媒介。这就是他著名的"绝对命令""你要仅仅按照你同时也能够愿意它成为一条普遍法则的那个准则去行动"[①]——的用意，要求以此为标准来在众多带有一定特殊性的、指导行为的道德价值中作出"理性"的抉择。[②] 笔者认为，儒家的"黄金规则"——"己所不欲，勿施于人"其实与此带有一定的共通性，今天仍然在调解制度中被广泛援用，足可用来指导我们今天的道德价值抉择。（详细讨论见黄宗智，2015）

笔者自身的道德抉择可以说是谋求普通人民的福祉，虽然并不排除其他的价值抉择（如求真、求实、求乐趣）。在我们看来，坦率表明自身的价值观，而不是佯装不可能的价值中立，才是诚挚的学术，才是对我们研究的对象和我们的读者的尊重。如此的价值抉择会影响我们的志趣和问题意识，但并不影响我们学术的求真

[①] 这是邓晓芒的翻译，见邓晓芒《康德论道德与法的关系》，载《江苏社会科学》2009年第4期，第1—9页。

[②] 欧尼尔（O'Neill, 1996）关于康德这方面的思想和解读特别清晰和有见地。

和求实。在我们看来，完全价值中立的社会科学学术理念既是不可能做到的、也是错误的理念。其实，那样的设定本身便是一种试图模仿自然科学的科学主义选择。我们认为，学术研究不仅必然带有价值取向，而且应该带有如此的取向。我们追求的不仅是要认识到人间世界的实然，也是怎样去改善这个世界的应然。

我们认为，真正的自然科学方法是结合演绎与归纳缺一不可的方法，但社会科学和法学的形式主义理论，在科学主义的驱动下，一贯偏重演绎。归根到底，这是因为真实的人间世界的二元性和多元性、悖论性和矛盾性、规律性和偶然性，其经验证据几乎必然（起码部分）违反演绎逻辑所要求的一致性和自洽性。正因为如此，试图模仿自然科学的形式主义理论最终只能依靠（从设定"公理"来推论定理的）演绎方法来建构其所追求的普适规律。那样，只可能成为片面的、违反实际的理论建构。为此，我们提倡的是，从真实世界的经验证据的归纳出发，借用合理猜测与推理来挖掘特定经验条件之间的逻辑关系，由此来发现符合实际的洞见和建树有特定条件和界限的理论，而后再返回到经验世界中去检验。那样才是真正科学方法的恰当使用。同时，在选题方面，研究者完全可以坦诚地表明自己的道德价值抉择，而不是像形式化理论那样，试图把自己的研究包装为完全价值中立的科学。价值抉择并不影响求真、求实的研究，反倒是科学主义的价值中立标榜才会真正误导读者和研究者本人。真正的科学方法是，摆脱科学主义而适当结合归纳、合理猜测、演绎和道德抉择来认识真实的人间世界。

参考文献：

崔之元（2014）：《〈21世纪资本论〉：经济学的"统一场论"？》，载《新知》第5期，第56—63页。

黄宗智（2000[1993]）：《中国研究的规范认识危机——社会经济史中的悖论现象》（英文版于1991年出版），载黄宗智（2000）《长江三角洲小农家庭与乡村发展》，北京：中华书局。此文的前半部分以《中国经济史中的悖论现象与当前的规范认识危机》为标题发表，载《史学理论研究》1993年第1期，第42—60页。

黄宗智（2003[1995]）：《中国革命中的农村阶级斗争——从土改到"文革"时期的表达性现实与客观性现实》（英文版于1995年出版），载《中国乡村研究》第2辑，第66—95页，北京：商务印书馆。

黄宗智（2010）：《中国发展经验的理论与实用含义——非正规经济实践》，载《开放时代》第10期，第134—158页。

黄宗智（2012）：《国营公司与中国发展经验："国家资本主义"还是"社会主义市场经济"？》，载《开放时代》第9期，第8—33页。

黄宗智（2014a）：《明清以来的乡村社会经济变迁：历史、理论与现实》三卷本（增订版），北京：法律出版社。

黄宗智（2014b）：《清代以来民事法律的表达与实践》三卷本（增订版），北京：法律出版社。

黄宗智（2014c）：《〈历史社会法学：中国的实践法史与法理〉——导论》，载黄宗智、尤陈俊编《历史社会法学：中国的实践法史与法理》，北京：法律出版社。

黄宗智、龚为纲、高原（2014）：《"项目制"的运作机制和效果是"合理化"吗?》，载《开放时代》第5期，第148—159页。[我在文章里引用的是我的导论]

黄宗智（2015a）:《实践与理论:中国社会、经济与法律的历史与现实研究》,北京:法律出版社。

黄宗智（2015b）:《道德与法律:中国的过去和现在》,载《开放时代》第 1 期,第 75—94 页。

赖骏楠（2014）:《主权与"文明":19 世纪国际法的东亚故事》,载黄宗智、尤陈俊主编《历史社会法学:中国的实践法史与法理》,北京:法律出版社,第 323—359 页。

赖骏楠（2015）:《"家产官僚制"与中国法律:马克斯·韦伯的遗产及其局限》,载《开放时代》第 1 期,第 95—107 页。

天则经济研究所（2011）:《国有企业的性质、表现与改革》(第三次修订稿),天则新闻中心, http://www. unirule. org. cn/indeX. php? c = article&id＝269。2012 年查阅。原文之后被从天则的网站撤下。原文见香港中文大学中国研究服务中心网站, http://www. usc. cnhk. edu. hk/PaperCollection/Detail.aspx? id＝8067。

Bohm, D. (1971 [1957]). *Causality and Chance in Modern Physics*, Philadelphia: University of Pennsylvania Press.

Boserup, Ester. (1965). *The Conditions of Agricultural Growth: The Economics of Agrarian Change Under Population Pressure*, Chicago: Aldine.

Braginsky, V. B., and F. Y. Khalili. (1992). *Quantunm Measurement.* Cambridge: Cambridge University Press.

Burch, Robert. (2014). " Charles Sanders Peirce, " in *Stanford Encyclopedia of Philosophy*, http://plato.stanford.edu/entries/peirce/.

Chayanov, A. V. (1986 [1925]). *The Theory of Peasant Economy*, Madison: University of Wisconsin Press.

Coase, R. H. (1988 [1990]). *The Firm, the Market and the Law*,

Chicago: University of Chicago Press.

Coase, R. H. (1991). "(Nobel) Prize Lecture, " http://www. nobelprize.org.

Cohen, I. B.(2002)."Newton's Concepts of Force and Mass, with Notes on the Laws of Motion, " in Cohen and Smith (eds.), *The Cambridge Companion to Newton*, Cambridge, England: Cambridge University Press, pp. 57-84 .

Cohen, I. B. and G. E. Smith(eds.) .(2002). *The Cambridge Companion to Newton*, Cambridge, England: Cambridge University Press.

Dear, P.(2006). *The Intelligibility of Nature: How Science Makes Sense of the World*, Chicago: University of Chicago Press.

Douven, Igor.(2011) ."Abduction, "*Stanford Encyclopedia of Philosophy*, http://plato.stanford.edu/entries/abduction/.

Einstein.(1998[1905]) ."On a Heuristic Point of View Concerning the Production and Transformation of Light, " in Stachel (ed.), *Einstein's Miraculous Year*, Princeton: Princeton University Press, pp.177-197.

Grey, Thomas C.(2014). *Formalism and Pragmatism in American Law*. Leiden: E. J. Brill.

Hayek, F. A. (1980 [1948]). *Individualism and Economic order*, Chicago: University of Chicago Press.

Heath, T. L., ed.(1908). *The Thirteen Books of Euclid's Elements* (vol.1). Cambridge, England: Cambridge University Press.

Kuhn, Thomas S.(1970[1962]). *The Structure of Scientific Revolutions*, 2nd ed, Chicago: University of Chicago Press.

Langdell, C. C.(1880). *A Summary of the Law of Contracts*, Boston:

Little, Brown, and Company.

Lindberg, D. C.(1992). *The Beginnings of Western Science: the European Scientific Tradition in Philosophical, Religious, and Institutional Context, Prehistory to AD* 1450, Chicago: University of Chicago Press.

Merton, Robert K.(1968). *Social Theory and Social Structure*, Enlarged edition, New York: The Free Press.

North, Douglass C.(1981). *Structure and Change in Economic History*, New York: W. W. Norton.

North, Douglass C. (1990). *Institutions, Institutional Change and Economic Performance*, Cambridge, England: Cambridge University Press.

North, Douglass C. (1993). "Douglass C. North-Biographical," http://www.nobelprize.org/nobel_prizes/economic‑sciences/laureates/1993/north‑bio.html(accessed October 2014).

O'Neill, Onora. (1996). *Towards Justice and Virtue: A constructive account of practical reasoning.* Cambridge, England: Cambridge University Press.

Perkins, Dwight H.(1969). *Agricultural Development in China*, 1368 ‑ 1968, Chicago: Aldine.

Peirce, Charles Sanders. (1998). *The Essential Peirce: Selected Philosophical Writings, v. ii (1893‑1913).* Bloomington: Indiana University Press, 1998.

Piketty, Thomas C.(2014). *Capital in the Twenty-first Century, trans. by Arthur Goldhammer*, Cambridge: Harvard University Press.

Schultz, Theodore. (1964). *Transforming Traditional Agriculture*, New Haven, Conn.: Yale University Press.

Stachel, J., ed.(1998). *Einstein's Miraculous Year*, Princeton University Press.

Summers, Lawrence H. (2014). "The Inequality Puzzle: Piketty Book Review, "http: //larrysummerscom/2014/05/14/piketty −book −review −the − inequality−puzzle/.

Von Wright, G. H. (1971). *Explanation and Understanding*, London: Routledge & Kegan Paul.

Weber, Max. (1978 [1968]). *Economy and Society: An outline of Interpretive Sociology*, Guenther Roth and Claus Wittich (eds.), trans. by Ephraim Fischoff et al., 2 vols, Berkeley: University of California Press.

Wrigley, E. Anthony. (1988). *Continuity, Chanceand Change: The Character of the Industrial Revolution in England*, Cambridge, England: Cambridge University Press.

第五章　中国古今的民、刑事正义体系：全球视野下的中华法系①

　　"中华法系"作为人类历史上五大法系之一，②与西方法律的一个关键不同是把民事和刑事正义视作一个交搭的互动体，同属于一个各部分相互作用的"正义体系"。长期以来，中国的法律思想一贯认为，不涉及罪行的民间"细事"纠纷应该优先由社会自身来处理，国家机器要在社会自身不能解决的情况之下方才介入。这是儒家关乎"仁政"和（可以称作）"简约治理"（黄宗智，2008；2014.3：第3章）的一个重要组成部分，被表达为"礼"，或者是礼化

---

① 本文原载《法学家》2016年第1期，第1—27页。感谢白凯、高原、景风华、尤陈俊、张家炎和朱景文的细致阅读和建议。纳入本书时做了一些修改。
② 学界一般把西方大陆法系、西方（英美）普通法系、伊斯兰法系、印度法系和中华法系并列为世界五大法系。韦伯关于西方"形式理性"法律行程的历史以及其和世界其他主要法系的不同论述迄今为止仍影响最大。（Weber, 1978：chap.viii：641—900）

的法，而不简单是法。以往论者多关注到（汉代）成文法的"儒家化"，主要是其等级化（尊卑关系）(Ch'ü［瞿同祖］，1961) 和道德化（马小红，2014），但相对忽视了其非正式正义方面，即优先由社会自身的道德观念和习惯来处理民间细事纠纷。正因为如此，成文法才会保留其（秦代以来的）"以刑为主"的特色。如此关乎非正式（民间）正义的抉择，绝对不是有的论者所谓的"前法律"(pre-legal)、"前国家"(pre-state) 或"原始"的（正义）体系(primitive［justice］system)，而是由汉代高度发达的法律体系和国家政权有意识地作出的抉择，甚至可以视作一种"后［法家］法律"的选择。

虽然如此，其后，由于社会本身常常不能仅凭其非正式的纠纷解决机制而成功地处理所有的纠纷，因此也需要一定程度的国家权力的介入。起码从唐代以来，历代律典因此实际上逐步纳入了越来越多关乎民间细事的内容。但是，成文法律一直维持了原先的基本框架，即以处理罪行为主，并且因此在表达层面上，把关乎民间细事的条文大多加上了刑罚的包装，但绝对不是全部，而且，在司法实践中，处理民间细事其实多不用刑。与西方的现代大陆法系相比，中国古代成文民事法律固然显得比较单薄，但配合整个非正式纠纷解决体系来理解，无疑组成了一个作用极其庞大的民事正义体系。

本文采用的"正义体系"(justice system) 一词中的"体系"表达的含义要比"制度"宽阔：体系不仅包括"制度"，更包括其理论和实际运作（实践）。"正义体系"则比"法律体系"宽阔，"法律体系"(legal system) 一词很容易被限定于"正式"(formal) 的成文法（法典）(positive law 或 codified law) 及其运作，从而忽视"非正式"

(informal)的、具有重要维护正义、解决纠纷的不成文体系,特别是长期以来逐步形成的民间社区(尤其是村庄)、宗族组织等的调解体系。后者在中华法系中扮演特别重要的角色,不是一般现代西方主要基于正式化(形式理性化)法律的理论所能理解。当然,"正式"和"非正式"两大部分之间还具有庞大的中间和相互作用的"第三领域"。(黄宗智,2014a.1:第5章)因此,我们更需要掌握非正式和正式体系之间的交搭性和互动性。

对今天的研究者来说,有清一代关乎正义体系实际运作的材料要远多于之前的中国历代王朝,再加上20世纪的实地调查口述史资料,我们不仅能够掌握其法律的表达/话语层面,也能看到其整个正义体系的实际运作层面,由此而重新思考法学界过去一些关乎中华法系的盲点和误区。主要包括:(一)因为只考虑到律典而忽视了非正式正义体系,以为中国古代的正义体系只有刑事领域而没有民事领域;(二)以为即便有民事法律,它是由刑罚所主宰的,不可和(西方)现代的民法(私法)相提并论;(三)即便是抓住了上述中国正义体系的主导思想,由于缺乏对其实际运作的认识,看不到其非正式正义体系的实际作用,因此也看不到其与成文法律体系间的交搭和互动;(四)所以,也看不到来自两者互动的历代成文法的演变。

进入现代,中国采纳了西方法律的"民法"和"刑法"话语,因此似乎和传统法律完全断裂、隔绝。有的论者因此得出"现代化"等于"全盘西化"的观点。但实际上,即便是在当今的中国,其正义体系在实际运作中仍然延续了之前的基本设想——即尽可能由社会自身的非正式正义体系来处理民间的纠纷,并且依然把民事和刑事正义视作一个相互交搭的连续体,相互关联并相互作用。国家仍然继续采用民间调解,以及一系列介于民间调解和国家正式正义之间的半正式制度和方法。同时,在当代的表述和理论层面上,更明确地说明,要凭借非正式(和半正式)正义体系来减轻国家正式正义体系的负担。其逻辑是,民间的非正式调解机制能够使民间的矛盾最小化,从而避免许多矛盾激化为诉讼或刑事案件。这其实是对古代把社会调解机制视作优先于正式法律体系的现代化表述。它和古代的思维具有明显的连续性,仍然把民、刑正义看作一个交搭和互动的整体。

有的学者忽视了中国现今正义体系的这些非正式方面,或者认为其只是一个落后的制度,最终必须被消除,因此也看不到当今中国的正义体系和古代的正义体系之间的延续和关联。本文论证,认识到中国非正式正义体系的历史和演变,方才能够认识到"中华法系"的特色及其在世界各大法系中的位置,尤其是其与如今已经大规模引进的西方正式法律理论—条文—话语之间的异同。没有如此的理解便不可能真正认识、理解当今中国的正义体系整体,更不用说设计既具有中国特色也具有充分现代性的正义体系。

与中国不同,现代西方的大陆法系和普通法系长期以来都习惯于高度的形式化和程序化。因此,我们如果仅从现代西方法学理论框架来检视中国的正义体系,便很容易忽视中华法系高度依赖非正式正义的特点。在这方面,西方最近几年兴起的"世界正义工程"(WJP)及其所主持的衡量、排列全球 102 个国家的"法治指数"(Rule of Law Index),便是一个例证。一方面,WJP 明智地采用了较为宽阔的"正义"（justice）范畴，不限于成文法律，与笔者这里所用的"正义体系"概念基本相符，并且同样比较关注其实践，强调需要从使用者（普通公民）视角来衡量"法治"。这是它的优点。但是，WJP所采用的"法治指数"的计算则迄今只纳入了八个正式正义的一级"要素"（factor），完全没有把非正式正义纳入其指数。

　　虽然如此，WJP已经看到并承认非正式正义的重要性，并已经决定要纳入"非正式正义"（informal justice）范畴于其"法治指数"的计量，将其补加在原先设定的八大要素之上作为第九要素。（WJP，2015：13；亦见 Botero and Ponce，2010）以后如果真的纳入其指数，无疑将会是一个重要的进步，对正确理解、衡量中国的正义体系整体会具有深远的含义。但是，到目前（2015年的"法治指数"）为止，WJP仍然困扰于怎样把这个"非正式正义"要素纳入其量化的全球比较之中，怎样把其与不太重视非正式正义的西方国家之间建立量化的可比性。（WJP，2015：160）它仍然没有把已经初步建立起来的"非正式正义"的估量数据纳入其"法治指数"的计算和排列之中。在这个问题上，显然还需要一个探索过程。

　　目前，一个显然的障碍是中西方学者错误地倾向于把西方近几十年来兴起的ADR简单等同于中华法系的非正式正义。本文论证，清楚掌握两者间的不同，才能更符合实际地理解中国和其他具有深厚"东亚文明"传统的国家（特别是日本和韩国）的正义体系，才有可能作出与西方正义体系的更精确的比较。

一、中华法系中的民事部分与刑事部分

（一）非正式与正式正义

对法史的研究来说，清代与之前历代王朝的一个重要不同是，具有较丰富的关乎实际运作的资料，它们允许我们不仅能够看到其成文法律，更能看到其诉讼案件档案；同时，也能看到其非正式正义体系，不仅看到其"礼"或"和谐"的理念，更能通过 20 世纪社会调查的口述史资料看到其实际运作，由此得出更真实的关于正式和非正式正义体系的整体图像。

我们首先要认识到，古代正义体系中的律典之所以会"以刑为主"，是因为它能够凭借其庞大有效的非正式正义体系来解决大部分的民间细事纠纷。有充分的史料让我们看到，在清代与民国时期，几乎每个民间社区都具有一个调解体系，凭其来解决民间细事的纠纷。一般来说，是由纠纷双方都尊重的社区或宗族人士出面斡旋于两者之间，要么促使一方认错和赔礼道歉，要么促使双方互让和妥协，借此来"息事宁人"。同时，经过长时期的司法实践，历代法典本身也早已逐步纳入了一定比例的关乎民间细事的条文——这是成文法在实际运作中应对社会变迁而作出的补充，为的是更好地处理一些社会本身所不能解决的民事纠纷。

　　譬如,秦汉以来,中国便已经形成诸子均分家庭财产的社会惯习。① 根据清代的详细资料,我们可以看到,一般的家庭都会先把家庭的财产拆分为几个相等的部分,而后采用公平随机(如抓阄)的办法来确定哪个儿子继承哪一份,并由亲邻或(村庄)有名望的人士(如村长或"首事")见证,立定文书(注明土地的具体界限和房屋的具体划分)来证明各个兄弟所得部分。长久以来,这一直是个有效的做法。对此,明清成文法只简单表示认可,说明"其分析家财田产……,止以子数均分",并没有提到惩罚。(《大清律例》,例88-1)②

　　从上述分家的实例我们也可以看到,财产权利在习惯和法律中是不言而喻的。长期以来,在民间社会的土地继承、租佃和买卖关系中,其实一直都稳定运作。(没有稳定的产权,何言继承、买卖、租佃?)固然,《大清律例》没有用正面的表述来确认财产权利,只规定盗卖田宅——包括"盗卖,换易,及冒认,若虚写价钱实立文契典卖,及侵占他人田宅者"等都是要受到惩罚的,其轻重伴随涉及的土地面积而定。(律93)在实际运作中,国家正式正义体系是维护这样的不成文权利的,这是无可置疑的事实。我们要认识到正式法律体系是以非正式正义体系为给定的前置条件,才能看到两者

---

① 研究者多使用"习惯法"一词。笔者认为,我们需要区分被成文法接纳和维护的惯习(如诸子均分和典权)、没有被其纳入的惯习(如土地交易中的亲邻先买权),以及被其拒绝的惯习(如"田面权")。第一种可以称作"习惯法",第二、三种则应该简单称作"习惯"。其实,最简洁的方法是简单使用"成文法"和"习惯"两词。更详细的讨论见黄宗智,2014b:11—13;2014a.2。

② 本文对《大清律例》的引用根据黄静嘉对薛允升(1905)《读例存疑》的编校和其所补加的律、例号。

的结合其实组成了比较完整的关乎民间财产权利的正义体系。

又譬如，"多代同堂"一直是儒家关乎家庭组织的一个理念。虽然如此，在实际生活中，已婚的兄弟妯娌多难免会闹矛盾，在父母去世之前便需要分开。在《大清律例》中，我们可以看到，成文法一方面说明要维护大家庭的理念"凡祖父母、父母在，子孙别立户籍、分异财产者，杖一百"（律87），但是，后来考虑到社会的实际需要，因此在此律下的第一条例中，补加了"其父母许令分析者，听"的条文（例87-1；薛允升注：此条系《明令》）。我们可以从清代的诉讼案件和民国时期的口述史料看到，民间的已婚兄弟其实大多在父母在世的时候便即分家。以上的例子正好既说明了古代成文法所表述的理念，也说明其在面对社会实际惯习之后所作出的调整。这里所阐明的是，两者之间，也就是正式正义和非正式正义之间的互动和联结。

正是如此的民、刑事正义体系的联结赋予了儒家礼—法并用的正义体系以具体的、实际运作的内容。无论在概念层面上，还是在实际运作层面上，如此的民、刑两大正义体系的并存、互补和互动乃是中国正义体系（和儒家"简约治理"）的关键。忽视任何一方，便不可能理解其另一方。非正式民事正义体系是正式刑事正义体系的先决社会条件，缺此，中华法系便不会维持"以刑为主"的成文法体系。看不到此点，我们便不可能理解"以刑为主"成文法律体系的真正意义，也不可能认识到中华法系的特点。

有的论者①之所以认为中国古代没有民法正源自没有认识到

---

① 俞江对此论点，从梁启超到王柏琦再到滋贺秀三，以及学界对其长期的纠缠，做过有用的叙述。（俞江，2001：35—38）

古代的非正式正义体系与正式正义体系之间的互补和关联。其实中华法系一直处理了大量的民事纠纷，大部分由社会的非正式调解机制来解决，其所不能解决的小部分则由被纳入了以刑为主的成文法中的民事条例来处理。两者实际上共同组成了一个庞大的民事正义体系。

也有论者认为中国古代正义体系中，完全谈不上任何"权利"。其实，古代即便没有"权利"的话语或表达，在许多方面其实具有其实际。以上我们已经看到，中国古代其实长期以来一直具有稳定的土地房屋财产权，在租佃、买卖和继承中显而易见，既受到民间惯习的保护也受到正式法律体系的保护。在继承方面，古代社会其实严格遵循诸子均分的习俗和法律条文，乃至于几乎完全排除了一个父亲剥夺任何一个儿子的继承"权利"的可能。成文法还补充说明，如此的规则"不问妻妾婢生，止以子数均分"。（例88-1）我们可以从清代的案例中看到不少关于儿子相对义子，和"妾婢生"的儿子相对妻生的儿子，通过诉讼来维护其应得财产的"权利"。事实是，中国古代法律虽然没有"权利"之名，但在其正义体系运作之中，其实具有相当于维护不少权利的实际。

坚持把古今中外截然划分，拒绝考虑其相似和交搭之处，使人们既误解了中国的过去，也误解了中国的现在。在反对现代主义的意图之下，实际上反而强化了现代主义，硬把现代中国逼进古今二元隔绝和中西二元对立的框架之中。考虑到古代的民事正义体系全部，包括非正式和正式体系，以及实践和话语两个方面，我们才能看到中国当代的法律体系和古代法律体系实质上的延续性。忽视古代的现代性以及现代的古代性，便不可能真正理解任何一方。打通对中国古今认识的关键在于,既不陷于简单的现代主义,也不陷于简单的"文物主义"。

笔者之所以用"文物主义"(antiquarianism)来形容把中西古今对立的观点,是因为它说到底乃是一种博物馆意识,要求"还原"其珍品,原封原状地展览。那样的观点其实既把其与当时的社会环境和实际运作隔绝也把其与当今的现实隔绝。如今中国的法史研究之所以处于脱离现实的困境正来自如此的文物主义。正是在那样的错误认识下,法史学界基本放弃了关于当前立法问题的发言权,也放弃了"中华法系"在今天的全球法学界中的发言权。如今主流观点甚至简单认为中华法系"已经解体",①一举切断了古今的历史连接。

(二)表达与实践

"法律儒家化"也意味着国家法律表达和话语的高度道德化,即便司法实践多与那样的表达和话语有所背离。更具体地说,《大清律例》中的"律"表述的多是道德理念,而"例"则多是指导具体法律实践的条文。我们也可以把"例"理解为斡旋于道德化表达/话语和社会实际之间的成文条文。

上文已经说明,清代(相对)丰富的档案材料,配合 20 世纪实地调查得来的农村口述史资料,使我们能够看到非正式正义体系

---

① 例见李贵连,1994;张晋藩,1996:58—59。亦见百度百科关于"中华法系"(2015)的论述。

的运作以及其与"以刑为主"的正式正义体系之间的交搭和互动。关乎民间细事的纠纷——譬如,民间的分家和继承纠纷、农村邻里间关乎地界的细小纠纷、婚姻纠纷、买卖土地[包括典卖]纠纷、债务纠纷等,大多可以通过民间调解来处理。但是,也有一定部分的纠纷没有能够仅凭民间调解机制来完全解决,双方坚持其立场而拒绝在调解人斡旋之下认错和道歉或互让和妥协,因此使矛盾激化而"闹上公堂",要求政府正式机构来强制性干预。国家的正式制度因此也就迫不得已必须介入。长期下来,国家成文法逐渐根据实践经验而设定了一系列的民间细事法则。

　　譬如,明清法律均允许被迫不得已而典卖土地的人在期限满后"备价取赎",这是得到法律认可的民间习惯,既是一种保护穷人的惯习,也是(儒家)道德化的国家成文法律。法律就此在其律条中规定"若典主托故不肯放赎者,笞四十"(律95)。但是,有清一代,伴随其社会经济变迁,有的地方地价不断上涨,因此导致有的出典土地者敲竹杠、凭借威胁要回赎土地而向典主讨要"找贴"(即原典价和市场现价的差价或其一部分),不然便回赎。有的更伴随地价的进一步上升而一再讨要如此的"找贴"。面对那样的社会现象,雍正八年(1730)立例规定只允许"凭中公估找贴一次"(例95-3),而乾隆十八年(1753)更规定,没有注明"绝卖"的典契,超过三十年,"概不准找赎"(例95-7)。两条新例都是司法官员经过实践经验而提出的建议,之后被正式纳入成文法。它们是成文法律适应社会变迁和实践需要而添加例条的实例。之后,社会习惯便因新定的成文法而改变。① 两条新例说明的是，在法律道德表达/话语和社会实际间出现张力和矛盾的时候，司法实践会先在其间斡旋，而后促成成文法的修改/补充，最后更促使社会惯习本身也改变。（详细论证见黄宗智，2014a.2：第 5 章）

再譬如，无子夫妇为了自己老年的赡养，根据习俗和成文法会选择一个嗣子来赡养自己并承继宗祧。明清法律条文原先规定，嗣子应是被继承人的一个侄子，"先尽同父周亲，次及大功小功缌麻"（例 78-1），是为所谓的"应继"人选。但在社会实际中，有的侄子不一定和被赡养人（孀妇）相处得好，因此，为了适应现实需要，乾隆四十年（1775）定下新例，规定"无子立嗣，若应继之人平日先有嫌隙，则于昭穆相当亲族内，择贤择爱听从其便"，即所谓"爱继"（例 78-5）。这也是法律通过长期的实践之后，相应社会现实而创立新条文的实例。用如今的话语来表述，这是新的民事立法，也赋予了孀妇一定的选择嗣子的"权利"。之后，无子的孀妇逐渐享有越来越独立的选择嗣子的权利，直到民国时期的大理院在其司法实践中完全以此当作法定权利。（白凯，2007：第 2、3 章）

正是如此的成文法变迁，逐步丰富了《大清律例》的"民事"内容。清代晚期，在《大清律例》的"户律"下，关乎民事的关键四章（"户役""田宅""婚姻""钱债"）中，共有 46 条律和 130 条例（薛允升，1905；黄宗智，2014a.2：18），等于是一部具有相当规模的"民

---

① 苏州沈氏家族 1659 至 1823 年的土地交易记录簿提供了一个清楚的例证：截至 1729 年，在 55 份账目中，有 28 份有两次以上的找贴；在 1744 到 1823 年间的 488 份中，则只有 5 份带有找贴。（洪焕椿，1988：90—145；亦见黄宗智，2014b：73—74）

法"。正因为如此,才有可能在进入民国最初的二十年中,在(从西方移植的)新民法典尚未拟定之前,仍然沿用《大清现行刑律》中(废弃了刑罚包装)的"民事有效部分"为国家的既定民法。由此,我们可以看到大清律例和中华民国民法之间的延续性(特别显著的是新法典对"典权"的援用,成为其范本1900年的《德国民法典》所完全没有的独立一章)。如果清代没有相当丰富的成文民法的积累,民国不可能会沿用其"民事有效部分"二十年。

同时,实践法史的视角更使我们看到,法律的"儒家化"不仅是(瞿同祖所特别突出的)等级化,即一种狭义的"礼",强调的是不同等级间的尊卑关系(Ch'ü,1961),或(马小红所论证的)道德化,即广义的"礼"(马小红,2014),也不仅是本文上面强调的非正式民事正义体系的逐步确立,而且还是后来的平民化。伴随雍正帝开启的开豁贱籍(例如"乐人"和"雇工人")之后,平民和贱民之间的区分显著弱化,不同等级逐渐趋同(虽然父母子女和夫妇之间的尊卑关系仍旧)(经君健,1981;黄宗智,2014a.1:62—63)。到19世纪,瞿同祖所特别强调的等级关系在中国的法律体系(即成文法和其实际运作)之中已经不再占据中心地位,法律已经相当高度"平民化"(或"小农化"——白凯,2014)。至此,法律已经从原来主要参照上层社会的生活而立法,转为主要依据一般老百姓的生活而立法。这是个仅从法律文本或思想和制度来考虑所看不到的历史演变。我们需要同时考虑到表达/话语和实践才能够看到这些相当根本性的变化。由此,才能够认识到"中华法系"从汉代中期到帝国晚期之间的变化。

同时，区别实践和法律条文，我们才能够看到民、刑事正义体系之间的相互作用。其实，中国历代（成文）法律变迁的主要动力不在其基本理论框架（如联结非正式与正式正义），因为它在汉代中期伴随"法律儒家化"的确立之后便基本定型。之后的演变的动力其实更多来自长期积累的实践经验，按照实践需要而制定成文法。有清一代，主要体现为律文的基本不变和例条的应时增补。

在这里，我们还需要看到尚未被正式立定、正在形成中的法律。譬如，18 世纪到 19 世纪上半期，伴随人口增长而导致日益紧张的人地关系和社会危机，贫苦人家买卖妻子也日益频繁。对此，刑部逐步形成了斡旋于法律条文与社会实际之间的立场，在 1818年说明，将不再把丈夫因贫穷所迫而出售妻子视作违反"买休卖休律"（即"纵容妻妾犯奸"律 367）的"犯奸"行为而惩罚。其后，在1828 年的一起案件中，刑部作出了更明白的解释：在"赤贫待毙"的穷人中，如果妻子为了生存也自愿被卖予别人为妻，法律不该视作犯奸行为而惩罚她或出卖她的本夫。（《刑案汇览》，3∶1395；亦见黄宗智，[2003，2007] 2014a.2∶148—149，158—159）这是刑部在司法实践层面上适应社会变迁的实例。

根据苏成捷（Matthew Sommer）搜集的 272 起案例（主要来自四川巴县，也包括四川南部县和直隶宝坻县）中 175 起由县官明确断案的关乎卖妻行为的案例，卖妻诉讼多源自要么是本夫在卖掉妻子之后，进一步勒索后夫，因此导致纠纷，要么是妻子或娘家反对该项买卖，因此诉诸衙门。苏的材料显示，法庭对那些案件的判断关键在于被卖妻子/娘家是否确实反对被卖：如果没有反对，一般县官会容许该项"买卖"成立,但如果妻子或其娘家反对,则不会容许,会判定让被卖妻子回归娘家,也会惩罚本夫(掌责轻罚)。当然,也会惩罚"成交"之后无理勒索的本夫。同时,苏成捷发现,仍然有几件(来自刑科题本命案的)案例还是依据原来的"买休卖休律"(而不是刑部所采纳的新立场)来断案的。(苏成捷,2009:362—364,366—367,384)这些例证其实正好说明成文法及其实践在变动之中所呈现的矛盾状态。从中我们可以看到清代的正义体系相应日益严峻的社会危机,在司法实践中对成文法进行的修改,以及(可能的)新条例形成的过程。

从这里我们可以看到,坚持要用所谓的历史原有的话语来讨论司法实际,与坚持只能用现代的话语来描述或贬低中国古代法律,同样是狭隘的观点。事实是,古代和现代的中国正义体系的实际运作不仅与西方现代的话语既相悖也相符,也与中国自身的古今话语既相悖也相符。要理解中国古代的正义体系,我们需要同时考虑成文法和司法实践,把两者看作一个统一整体之中的组成部分。关键在于认识到其实际运作,并予以最可能精确的表述,而不在简单选择古代或现代的话语。坚持只能够用古代话语来讨论古代司法实践,其实是一种极端的、狭隘的话语主义——我们是否认为话语和实践必定是一致的? 或者话语才是最终真实? 我们该如何来表述其与实践的背离? 我们需要做的是,看到正义体系整体是由表达和实践两者合并组成的——亦即我所谓的"说的是一回事,做的是一回事,但合起来又是另一回事"。如此,方有可能掌握正义体系整体的实际内容和性质。

（三）道德与实用

连带相关的是，道德理念和法律的实用性运作之间的微妙关系。其间，既有张力和矛盾，也有演变和相互适应。我们上面已经看到，中国古代法律的一个基本概念是，由社会自身根据其道德价值观来处理民间的"细事"纠纷，不得已方才依赖国家正式体系来处理。这是个基于道德理念的想法，包括"和""仁""让""忍"等可以被视作"礼"所包含的价值观。同时，古代法律也有非常实用性的一面，例如承认不是所有细事纠纷都可以在民间解决，必要的时候国家要凭借成文法律和正式正义体系介入（但尽可能由其基层的机构来处理——即"州县自理"）。而且，国家法律可以按实际需要而补加、修改成文法律来应对社会实际。这也是我所谓的"实用道德主义"既包含崇高的道德理念也包含实用性的适应社会实际维度的古代正义思维。（黄宗智，[2001, 2007]2014a.1:165—171）。一个好的例子是上述关于分家的立法——律文规定的是不分家的儒家理念，例文确立的是如果父母亲允许则可以分家的实用规则。

其实，非正式正义和正式正义的有机结合是"实用道德主义"的最佳例子。前者依赖的主要是道德价值而不是成文法律，在实际运作中，迄今仍然主要以儒家的"黄金规则""己所不欲，勿施于人"（"别人如果对你这样做，你会怎样感受？"）为主导原理（黄宗智，2015），而后者依赖的则主要是成文（比较形式化）的法律。从这个角度来考虑,前者主要源自儒家道德理念("仁""和""礼"),后者则主要源自法家思想("法""刑"),当然,也包含后来在"儒家化"下所纳入的道德理念。因此,"实用道德主义"表述的也就是中国法史学界长期以来一贯强调由儒、法结合而组成的古代法律思想("阳儒阴法"),也是汉代上半期"法律儒家化"概念所表达的核心。当然,也是作者这里所要表达的"非正式"和"正式"正义结合的体系的概念基础。

这就和韦伯论析中的长时段西方法律中的"形式理性"化十分不同。韦伯认为,现代西方法律形成过程是(伴随现代社会日益世俗化的大潮流)逐步把道德价值排除于法律体系之外。这是因为,在他的分析中,道德是特殊性的,与普适的形式化逻辑截然不同,而法律原则和制度必须做到由普适的形式理性一以贯之的地步,由此才会具有高度的常规性和可预测性,而特殊化的道德介入法律,则只可能导致法律之外的因素的介入,特别是统治者权力的介入,最终只可能导致违反法律逻辑的、不可预测的、特殊和偶然的——也就是"非理性"的结果。(Weber,1978:654—658,809—901)对韦伯来说,即便是英美的普通法系,也带有一定的非形式理性化因素,特别是其所依赖的由非法律专业人士(不懂法理和逻辑的人)来组成陪审团的制度。(Weber,1978:889—891)因此,用韦伯所建构的"理想类型"来理解中国礼法合一、高度道德化的正义体系,最终只可能把其认作"实质非理性"的体系。(Weber,1978:845)韦伯虽然提出了"实质理性"的理想类型(Weber,1978:656—

658,868—870），但他其实并没有真正把其当作一个重要的类型。在其对西方现代形式理性法律的形成历史过程的论述中，他基本把非西方的各大法系都视作"实质非理性"的，与现代西方的"形式理性"法律构成一个截然对立体。（黄宗智，2014a.1：总序，第9章；赖骏楠，2014）

据此，从上述关于韦伯的总结中我们也可以看到，现代西方法律所带有的强烈的正式化和形式主义化倾向。韦伯根本就没有考虑非正式的民间正义。即便是在其对（基督教）教会法的分析中，所突出的也只是其"形式理性化"的趋向，并没有认真考虑"神父"在其教区中所起的作用，包括调解。（Weber, 1978：828—830）由此可以见得，韦伯所建构的理想类型和其关乎历史的叙述，一如"后现代主义"者所批评的那样，是带有一定的"西方中心主义"倾向的。对他来说，中华法系（和伊斯兰、印度的法律体系）说到底只是个"他者"，其所起的作用主要是作为关乎西方法律叙述的陪衬。

在美国的"古典正统"法学理论传统中，韦伯的形式理性主义观点得到最清晰和集中的表达，其代表者是1870到1895年任哈佛法学院院长的兰德尔（Christopher Columbus Langdell）。他特别强调，法学和法律应该像欧几里得几何学那样，从几个普适"公理"（axioms）出发，凭借演绎逻辑而得出一系列的普适"定理"（theorems）。（黄宗智、高原，2015：162—163；亦见屈茂辉、匡凯，2014）他本人，在其所发表的极其有限的著作中，试图直接使用上述方法于合同法。（Langdell, 1880：1—20）更重要的是，在他开设的课程中,一贯强调如此的方法,由此对美国的法学界整体起到了塑造性的影响。虽然如此,兰德尔的理论自始便受到其法学院的同事霍姆斯(Oliver Wendell Holmes)的质疑和挑战,并且开启了美国第二主流的法律思想,即法律实用主义(legal pragmatism)。(Grey, 2014:第3、4章)

现代西方法律的前提性个人权利总则,其实明显与基督教关乎个人灵魂的永恒性有一定的关联,但在韦伯心目中,它是一种不言自明的公理(而不是特殊的道德价值),其余都可以凭演绎逻辑推论出来。如上所述,在他的论述中,道德是非理性的,是要从"形式理性"法律中排除的。但中国的正义体系则既包含"和"与"仁"的儒家道德理念,也包含法家的比较形式化的法律,与韦伯偏向单一面的"形式理性"十分不同。两者的联结可以说比单一依赖"礼"或"法"、道德或逻辑、非正式或正式正义,具有更灵活适应社会变迁的弹性,更能兼顾实用。"中华法系"之所以能够长期成为包括日本和朝鲜在内的"东亚文明"(East Asian Civilization———一个美国高等院校课程如今普遍采用的历史范畴)①的正义体系典范,可以说一定程度上是源自如此的结合的特征。

更有进者,这里提倡的不仅是要看到非正式和正式、实践与法典、道德与实用性的双维,更是要看到其交搭和相互作用。实际

---

① 其中,影响最大的无疑是费正清及其合作者的两本教科书,《东亚:伟大的传统》(Reischauer and Fairbank, 1958 and 1960)以及《东亚:现代的转型》(Fairbank, Reischauer and Craig,1965),深深影响了几代的美国学生。

上,非正式和正式之间存在由两者的交搭和互动所组成的庞大的第三领域：非正式调解一直以来都会考虑到正式法律,在一定程度上,后者是前者运作的一个原则性的框架,并且在其历代历史演变中,纳入了越来越多相应实际需要的民事条款,两者之间显示了相当程度的交搭。而且,两者还处于半制度化的拉锯、交涉框架之中。清代和民国的史料说明,民间纠纷一旦升级到正式诉讼,社区或亲族便会加劲调解或重新调解,而在调解过程中,会考虑到诉讼的进程,其中县令对呈禀的陆续批示尤其关键,会直接影响到当事人和调解人的意见。在那样的情况下,纠纷中有的当事人一方会认错,或双方相互退让,并由原告向县衙具呈要求撤诉销案,说明双方已经和解并"见面赔礼"。这就是我所谓的正义体系中的"第三领域"。(黄宗智,2014a.1:第 5 章)中国正义体系整体的这些方面是只考虑单一正式化制度或单一话语层面所看不到的实际运作。

二、中国今天的非正式正义体系

(一)当代中国非正式民事正义体系的概貌

如表 1 所示,如今中国的基层非正式正义体系(调解)首先是由农村的村民调解委员会和城镇的居民调解委员会组成的,统称"人民调解"。改革后期的 2005—2009 年间,在年均 1030 万起经过调解解决的各种各样的民间纠纷中,共有 530 万起(52%)是由

表 1　改革初期和后期各种主要类型调解的总数(万)

	人民调解	行政调解			司法调解	
1978—1983	村、居民调解委员会	基层司法服务	消费者协会(工商管理部门)	公安部门	民事法院(一审结案)	总数
每年平均处理纠纷/案件数 *	800	—	—	—	53	853
调解结案数	710				37	747
调解结案%	89%				70%	88%
2005—2009	村、居民调解委员会	基层司法服务	消费者协会(工商管理部门)	公安部门	民事法院(一审结案)	总数
每年平均处理纠纷/案件数	1030	70 * *	75	840	492	2507
调解结案数	530	63	67	247	168	1075
调解结案%	52%	90%	89%	29%	34%	43%

数据来源:朱景文编,2011:表 4-2,第 303—304 页;表 4-4,第 334—335 页;表 4-13,第 372—373 页;表 4-15,第 374 页;表 4-16,第 376 页。

* 1981—1985 年数据

* * 没有 2006 年数据

这样的基层民间调解委员会解决的。这些委员会和传统社会的社区"德高望重"人士（或"首事"）固然有一定的不同，是纳入了社区干部的"委员会"，但仍然不失为当今最接近古代原来意义的民间调解，基本没有强制威权的干预，主要是由村/居民自愿通过第三方斡旋来解决纠纷。① （详细论析见黄宗智，2014a.3：第2章）

与改革前期相比，这种由人民调解处理的纠纷数量并没有太显著的扩增，但调解的成效则似乎明显下降：之前上报的成功解决纠纷的调解达到所有这些纠纷之中极高的89%，如今则是52%。这个差别首先是因为之前在毛泽东时代整个正义体系偏重调解并夸大了其成效。同时，之前的社区调解多由社区最主要的干部（如村支书和村委会主任）来执行，带有一定程度的威权，如今则更多由一般干部和社区民众中信誉较高的人士来组成，基本是自愿性的。同时，如今大量的村庄，伴随大规模的人口流动（2.7亿的农民工），已经从原来（传统和集体时代）比较紧密和封闭性的"熟人社会"变成比较松弛的"半熟人社会"，其人事关系多村外化和多样化，难怪社区本身的调解成效没有之前那么高。虽然如此，人民调解如今仍然起到很大的作用，如表1所示，在基层社会的每两起纠纷之中，仍然有一起是由社区调解解决的。这个事实本身便说明非正式正义体系如今的重要作用。（同上）

在基本是自愿性的基层社会调解之外，还有众多的半正式调解——即有政权机构参与的各种各样调解。首先是"行政调解"中

---

① 同时，伴随国家治理一定程度上的松弛化，历史上的完全非正式民间调解——即由诸如社区、亲族、学校、朋友、同事中受人尊重的人士来调解的机制也重新恢复。虽然如此，因其实际数量缺乏系统记录和统计，不好估计。

基层政府的法律服务机构（包括司法所、法律服务所等）所做的调解。那样的调解仍然比较强调村民和居民的自愿性，但也有一定的行政权力的参与，因为这些机构是政府部门下属的机构，其调解人员多是政府部门的司法干部，或具有半干部身份的人员。这种基层政府"法律服务"的调解也是个数量不小的非正式正义体系，每年平均处理约 70 万起纠纷。而正是因为行政权力的参与（下一节再详细分析），调解成效较高，达到所有受理纠纷中的 90%。

再则是相应市场化和消费社会到来的需要，近年来在工商管理部门下组织起来的新型"消费者协会"，如今在调解关乎消费方面的纠纷已经起到较大作用，2005—2009 年平均处理 75 万起纠纷，其中成功通过调解处理的案件也达到较高的比例（89%），和基层政府的"法律服务"成效差不多。① 这是由传统的基本完全自愿的调解机制和现代革命所建立的政党—国家政府体制间的互动结合的产物。在实际运作之中，它虽然带有一定的强制性，但也尽可能斡旋于经营者和消费者之间，促成双方都能接受的协议。（朱景文编，2011：408—417）

然后是行政权力介入程度更高的公安部门下的所谓"治安调解"，其主要是一些关乎轻罪（殴打他人［轻伤］、偷窃、赌博等）的案件和涉及犯罪人和受害人两方的纠纷，由公安部门直接处理。

---

① 工商部门一度处理了大量的合同纠纷，在 1990 年最多时达到 45 万起，但之后式微，到 2009 年只处理了 1.2 万起，合同纠纷已经转为主要由法院处理。（朱景文编，2011：377—378）

在公安部门受理的案件总数的年均 840 万起案件之中,有 29% 是由调解来处理的。这是个数量相当大的范畴,(2006—2009 年)年平均调解处理 247 万起这种案件/纠纷。① 毋庸说,像这样的案件/纠纷的调解,会比消费者协会更高度依赖政府威权和强制性。虽然如此,它并不简单是由权力机构来断定过错或妥协方案,而是由其试图让纠纷双方"自愿"达成协议,应当被视作带有一定调解成分的纠纷解决方法。②

最后是法院调解(也称"司法调解")。这样的调解无疑也带有一定的强制性,因为其主要是在法律框架下来考虑问题的,而且一定程度上依赖法院的威权——当事人都知道,法院如果调解不成,将会径直判决,这就和西方如今的调解(mediation)把调解和法庭审判截然分开十分不同(下面再详细讨论)。虽然如此,众多案例显示,法院仍然尽可能试图达到双方都能够接受的协议,尤其是在继承或离婚中的财产分割、兄弟姊妹间赡养责任如何分担、侵权案件中的赔偿额度、债务案件中偿还的具体安排、合同纠纷中的责任与金额分配等类型的案件中,在审判员斡旋下而达成可执行的解决方案(黄宗智,2014a.3:184—192)。这也是个数量较大的范畴,在年平均总数将近五百万(492 万)起民事案件中,每三起有一起

① 此外还有相当大量的(道路)交通事故调解,缺乏统计数据,其中有不少是口头或现场的调解。(朱景文编,2011:347)
② 行政调解并不限于公安机构,国家各部门都具有一定的调解机构,但所处理的案件数量都远低于工商和公安部门。(朱景文编,2011:379—389)值得特别一提的是,国家人力资源和社会保障部门属下的仲裁机构所做的劳动纠纷仲裁,数量不小,需要分别讨论,见下一节。

(168 万) 是经过上述调解而结案的。

与改革前期相比,改革后期的民事法院调解的不同首先是案件数量的大规模上升,如表 1 所示,达到几乎十倍于之前的数量,从约 50 万起到几乎 500 万起。这主要是市场化所起的作用:如今"合同纠纷"占到所有民事(一审结案)案件中的不止一半,剩下的主要是"权属"(涉及各种权利和侵权)的纠纷和"家事案件"(如离婚和继承),分别各半。此外,改革初期以来的另一主要变化是调解成功比例显著下降,从所有(一审结案)民事案件中的 70% 下降到 34%,也就是说,从每三起案件中的两起下降到一起。其中部分原因无疑是由于之前在毛泽东时代偏重并夸大了调解。另一原因是,20 世纪 80 年代以后,由于民事案件数量大规模上升,法庭面对的压力越来越大,因不堪重负而倾向比较省事的判决而避免很花时间的调解。但从世纪之交以来,司法政策和法院重新强调调解,促使其有一定程度的回升。其成效最近几年大致平稳于表 1 所列的比例,即每三起民事案件之中,成功调解处理其中一起。

应该说明,以上不是一个全面的叙述。譬如,近年来有不少新型的"专业调解"尝试。一个重要的领域是"物业调解",影响到许多城镇社区业主,多是因开发商遗留的问题和物业公司服务的问题所引起的纠纷。另一大类是"医疗调解",主要是医患之间的纠纷:在中国医疗制度激烈变化(市场化)的大环境下,医患纠纷数量大规模上升(据卫生部统计,每年超过百万起),也是个相当大规模的问题,但目前还缺乏系统数据。这些方面已经兴起不同性质的调解尝试,包括人民调解模式、行政调解(房地产主管部门和卫生部门)以及法院设置的"诉前调解"等。(朱景文编,2011:419—432,433—445)这些无疑是重要的动向。

上述的统计估量虽然不能反映中国调解的全貌,但应该可以说明其大致情况。简言之,如今在(被统计的)每年平均总共约2500万(2507万)起的纠纷之中,有约1100万(1075万)起,也就是说所有民事和(公安部门所处理的)轻微刑事纠纷中的约43%,是通过(一定程度的)调解来解决的。这就是如今中国的非正式正义体系的核心内容。①

有的论者可能会认为,我们不该把行政部门和法院所调解的案件一并归纳在"非正式正义体系"(调解)范畴之下。这里要说明,在所有被统计为"调解"解决的案件中,比较纯粹自愿性的人民调解结案数占到足足一半(1030万中的530万)。剩余的是涉及不同程度强制性的半正式调解——从较轻微强制性的基层法律服务调解和消费者协会调解(共130万),到较大强制性的公安部门和法院调解(共415万)。我们即使把带有强制性的调解排除于"非正式正义"之外,比较纯粹自愿性的调解无疑仍然是中国整个正义体系中的一个非常重要的部分。下面将进一步分析非正式和半正式调解间的异同。

---

① 民事案件数量远高于刑事——2009年刑事一审案件总数才77万(朱景文编,2011:3,表0-2),而民事总数则是492万。

(二)非正式和半正式调解

中国早在解放区正义体系的传统中,便区分了三个不同层面的非正式和半正式调解,即"民间调解""行政调处"和"法院调解"。在(民间)"调解"和(行政)"调处"两词中,有较明确的区分。① 民间调解最接近"调解"一词原先的含义,即通过第三方的斡旋,由当事人双方自愿达成解决纠纷的"协议",而后要么"赔礼道歉",要么互让妥协,"见面服礼"。在"行政调处"之中,则掺入了一定比例的强制性,因为第三方不仅仅是本社区(受人尊重)的非正式人士,而是掌握一定权力的国家机构干部/官员,在运作中很可能会依赖其权力而对当事人施压,甚或简单命令。再则是"法院调解"。与西方的 ADR 调解机制不同,中国的调解并不清楚划分法庭调解和法庭判决,基本是由同一个法庭在同一个案件处理过程中进行,调解不成,便即由同一审判员(们)进入判决。而西方的调解则十分不同,是和法庭程序完全分开的程序(下面还要讨论)。两者相比,中国的半正式法院调解显然带有较高的强制性。

半正式调解的优点是,适当加上一定程度的强制性能够显著地扩大调解的适用范围并提高其成效。这样把调解大规模纳入政府和法院部门,是中国共产党在革命时期在解放区推广的制度。

---

① 如今中国已经基本不再像解放区时期那样比较明确区别"调解"和"调处",基本不再采用"调处"一词。部分原因是,毛泽东时代大规模使用行政和法院调解,使得两者之间的区分越来越模糊。(黄宗智,2014a.3:131,171)

在其运作中，如果适当平衡引导自愿和强制压力，确实既能够提高成功结案率也做到一定程度的缓冲（由对抗性的判断对错而导致的）当事人之间的仇恨。

但是，如此的制度的负面则是，它可能陷入过分的强制性，导致名义上是调解，但实质上是僵硬的行政或法院权力的一种"滥用"。毛泽东时代的离婚法律实践，也是当时占到民事案件中大多数的案件，便是一个重要的例子。回顾历史，它的起源是在20世纪20年代，由于婚姻自由革命思想的浪潮，共产党比较激进地采纳了夫妻双方任何一方要求离婚即行离婚的立场，并于1931年把其正式纳入了《中华苏维埃共和国婚姻条例》（1931：第9条）。但是，很快发现，革命军人和农村人民大多反对如此的法律规则。军人当然不愿意在自己离家服役期间看到在家媳妇和自己离婚。农村的父母也不希望看到自己一辈子一次性的结婚大花费，因小夫妇闹矛盾动辄离婚而被浪费。面对那样的反应，党很快就在司法实践层面上做出了一系列的回退，最终把社区和行政调解设定为法院受理有争执的离婚案件的前置条件，更规定法院本身在判决之前也必须先试图调解和好，调解无效，方才允许离婚。那样，采用的等于是用一起一起地调解离婚纠纷的方法，来试图把党和民众之间的矛盾最小化。结果导致了一个比较僵硬的、几乎等于是在有争执的离婚案件中，无论如何都强制不准离婚的制度，迫使许多感情不好的夫妇长期勉强共同生活，或虽然分居但因为不能离婚，不可能找到新的伴侣。直到20世纪80年代后期，方才放宽了之前严格的离婚要求，也减轻了之前强制推动调解结案的压力。

（详细论证见黄宗智，2014a.3：第 4 章）

　　但是同时，国家为适应新的社会变迁和需要，在别的司法领域扩大了行政调解的范围。首先是在 20 世纪 90 年代后期国企的"抓大放小"私有化过程中，规定法院不受理涉及下岗、买断、企业单位对其职工的福利负担"甩包袱"等的纠纷，规定必须由单位本身来处理。那样，便等于让利益关系矛盾中的双方的单一方，又是强势的一方，来主宰整个调处过程。固然，有的单位领导比较公正厚道，但毋庸说，大部分都不可避免地优先考虑其本单位的利益而不是下岗人员的处境和权益，因此遗留下了众多的不满，甚至愤慨。这也是半正式调解的一个负面例子。（朱景文编，2011：21）

　　再则是人力资源和社会保障部门的仲裁委员会处理劳动纠纷的机制，被设定为法院受理劳动纠纷案件的前置条件，等于是在劳动人员维权行动之前多设了一道障碍。鉴于如今中国缺乏由下而上的工会，劳资双方权力地位严重不对等，工人几乎不可能通过工会"调解"来维护其权益。至于人社部的仲裁，在地方政府普遍以"招商引资"为第一任务的大环境下，也只能起到很有限的维护劳动者权益的作用。何况，大多数农民工都缺乏正式合同，被划归临时性的"劳务派遣"范畴，法律上多被认作不属于"劳动关系"范畴，因而被排除于国家劳动法保护范围之外。2005 年以来，"劳务派遣公司"大规模兴起，主要为国企、事业单位等组织临时性的"劳务派遣"工作人员，由它们来和被雇人员签订合同/协议。但它们只是一种中介组织，并不是真正雇用单位本身，资本又十分有限，劳动者根本就没有可能从它们那里获得工资和福利等方面问题的实质性处理。2015 年,劳务派遣总人数可能已经达到 6000 万人。如今,关乎劳动者权利的整个"正义"体系,与其说是保护了劳动者的权利,不如说是维护了企事业单位的权益和国家优先发展经济的政策。(详细论证见黄宗智,2014a.3:301—328;亦见黄宗智,2017)

其实,即便是在革命前的历史时期中,如果纠纷当事人双方之间的地位和权力比较悬殊的话,非正式的调解机制很容易被腐化、滥用。20 世纪 30 年代华北(顺义县)沙井村附近的农村中便有一个鲜明的例子:一个权贵人家的 17 岁儿子奸杀 7 岁幼女,被其父通过关系包装为经过村庄调解而销案。(黄宗智,2014a.1:57—59)在如今有政府权力介入的半正式行政调解中,固然有可能可以克服劳资之间权力不对等的问题,但是,在国家全力推动经济发展("是硬道理")的大政策下,地方当权者强烈倾向于偏向(大力招商引资所引进的)企业,容易忽视劳动者的权益。这是当前处理劳动纠纷中的恶劣现象,亟须纠正。

当然,调解还有过度"和稀泥"的弱点。调解人一般都比较偏向互让和妥协,而不是明辨是非。有的当事人确确实实受到不合理的侵犯,但只能接受某种妥协乃至"私了"。解放区时期和毛泽东时期,便曾经强烈批评过如此的调解,要求更明确参照国家法律和政策来断定是非,但那样做又不可避免地带有较高的强制性。简言之,半正式调解容易引发权力的滥用,关键在于适当掌握引导和强制之间的平衡。

即便如此,我们上面看到,国家相应改革后期的社会变迁和需要,设置了由基层政府下属的调解机构来处理日益频繁的民间纠纷,并由公安部门来调解处理伴随社会高度流动性而日益上升的轻罪案件和纠纷。这些无疑起到较大减轻法院体系负担的作用,是应对社会激烈变迁时期所引起的大量矛盾的实用性措施。而且,用调解而不是诉讼来处理,一定程度上能够缓冲当事人长期相互敌视的后果。同时,通过(政府或司法)威权的介入,大规模扩大了非正式正义体系的适用范围、规模和成效。这些可以说是半正式正义体系的优点。此外,相应新社会环境的需要,由工商部门组织消费者协会来处理消费纠纷,并逐步建立新型的、房管部门下属的物业纠纷和卫生部门下属的医患纠纷调解机制,这些无疑也是具有生命力的半正式正义机制。

检视非正式和半正式调解,我们可以没有保留地说,近乎纯粹自愿性的民间非正式人民调解体系的正面作用无疑远大于负面。它主要源自中国的传统正义体系的社会关系和道德观,大规模减轻了正式正义体系的负担,并赋予官方"和谐社会"理念以一定的实质性内容。至于半正式的行政和司法调解,它主要是中国正义体系,在承继古代非正式民间调解传统之上,一定程度地添加了共产党革命全能治理传统的影响,而后,为了响应改革时期激烈的社会变迁和纠纷的需要,从而形成远比之前规模要大得多的新型半正式体系。对如此的半正式正义体系的估量需要考虑到其所处的改革中的激烈社会变迁环境——一个纠纷特别频繁和对司法制度压力特大的环境。同时考虑两者,才有可能对其进行真正有意义的估量。

（三）与西方 ADR（Alternative Dispute Resolution）相比

西方的 ADR 和中国的调解十分不同。首先，我们需要把西方 ADR 中的诉讼简易化和廉价化程序，如仲裁（arbitration）和"庭外协定"（out of court settlement），与其完全在法庭之外运作的调解（mediation）区别开来。同时，也要把西方的调解（mediation）和中国的法院调解清楚区分：譬如欧盟的部长委员会达成协议规定调解必须是完全自愿的、调解和法庭判决程序必须完全分开、调解人绝对不可以在调解不成后担当该案审判法官。（Committee of Ministers of the Council of Europe, 1998）在美国基本同样，并且早就把提出法律诉讼设定为宪法规定的权利，不可被阻塞。（Hopt and Steffek, 2013:1257, 1283）如此的原则基本排除了中国式的法院调解，也排除了中国凭借政府政策而规定提出某种法律诉讼之前必须先经过调解，或把诉讼的选择排除于某些领域之外。

有的西方 ADR 论者混淆了西方的上述两种不同性质的体系：一是来自从对抗性法庭体系演化而来的，并且基本是在其框架中运作的体系；一是来自拒绝对抗性审判体系而来的，是与其截然分开的体系。把两者混合、统称 ADR，再把 ADR 与十分不同的中国非正式和半正式调解相提并论，只可能导致严重的误解。我们需要先分别检视西方 ADR 的两种不同的内容，而后才能把其和中国作出比较。

下面先检视西方与正式法庭完全分开的调解。以美国为例，由于其联邦主义体制下各州法律和制度的不同（例见 Hopt and Steffek，2013：专论美国的第 25 章及其对几个州的分别叙述，第 1245—1328 页），也由于调解的非正式性，我们很难找到精确可靠的统计数据，更没有可能获得类似于上述中国统计资料中那样比较系统的全国性数据。笔者在现阶段的研究中只能以弗吉尼亚州为例，因为该州具有比较高度制度化的，由法院建议当事人进入（与其完全分开的）调解程序，所以具有比较系统的数据。我们看到，2002 年在全州的 128 万起民事案件中，进入调解程序而解决的案件总共才 9457 起，主要是关乎儿童的"监护、探视权和抚养义务"（Custody，Visitation，and Support Cases）的案件（占 73%）——这是因为家庭纠纷是最明显不能简单凭借对抗性的对错框架来理解和处理的争执。也就是说，调解案件相对诉讼案件总数才占到0.7%的比例，和中国十分不同。（Virginia Judicial System，2003：A-50，64，112，116，131；更详细的讨论见黄宗智，2014a.3：198—201，222—223）

此外，加利福尼亚州是被视作 ADR 前沿的一个州，其情况也基本同样。监护、探视权和抚养义务同样是主要领域，还有一些关于小金额纠纷、破产纠纷、房地产按揭（因滞付而被银行）取消（mortgage foreclosure）纠纷等案例。（Hopt and Steffek，2013：1258，1299—1305）此外，社区调解机制微不足道，主要的机制是通过法院推荐（但是完全分开）的调解。（同上，第 1258 页）总体来说，调解使用的幅度明显受到其必须是完全自愿的规定的限制，和中国的实际相去很远。

英格兰（和威尔士）的情况也基本相似。调解同样也必须是完全自愿的,其相关记录被规定为属于私人和被保密的领域,不可被用于(公开的)法庭诉讼(也因此极少有系统数据)。和美国同样,调解主要被用于离婚纠纷中关乎孩子监护、探视和抚养的争执。(Hopt and Steffek,2013:365—454)1996年的家庭法曾经设置了当事人必须聆听一场关于调解原则和方法的介绍的规定,期望借此促使更多的当事人选择调解,但是结果因为效果并不理想而被放弃——主要是因为很少有当事人因此而选择调解。(同上,第411—414页)其后在另一项(全国审计办公厅[National Audit Office]的)研究中,根据2004年10月到2006年3月的数据,同样发现当事人中只有少数人(20%)对调解感兴趣。(同上,第414—415页)此外,一个"自动推荐调解"(Automatic Referral to Mediation)的测验同样发现,大多数的案例(81%)中起码有一方拒绝调解(同上,第433页)。再则是1999年到2004年在伦敦实施的一项"自愿调解计划"(Voluntary Mediation Scheme)也同样以失败告终。(同上,第437页)事实是,英格兰的诉讼费用虽然已经和美国同样达到高昂得普通人无法承担的地步并且因此促使人们相当普遍地认为必需找出另一种制度,但是在实际的探索中却是困难重重。其对抗性的诉讼习惯根深蒂固,影响巨大:譬如即便是在ADR的运作中,仍然强烈倾向于采用败诉方应该负担胜诉方的诉讼费用(法庭和律师费用)的基本原则。(同上,第387页)

在其他的西方国家中,荷兰是具有比较完整的关于调解的数据的一个例子,并且在WJP关于"公正和有效的ADR"指标的估量(第七"一级要素""民事正义"下的第7"次级要素")中,排名世界第一。（WJP，2015：121）它的数据显示，在 1996 到 2001 年的五年之中，全国虽然有 2000 多位在册调解人士，但他们总共才处理了 1222 起纠纷案件，主要也是涉及离婚和家庭纠纷的案件，和弗吉尼亚州的性质相同。（De Roo and Jagtenberg, 2002；亦见黄宗智，2014a.3：201）固然，此后调解在荷兰有一定的扩增，但即便如此，在 2004—2008 年，在"所有的法律纠纷案件"（all legal disputes）之中，仍然只有 3%是通过调解解决的。（Hopt and Steffek，2013：755）根据以上的数据来看，即便是 ADR 排名第一的荷兰，其调解使用率也比较低，和中国相去较远。①

　　在调解之外，论者多把美国的庭外协定也纳入 ADR 范畴，并把其与中国的调解相提并论。（例见 Hopt and Steffek，2013：95；Subrin and Woo，2006：第 10 章）其实，美国的"庭外协定"（out of court settlement）主要是一种进入法庭诉讼程序之后，当事双方及其律师基于对诉讼成本和审判可能结果的概率（"风险"）的考虑，在庭外达成协议，和上述的调解十分不同。固然，根据格兰特（Marc Galanter）的研究，许多法官也会在（庭外的）"法律的阴影下"（in the shadow of the law）介入，对协定起到引导作用。（Galanter，1985）但这种"庭外协定"的性质——原则和机制——和中国的非正式以及半正式正义体系都十分不同：它不带有"和谐"息事宁人的道德理念和动机，绝对不是中国式的调解，也不像中国式的法院调解那样被纳入正式的法庭程序，主要由法官来发起和推动。美

---

① 这方面，挪威也许是西方国家中的一个例外——有研究认为调解达到其民事案件总数的 20%—25%，其成功率达到 70%—80%。（Hopt and Steffek，2013：1159）

国的庭外协定其实主要是当事双方(律师)在法庭程序中所主宰的一种博弈行为,与"和解"实在没有太大关系。

固然,格兰特(Galanter)在其后来标题为《消失中的审判》一文中证实,如今美国只有极少数的民事案件进入最终审判:2002 年,联邦法庭(federal courts,区别于各州州立法庭[state courts]所处理的民事案件中,只有 1.8% 进入最终审判。(Galanter, 2004:459)有的论者据此认为 ADR 在美国起到巨大的作用。(例见 Hopt and Steffek, 2013:94—95)但格兰特本人在其文章中便说明,审判式微的现象不能凭 ADR 来解释,因为审判式微是所有民事领域普遍的趋势,而 ADR 则只在"某些部门或地方"(some sectors and places)中起到作用。(Galanter, 2004:517)他更进一步解释,其实法庭审判式微的最主要原因是法庭费用日益高昂,审判程序日益复杂、烦琐和专业化,使其越来越成为唯有大企业公司才可能负担得起的选择。(同上,第 517 页)我们需要看到,如今美国的整个正式民事体系其实早已成为一个(收费高得可怕的)专业律师的博弈平台,越来越与正义无关。如此的诉讼费用高昂的问题,是韦伯早在 20世纪初期就已经指出的问题。(韦伯,2005:225)如今美国的民事法庭之所以绝少进入审判程序,主要是因为其(律师和法庭)费用远远超出一般人所可能负担的额度。昂贵费用的压力才是推动"消失中的审判"的主要因素,实在不该和西方自身的调解或中国的调解制度相提并论。①

---

① 至于刑事案件中的"辩诉交易"(plea bargaining),由于被告人通过与检察官的交易,答应承认较轻的罪行而获得较轻的定罪,性质更与调解不同。

有的论者还把仲裁制度也纳入 ADR 并据此也将其与调解并论。（例见 Subrin and Woo，2006：第 10 章）但仲裁在美国实际上多是一种廉价化、简易化的审判程序（如由退休法官来主持，不用正式法庭而使用会议室或教室，借此来节省费用），大多仍然必分胜负，仍然会判出胜诉方（prevailing party）和败诉方，并规定由败诉方负担（常常是超越争执金额的）仲裁费用和胜诉方的律师费用。譬如，在加利福尼亚州相当频繁的建筑纠纷仲裁中，所谓的胜诉方，是在仲裁法庭审定双方所提出的所有"主张"的每一项之后，最终获得法庭认可比对方要高的总金额的一方，哪怕只是高出一元。如此的制度导致双方律师鼓励其当事人尽可能提出、杜撰许许多多主张，为的就是要成为"胜诉方"，避免负担高额的仲裁费用。①这样的仲裁显然带有美国的对抗性正式正义制度的深深的烙印，也不该和调解相提并论。

把美国的 ADR 和中国的调解体系相比，首先我们需要认识到中国的"民间调解"/"人民调解"的历史起源——它是中国长期在儒家思想主宰的历史下形成的社会价值观和习惯，是把调解当作成文法前置条件的中华法系的一大特点。美国的 ADR 则不是由和谐理念或社会惯习而来的制度，而主要是由于正式诉讼制度的成本越来越高，由此产生了两种不同的反应，一是在其对抗性正式制度框架之内建立减低成本的仲裁和庭外协定制度，一是拒绝整个过分对抗性和昂贵的正式正义体系的"另类"制度。前者与中国

---

① 2004 年 6 月 28 日对洛杉矶 Moss，Levitt and Mandell 律师公司的资深建筑纠纷专家 Rodney Moss 的访谈。亦见黄宗智，2014a.3：204—205。

的调解制度性质很不一样,后者则只是一个作用较小的另类和边缘制度,和中国的调解相去较远。

近年来在西方的 ADR 运动中固然有不少关于社区调解的论说,但是,因为其社会一贯以来大多缺乏如此的调解机制,社区调解其实一直都只起到非常有限的作用。最近比较详细的关于美国调解的研究,在其论述中只简单用一句话来打发了这个课题。(Hopt and Steffek, 2013:1258,关于美国的第 25 章,第 1245—1328 页)。关乎英格兰的调解的论述则提都没有提。(Hopt and Steffek, 2013:关于英格兰的第 6 章,第 365—454 页)这里,有的读者可能会联想到牧师/ 神父对其教堂会众间的纠纷所偶尔可能起的调解/ 教谕作用,但这只是现今大量纠纷中作用微乎其微的一种机制,完全没有被纳入上引研究的论述。

但如今西方法学界已经习惯把调解和庭外协定与仲裁统称 ADR,并把 ADR 与中国的调解制度相提并论,甚至简单等同起来,由此混淆了性质截然不同的现象。首先是混淆了西方自身的,作为对其对抗性制度的简易化和廉价化的庭外协定和仲裁制度,和作为对其对抗性制度的反动的另类的调解,并因此严重夸大了真正意义的调解在西方社会所起的作用。所说明的其实不是调解的实际,而只是论者对现有西方正式体系的深层不满,所反映的是试图把 ADR 认作另一种制度选择的主观愿望。而后,再进一步把美国的 ADR 和中国的调解等同起来,因此引起了更严重的误解。结果是,既看不到美国的调解的实际,也看不到中国的调解的特点。

调解之所以能够在当代中国起到远远比西方要大得多的作

用，主要是因为其长期以来在中国社会中所积累的厚重传统。人们早已比较普遍地习惯于调解的理念、价值观和运作机制，因此在如今的社会中也比较容易接纳各种各样的调解，以及由其延伸而来的一系列不同的半正式调解（行政调解和法院调解）。西方在近半个多世纪中兴起的 ADR 的历史则正好相反。它成长在习惯于对抗性、高度正式化的正义体系的社会之中。美国的 ADR 庭外协定和仲裁制度主要源自其正式制度的（相对）简易化和廉价化；其"另类"的、真正的调解制度则只是一个作用较小的边缘制度。我们不能在西方的 ADR 和中国的调解之间简单画上等号，更不该以为西方的 ADR 是更"先进"和"现代化"的制度，甚至认为它是中国所必须模仿的制度。

这里，我们需要进一步追问：具有长期采用"中华法系"历史传统的"东亚文明"国家——尤其是日本和韩国，是不是也展示了上述的中国的非正式正义的特点？回顾历史，日本早在其"奈良时代"（702—810）和"平安时代"（810—1185）便已"引进"了中国的唐律作为其政法典范，采用了中国的行政和法律制度。在后来的德川时代（1603—1868），更把儒家理学（日语称"朱子学"）设定为国家的统治意识形态以及其正义体系的主导思想。长期以来，和中国一样，在民事方面，主要依赖宗族和社区的调解来优先处理民间纠纷，不能解决才会进入国家的正式正义体系。而且，国家成文法同样以刑为主，虽然也同样介入民事领域。（Henderson，1965：48—49，55，61）

与中国既相似而又有一定不同的是，日本在德川时代便已建立相当高度形式化(制度化、程序化)的法庭(日语称作)"调停"程序,其中包括:原告的诉状必须具备村长的印章以及当地领主"大名"的认可,审判之前必定要先经过调停,调停最多共八次,调停不成才会进入判决等。(详细论证和案例见 Henderson, 1965:131—166)这些是清代县官处理"细事"案件中所没有的形式化程序,带有一定的日本特色。但总体来说,它大致相当于一种(如今中国称作)"法院调解",与西方把"调解"和"审判"截然分开的制度很不一样。

之后,进入近现代,日本的民事正义体系,除了仍然以原来的民间非正式调解为前置条件外,在"法院调解"之中,更区别了"和解"与"调停"两大程序:前者以妥协为主,后者则带有更多的审判性。两种程序都允许当事人选择脱离法庭程序(由和解或调停"委员会"来主持),但也可以由法官来主持,而且,即便是进入了两种程序之中的任何一种程序,当事人仍然可以随时放弃,要求进入审判程序。[①] (Henderson, 1965:183—187) 显然,日本的近现代制度与其之前德川时代的制度既有一定的延续性也有一定的不同。

如今,日本的诉讼频率要远低于美国(别的不用说,美国每 10万人中有 365 名律师,而日本只有 16 名,美国是日本的足足 23倍——Magee, 2010:table1),明显是因为其广泛采用社区和各种社会经济组织中的民间调解所起的作用(Callister and Wall, 1997;

[①] 日语所用的"调停"一词源自中国古代(战国时期)的儒家经典《周礼》,其含义和现代汉语基本一致。自德川时代(1603—1868)以来,日语"调停"的含义则大致相当于如今汉语中的"法院调解"。(日语含义的详细讨论见 Henderson, 1996:6—12)至于日语中的"和解"一词,也源自《周礼》,如今主要用于法庭"和解"程序。"调解"则是现代汉语用词,不见于日语。(《大汉和辞典》,10:10944,10947)

Wall et al.,1998),也是因为其法院的和解和调停体系所起的作用
(Henderson，1965:尤见 6—12,37—43,48—49;Ficks,无日期)。如
今,遇到纠纷,民间调解仍然是大多数日本人的第一选择。即便进
入法庭程序之后,采用"调停"/"和解"程序的案件也达到进入审
判程序的案件总数的足足两倍,其中有 55% 成功结案。(Hopt and
Steffek，2013:1079—1080;Henderson，1965:191—201)也就是说,
在每两起民事诉讼案件之中,有一起是通过"调停"/"和解"成功
解决的。这是个比如今中国的法院调解成效(三起中一起)还要高
的比例,显然同样远远超出调解在一般西方国家所起的作用。

　　至于韩国,本文将不详细讨论,这里只指出,和日本同样,其正
义体系早就以中华法系为典范,而且,民间调解如今在其城乡社区
和社会经济组织中,仍然同样起到很大的作用。(见 Sohn and
Wall,1993;Wall et al., 1998)同时,部分由于儒家思想的影响,部分
由于日本统治时期的影响,早在 20 世纪初期便已广泛采用法庭调
解的制度。(Lewis，1984:尤见第 1、6 章)

　　"世界正义工程"(WJP)的"法治指数"目前完全没有从调解
的成效率的角度来考虑日本—韩国—中国与西方国家的不同。虽
然如此,它在民事正义(第 7"一级要素"[factor])的"公正和有效
的 ADR"(次级要素[subfactor])下,比较正确地对日本和韩国做出
较高的估量:日本的分数是较高的 0.87,韩国的是更高的 0.90。而
在"民事正义"一级要素的排名下,日本在 102 个国家中位于第 14,
韩国则是更高的第 7。(WJP，2015:104,132)虽然如此,这里要指
出,WJP 如果把日—韩—中(远远超过西方)的民间调解成效以及
减轻正式法庭负担的功能纳入其对 ADR 的估量,所得出的指数会

更高。

也就是说，我们需要认识到，源自儒家思想的"中华法系"非正式正义传统，如今不仅在中国，也依然在其他"东亚文明"国家起到较大的作用，远远超过一般的西方国家。据此，才可能符合实际和有效地把其与西方国家相比。

（四）当代中国正义体系中的民、刑事交搭

上面我们已经看到，中国的调解机制如今相当规模地被用于公安部门来处理轻微的刑事案件。如此的"行政调解"显然已经从民事延伸进入了刑事领域。更有进者，2002 年以来，中国司法界兴起了一股在刑事法院（以及检察院）制度内也推行"刑事调解"（或"刑事和解"）的潮流，宣称这既是基于中国优良调解传统的"发展"，也是源自西方"修复性正义"（restorative justice）运动和理论的做法，试图（在"与国际接轨"的大潮流上）把"刑事和解"说成是世界/西方最先进的一种法学理论。（见黄京平、甄贞、刘凤林，2006：109,111 所转述、总结的各方意见）

其实，西方"修复性正义"的核心在于让加害人和被害人面对面交谈，由社区、家庭或教会成员参与，促成被害人与加害人的相互了解，重点在于加害人的悔过和受害人的宽恕。其中，基督教关于忏悔和宽恕思想的影响比较显著。它的实用性其实非常有限，主要限于未成年人（以及印第安人部落）和轻罪中较小比例的案件。但在中国刑法的实际运作中，被羁押的加害人根本没有可能与受害者面对面交谈，根本就谈不上什么忏悔和互谅。实际上，刑

事和解导致了不少滥用的实例，尤其是允许有权有势者凭借权钱而（等于是）收赎罪行，也造成有的受害人"漫天开价"的现象，完全脱离了调解的理念，当然也与"修复性正义"拉不上关系。（McCold，2006；Marshall，1999；黄宗智，2010：730—735）

　　虽然如此，经过十多年的试用，这股"刑事和解"潮流看来已经稳定于以下的范围之内：主要限于轻伤害罪和交通肇事等案件。和解较多用于未成年人，以及邻里、亲属、同学、同事等之间。其适用度则大多仅在所有刑事案件中的几个百分点的幅度之内，和一开始时的一些主观奢望和浮夸相去较远。（同上；亦见朱景文编，2011：364—366）

　　固然，混淆民、刑事也容易导致一系列的问题，包括上述的靠权钱来收赎刑罚，乃至于权力的滥用，但我们这里要强调的是，和公安部门调解部分轻罪相似，如今的刑事调解潮流也展示了中国历来的民刑不截然分开、非正式和正式体系相互交搭的传统倾向。如此的实例再次提醒我们，不要过分简单援用西方的民事和刑事、私法和公法截然分开的思维来审视中国的正义体系。那样的话，容易无视中国古今的非正式正义体系，也容易忽视中国正义思想拒绝把两者设定为绝对分开的、对立的二元的倾向。过去如此，今天（在全盘引进西方法律理论和条文之后），仍然相当程度如此。

　　固然，如今中国的正义体系已经模仿西方而建立了制度上截然分开的民、刑事法律和法院制度，而且不再像古代那样把民事法律加以刑罚包装而辅加入"以刑为主"的成文法。但是，即便如此，显然仍然援用古代正义体系的核心原则，即不涉及罪行的民间纠纷应该优先由社会本身的道德价值观和调解机制来处理，以及凭借非正式正义来减轻正式正义体系的负担。此外，更把非正式正义的调解通过半正式化而大规模延伸入行政和法院体系。同时，上面已经看到，如今的正义体系在正式化的民、刑事体系之间，仍然采纳了相当程度的交搭和互动，特别是在公安部门下设置调解体系，也在刑事法院体系下设置调解体系，相当系统地尽可能把轻微刑事案件的处理调解化、去形式化——也就是说，把刑事案件民事化。在这些方面，无疑是继承了中华法系原有的一些基本特色。

三、世界正义工程（WJP）与非正式正义

"世界正义工程"（WJP）是在 2006 年由美国律师协会（American Bar Association）该年的会长（William H. Neukorn），作为该协会的一项主要工程而发起的，并且主要是由一些美国基金会和律师公司所资助的，其总部设于美国首都华盛顿。即便如此，它仍具有一定的全球性：试图尽可能客观地来估量全球各国（2015 年已经纳入 102 个国家）的"法治"，并且相当程度上关注实施，而不仅仅是由某种相对比较高度意识形态化的价值观所主宰。譬如，在衡量民事正义和刑事正义的一级"要素"（factor，共 8 个）中，它纳入了"没有腐败"（Absence of Corruption）、"秩序与安全"（Order and Security）、"管制执行"（Regulatory Enforcement）几个实用性要素，在 44 个次级要素中纳入了一般公民的视角，如"可使用性和可负担性"（Accessibility and Affordability）、"没有不合理的耽搁"（No Unreasonable Delay）、"有效执行"（Effective Enforcement）等。如此的实用观点既贴近美国法学在"古典正统"（classical orthodoxy）理

论之外的近乎主流的"法律实用主义"(legal pragmatism)传统,也与该组织是由在职律师们而不是"象牙塔"里的教授和理论家们所发起和组织有关。即便是在关乎政治体制方面,它的衡量标准并没有简单拘泥于诸如选举制度和多党制度的形式,而更聚焦于立法机构和司法机构能否在实际运作中有效限制政府权力的问题。正因为如此,在其2015年的"法治指数"排行之中,相当威权化和历来基本由一党统治的新加坡被排于第10名,在美国的第21名之上。中国香港排名第19,也在美国之上。(WJP,2015)

同时,前文已经指出,它采用了较为宽阔的"正义"概念来替代比较狭窄、倾向单一突出成文的"法律"的概念。同时,已经正式采纳了"非正式正义"(informal justice)作为其所计量的第九要素(虽然目前尚未把其数据纳入"法治指数"的计算之中)。(WJP,2015:13,160)

我们可以从其对中国的"民事正义"和"非正式正义"的估量窥见其走向和所面对的困难与矛盾。2015年6月,进入其网站搜索,在其正式出版的《2015年法治指数》中,我们在中国的"民事正义"要素下看到,中国在"没有不合理的耽搁"(次级要素7.5)下获得0.73的较高指数,但在"有效执行"(次级要素7.6)下则只获得中等的0.48,而在"公正和有效的非正式纠纷解决机制"(impartial and effective ADRs)(次级要素7.7)下,也只获得中等的0.52。(WJP,2015:76)但同时,也许是因为WJP已经认识到如此的评估并不能正确反映中国民事调解体系,在同年同月中,通过其网站的"互动数据"(interactive data)按钮,再通过"国家雷达"(country radars)按钮进入中国数据,看到的则是次级要素7.6的中国指数是0.73,次级要素 7.7 也是 0.73 的较高指数。(http://data.worldjusticeproject.
org/#groups/CHN)两组数据差别很大,我们因此要问:如此的矛盾
数据是否正反映了 WJP 所面临的,如何处理非正式正义的含义和
数据的疑难?较高的估量指数是否来自对"非正式正义"的估量而
被纳入了"民事正义"的估量?我们还要问的是,如果纳入,又怎样
能使其与不太重视非正式正义体系的现代西方法律体系对比?

目前,中国在全球 102 个国家的指数中,总排行较低,是第 71
名。其中原委是三个关键一级要素。一是第一要素"政府权力[是
否被有效]制约"(Constraints on Governmental Powers)。二是第三
要素"开放政府"(Open Government)。三是第四要素,"基本权利"
(Fundamental Rights)。(WJP,2015:76)但本文不打算进入政治体
制和人权方面的讨论,将前后一贯聚焦于非正式正义以及其与正
式正义之间的关联的讨论。①

目前,WJP 所使用的估量方法是凭借对每个国家从其三个最
大城市"抽样"得出的 1000 人的面对面(或通过电话或网上联系)
所做的访谈/问卷调查。另外,从每个国家平均选出 25 位"专家"
进行访谈。据 WJP 的自我表述,这两组人,一是"代表性人口调
查"(Representative Population Polls,简称 RPP),一是所谓的"合格
人士问卷调查"(Qualified Respondents' Questionnaires,简称 QRQ)。
在法治指数的计算中,两组的数据被赋予同等的数值,也就是说,
几位专家们的意见无疑是最关键的,被给予相当于 1000 名普通人
的等值。但目前,相对于其他国家的平均 25 名,WJP 在中国的专

---

① 朱景文(2014)有较全面的讨论。

家组显然还比较薄弱，只有八位人士列名（报告声称有的没有列名）。而且，这八位人士之中，包括两位外企（惠普公司）专业人士、两位外国法律公司（MMLP Group）律师、两位非政府组织人士，只有两位中国（中国政法大学）法学教授，没有在职的中国律师、法官或法律机构人员参与。（WJP，2015：173）这显然不是一个理想的状态。

此外则是 WJP 对发达国家的明显偏向。最关键的一点是把访谈对象局限于（各国三大）城市的居民。这对美国那样非常高度城市化的国家来说也许并不那么关键（因为其务农人口如今才占全国人口的不到 1%），但对发展中国家，譬如中国和印度来说，则严重脱离实际。当今世界的农村人口仍然占到全球总人口的约一半。像 WJP 那样，完全忽视农村和农民，是个比较严重的偏向，足使我们质疑其整项工程的客观性。WJP 自身也已经表明了今后要纳入农村方面调查的意图（WJP，2015：169；Botero and Ponce，2010：26—27），但到底是否会做和怎样去做，尚待观察。

应当说明的是，WJP 的研究方法是由其两位关键人员（执行主任 Juan Carlos Botero 和首席研究员 Alejandro Ponce 设计的，前者是曾经在世界银行工作过的经济学家，后者的工作背景也和世行有一定的关联。整套方法源自世行的诸多发展指数，包括其估量世界各国社会公平的基尼系数（Gini index）以及其全球治理指数（Worldwide Governance Indicators）。问题是，世行的社会公平基尼系数依赖的基础是世界各国的收入统计数据，而后加以整理和排名，而 WJP 用的则主要是质性判断的问卷调查。具体地说，其"代表性人口问卷"多以假设的"具体"情况来要求填表者提出意见、猜测或判断。以其第一个问题为例："假定政府将在邻近你住处建造一项工程(如火车站或公路)，你和你的邻居有多大可能会有机会向其表达你们的意见？选择：很可能，可能，不大可能，很不可能。"在"合格人士问卷"中，对"民商事法律"专家使用的问卷的第一个问题是："假如你国家的环境保护机构通知一个工业工厂它违法污染一道河流，最可能的后果是选择：公司将遵守法律，公司将贿赂威权人士使其无视该违法行为，没有效果，不知道。"[1]WJP 最终的"法治指数"是根据这样的质性问卷来给予量化的分数和排名的，其问卷的主观性明显较高，量化过程也显然不可避免地带有一定的主观性。以基尼系数的 0.00 到 1.00 来表达这样的估量，再对102 个不同国家进行精确的排名，未免有点夸大了其原始资料的精确度。

固然，WJP 的"法治"理念和其尽可能宽阔(纳入全球的比较)和相对客观(采用比法律更宽阔的)正义体系概念的意图是可嘉的，也是重要的。这里不是要完全否定、拒绝此项工程，而是要指出其目前的一些弱点。其对非正式正义的忽视和对农村的忽视是相互关联的，也是其不能理解像中国这样的国家的关键原因。同时，也鲜明地反映了西方现代正义体系对非正式正义的忽视和欠缺。要进一步迈向其理念的实施，WJP 需要重新审视其在这些方面的基本概念和方法。

举例说，如果按照本文的思路来考虑，我们可以想象，对民事正义的估量来说，可以从社会现实(譬如，用每千人中的民间纠纷

---

[1] "代表性人口问卷"见 Botero and Ponce，2010，从第 55 页开始。"合格人士问卷"在其后。

数量来估量社会冲突度）出发，而后分别检视其非正式（和半正式）和正式正义体系所起的作用，从而估量全世界各国的异同。之所以要从现实中的纠纷频率出发，是因为纠纷的频率可能主要源自多种和正义体系并无直接关系的社会—历史原因，譬如，资源相对人口的贫缺、激烈的改革和社会变迁、社会不平等、种族矛盾等，不一定主要来自正义体系的不足。同是具有厚重"中华法系"传统的中国和日本，如今显然处于很不一样的历史和社会变迁状态，更不用说两者和美国之间的不同了。我们要追问，在所有的民事纠纷之中，非正式正义（调解）成功解决了多大比例的纠纷？在所有的民事诉讼案件中，"半正式"的法院调解又起到何等程度的作用？怎样估量美国和日本诉讼频率之间的悬殊差距？在刑事正义体系方面，则也许可以从刑事案件频率（如每十万人中的严重刑事暴力案件数）出发（适当纳入监犯数量和死刑所占比例的估量），分别检视非正式和正式正义体系所起的作用（当然也要考虑到欠缺有效枪械管制的因素）。我们可以估量非正式正义（可能）解决和避免了什么样的、多大比例的刑事案件？纳入诸如以上的考虑，也许会有助于我们理解和估量如今非正式（和半正式）正义所起的作用。

四、对研究中国法史、法理和立法的意义

今天，我们首先需要的是国内外研究中国的学者的自省。近百年中，中国的法史和法理的研究一直困惑于中西和古今二元对立的思维框架。那是个部分源自西方理论和演绎逻辑思维习惯的框架，其基本出发点是要求法律体系完全整合于演绎逻辑、由此普

适于全世界。遇到不同的正义体系,如此的思路只可能陷入二元对立的观点。韦伯作为西方现代对法学界影响最大的理论家,便是最鲜明的例证。他认为,现代法律的形成过程是一个从非理性到理性,从实质主义的道德思想到形式主义的演绎逻辑,从具体和特殊到抽象和普适的演变过程。在他建构的理想类型中,两者是完全对立的。而韦伯迄今仍然是这种西方现代主义法学影响最大的代言者和理论家。他说明的是现代西方法律思想的核心。我们还看到,美国的"古典正统"创始人兰德尔的思路是和韦伯一致的。

在近现代中国,由于西方对中国的冲击(从侵略到半殖民化和支配),国家的领导者,原先是出于重建国家主权(废除"治外法权")的考虑,后来是自身的思考也基本全盘接纳了西方的现代法律和法理,拒绝了中国传统的正义思想。直到毛泽东时代对此的反动,走到了几乎完全拒绝西方法律的极端。而后,在改革时期,再次全盘引进西方法律和法学、再度拒绝传统法律思想。在那样的激烈反复过程中,难怪中国法学界会一直都困扰于要么是全盘西化,要么是本土主义的二元对立,一直没有能够在其间找到平衡、综合或超越。由此,也造成了法史和立法、过去和现在的完全隔绝,促使法史学界局限于脱离实践的研究,同时也促使如今青年法学学生无视中国传统法律的历史。

如此的困境的一种表现是,法史学家们陷入一种"文物主义"的思想困境:中华民族的历史传统是伟大的,但是,也是如今已经解体的并与当今世界无关的。如此的思路和脱离实践的(简单的)历史主义直接相关,其所用的修辞是要"忠于"或"还原"历史,坚持只能用古代自身的话语和概念来描述、理解古代,拒绝使用任何现代话语和概念于古代法史的论析。同样的态度和思想甚至可以见于一些认同于中国上层文化的美国(汉学和)历史学家们,他们宁愿把中国的"大传统"视作一个完全不同的实体。同时,也可以见于一些"后现代主义"学者,认为那样才是"去西方中心化"的学术,才是尊重中国文化的历史学术。

殊不知,这是似是而非的逻辑。正是如此的观点才真正犯了现代主义的错误,才真正认为唯有西方才具有民法/民事正义,而中国古代没有。它忽视了古代正义体系的基本概念框架,即要求民事纠纷优先由社会自身来解决,也忽视了成文法中实际存在的关乎民事的内容。因此,也认识不到古代的正式正义体系为什么会有意识地主要采用刑法的表达来说明其基本的民事原则,也就不能理解其真正含义。同时,认识不到古代和现代中国正义体系的延续性,陷入把古代和现代置于僵化了的隔绝之中,并把中国与西方当作完全对立的二元,认为必须在其间做出非此即彼的选择。进而促使法学界陷入要么是现代主义或西方主义,要么是对其的反动的"古代主义"或"本土主义"。那样的对立和划分其实既不符合现代中国的中西必然并存的基本实际,也不符合古代正义体系的实际。

其实,中国正义体系的实践,不仅如今和舶来的西方表达不同,在古代也多与中国自身的表达不同。要更好地掌握中国的实际,我们需要同时考虑实践和表达/话语,既要看到其相符之处,也看到其相背之处,对待今天如此,对待过去也如此。坚持仅仅使用中西方任何一方的话语,等于是认定表达必定是与实践一致的,也等于是说无论是古代还是现代,我们只需要掌握其话语便能够掌握其正义体系的全部实际。如此便自然而然地陷入极其简单的话语主义,乃至于盲目接纳表达,或宣传,甚至停止独立思考。其实,正是表达和实践两者的背离之处,才更能让我们看到整个正义体系的真实,对待现当代从西方引进的话语如此,对待中国自身的古代话语也如此。

一个相关的问题是,有的西方和中国学者认为,既然西方现代的正义体系远远优于已经过时的中华法系,其 ADR 制度也必然优于中国的非正式正义和调解体系。中国因此必须模仿西方的 ADR 制度,并像 WJP 那样按照西方的 ADR 标准来衡量中国的调解。我们已经看到,如此的观点导致了对中国古今调解体系的完全误解,也导致了对西方调解制度作用的严重夸大。说到底,它再次是将中国和西方设置为二元对立体,再次是西方优越的观点,再次是(西方)现代主义的、隔绝中西方的观点。

笔者长期以来一直强调,我们需要打通中西和古今。打通中西,才能够直面中国传统和西方影响并存的中国现代基本实际,认识到两者既必然并存、拉锯和矛盾,也必然磨合与混合。从这样的实际出发,才有可能求同存异、取长补短,由此超越。同样,打通古今,才有可能协调和融合,乃至超越。

其中的一个关键是抛开从理论前提出发的思维。如果从西方设定的"公理"(如人权)出发,依赖演绎逻辑而得出定理,像韦伯和兰德尔要求的那样,只可能得出西方那样的强烈倾向前后一贯的

"形式主义理性"法律结论，并且只可能得出中国是与其矛盾的"他者"，完全陷入二元对立的铁笼之中。（更详细的论析见黄宗智、高原，2015）我们需要做的是，从必须直面中西并存实际的中国实践出发，从而挖掘和建立不同于西方的理论概念，再返回到实践/经验中去检验。近百年来中国在其正义体系的实践之中——正如其近年来在经济发展的实践之中——已经对西方以及中国传统法律的理论作出了一系列的选择、修改和重新理解，使其适应如今中国的社会实际。其中的明智抉择需要我们去挖掘、论证、归纳和理论化。如此的研究进路方有可能摆开西方法学所设定的理论框架、摆开中西古今的二元对立，从而探寻符合中国现实的理论建构和出路。

在我看来，吸纳不同的文化，把二元对立和非此即彼转化为二元并存、综合或融合，才是中国文明的真正核心特点。它既展示于中国对待二元（譬如，乾坤或阴阳）的思维，也展示于中国的历史经验（法家和儒家、儒家和佛教、耕种文化和草原文化），其关键在于把被对立的二元综合起来，在其并存和相互作用中探寻其综合与超越。具体到正义体系和法律制度，则是历史中的儒家与法家、民事与刑事、非正式与正式正义的交搭并存、相互作用以及融合合一。在现当代则是古代和现代、中国和西方、实质理性和形式理性、道德理念和实用性实践、非正式与正式正义体系的综合合一。如此的视野方能允许我们在中西矛盾并存的实际之中，探寻超越的道路，并推进中华法系的特殊性和普适性，把其真正置于全球视野中来认识和理解。

参考文献：

白凯（Bernhardt，Kathryn）（2007）：《中国的妇女与财产：960—1949》，上海：上海书店出版社。

白凯（Bernhardt，Kathryn）（2014）：《中国妇女史中的明清转型？来自法律角度的检视》，载黄宗智、尤陈俊编（2014），第27—53页，北京：法律出版社。

《大汉和词典》（1955—1960），12卷，东京：大修馆书店。

《大清律例》，引用根据黄静嘉编校的薛允升（1905）《读例存疑》所用律号和例号。

洪焕椿（1988）：《明清苏州农村经济资料》，南京：江苏古籍出版社。

黄京平、甄贞、刘凤林（2006）：《和谐社会构建中的刑事和解——"和谐社会语境下的刑事和解"研讨会学术观点综述》，载《中国刑事法杂志》第5期，第108—115页。

黄宗智（2008）：《集权的简约治理——中国以准官员和纠纷解决为主的半正式基层行政》，载《开放时代》第2期，第10—29页。

黄宗智（2010）：《中西法律如何融合？道德、权利与实用》，载《中外法学》第5期，第721—736页。

黄宗智（2013）：《重新认识中国劳动人民——劳动法规的历史演变与当前的非正规经济》，载《开放时代》第5期，第56—73页。

黄宗智（2014a）：《清代以来民事法律的表达与实践：历史、理论与现实》，三卷本，增订版。第一卷《清代的法律、社会与文化：民法的表达与实践》；第二卷《法典、习俗与司法实践：清代与民国的比较》；第三卷《过去和现在：中国民事法律实践的探索》，北京：法律出版社。

黄宗智（2014b）：《〈历史社会法学：中国的实践法史与法理〉：导论》，载黄宗智、尤陈俊编（2014），北京：法律出版社。

黄宗智（2015）：《道德与法律：中国的过去和现在》，载《开放时代》

第 1 期,第 75—94 页。

黄宗智、高原(2015):《社会科学和法学应该模仿自然科学吗?》,载《开放时代》第 2 期,第 158—179 页。

黄宗智(2017):《中国的劳务派遣:从诉讼档案出发的研究(之一)》,载《开放时代》第 3 期,第 126—147 页;《中国的劳务派遣:丛诉讼档案出发的研究(之二)》,载《开放时代》第 4 期,第 152—176 页。

黄宗智、尤陈俊编(2014):《历史社会法学:中国的实践法史与法理》,北京:法律出版社。

经君健(1981):《论清代社会的等级结构》,载《经济研究所集刊》3,北京:中国社会科学出版社。

赖俊楠(2014):《马克斯·韦伯"法律社会学"之重构:观念论的力量》,载黄宗智、尤陈俊编(2014),第 396—431 页。

李贵连(1994):《近代中国法律的变革与日本影响》,载《比较法研究》第 1 期,第 24—34 页。

马小红(2014):《中华法系中"礼""律"关系之辨正——质疑中国法律史研究中的某些"定论"》,载《法学研究》第 1 期,第 171—189 页。

屈茂辉、匡凯(2014):《传统法学的几何学范式论析》,载《法学家》第 3 期,第 133—144 页。

苏成捷(Matthew Sommer)(2009):《清代县衙的卖妻案件审判:以272 件巴县、南部和宝坻县案子为例证》,载陈熙远、邱澎生编《明清法律运作中的权力与文化》,第 345—396 页,台北:"中央研究院"、联经出版公司。

韦伯(2005):《法律社会学》,康乐、简惠美译,载《韦伯作品集 IX》,桂林:广西师范大学出版社。

《刑案汇览》(1886),8 册,台北:成文出版社重印,1968 年。

薛允升编(1905):《读例存疑》,黄静嘉编校,五卷,台北:中文研究资料中心、成文出版社,1970 年。

俞江(2001):《关于"古代中国有无民法"问题的再思考》,载《现代法学》第 23 卷第 6 期,第 35—45 页。

张晋藩(1996):《中国古代民事诉讼制度通论》,载《法制与社会发展》第 3 期,第 54—61 页。

《中华法系》,百度百科,http://baike. baidu. com/link? url = tf5EXmLKceMEa41IZyHX19aXluu3aQd6p21ZLBURVRkIUmh—r_15kyZv4f3 CmiY0C8HiwHhTRXXurvRt_044J。2015 年 7 月查阅。

《中华苏维埃共和国婚姻条例》(1931),纳入湖北财经学院编《中华人民共和国婚姻法资料选编》(1983),无出版处。

朱景文(2014):《论法制评估的类型化——法治及其被制约性》,载《中国社会科学》第 7 期。

朱景文编(2011):《中国法律发展报告 2011:走向多元化的法律实施》,北京:中国人民大学出版社。

Botero, Juan C. and Alejandro Ponce. (2010) . "Measuring the Rule of Law, "*World Justice Project*, Working Papers Series, No. 001, http://papers. ssrn.com/so13/papers.cfm?abstract_id=1966257&download=yes.

Callister, Ronda Roberts and James A. Wall. (1997) . " Japanese Community and Organizational Mediation, "*Journal of Conflict Resolution*, v.41, no.2(April) : 311-328.

Ch'ü T'ung-Tsu (瞿同祖) . (1961) . *Law and Society in Traditional China*. Paris: Mouton.

Committee of Ministers of the Council of Europe. (1998) . "European principles on family mediation, "http://www.mediate.com/articles/EuroFam. cfm(accessed July 2005) .

De Roo, Annie and Rob Jagtenberg. (2002) . " Mediation in the

Netherlands, past-present-future, "*Electronic Journal of Comparative Law*, 6.4 (Dec.), http://www.ejcl.org/64/art64-8.html(accessed July 2005).

Fairbank, John King, Edwin O. Reischauer and Albert M.Craig.(1965). *East Asia: The Modern Transformation*. Boston: Houghton Mifflin.

Ficks, Erik. n. d. "Models of General Court-Connected Conciliation and Mediation for Commercial Dispute in Sweden, Australia, and Japan," http://sydney.edu.au/law/anjel/documents/ZJapanR/ZJapanR25/ZJapanR25_09_Ficks.pdf(accessed July 2015).

Galanter, Marc.(2004)."The Vanishing Trial: An Examination of Trials and Related Mattersin Federal and State Courts, "*Journal of Empirical Legal Studies*, v.1, no.3(Nov.): 459-570.

Galanter, Marc. (1985). "'A Settlement Judge, Not a Trial Judge': Judicial Mediation in the United States, "*Journal of Law and Society*, 12.1 (Spring): 1-18.

Grey, Thomas C.(2014).*Formalism and Pragmatismin American Law*. Leiden: Brill.

Henderson, Dan Fenno. (1965). *Conciliation and Japanese Law: Tokugawa and Modern*.2 volumes.Seattle: University of Washington Press.

Hopt, Klaus J. and Felix Steffek, eds.(2013).*Mediation: Principles and Regulation in Comparative Perspective*, Oxford: Oxford University Press.

Langdell, Christopher Columbus. (1880).*A Summary of the Law of Contracts*.Boston: Little, Brown, and Company.

Lewis, Linda Sue.(1984). *Mediation and Judicial Processin a Korean District Court*. Ph. D. dissertation, Columbia University.

Magee, Stephen P.(2010). "The Optimum Number of Lawyers and a Radical Proposal for Legal Change, "http://buckleysmix.com/wp-content/

uploads/2010/10/Magee.pdf (accessed July 2015).

Marshall, Tony F. (1999). "Restorative Justice: An Overview, " Home Office, Research Development and Statistics Directorate.

McCold, Paul. (2006). "The Recent History of Restorative Justice, " in Dennis Sullivan and Larry Tifft, eds. *Handbook of Restorative Justice.* London and New York: Routledge.

Reischauer, Edwin O. and John K. Fairbank. (1958) and (1960). *East Asia: The Great Tradition.* Boston: Houghton Mifflin.

Sohn, Dong-Won and James A. Wall Jr. (1993). "Community Mediation in South Korea: A City-Village Comparison, " *The Journal of Conflict Resolution,* v.37, no.3(Sept.) : 536−543.

Subrin, Stephen N. and Margaret Y. K. Woo. (2006). *Litigating in America: Civil Procedure in Context.* New York: Aspen Publishers.

Virginia Judicial System. (2003). http: //www. courts. state. va. us/ reports/2003/SECTIONa.pdf (accessed 2009).

Wall, James A. Jr., Michael Blum, Ronda R. Callister, Deng Jian Jin, Nam-hyeong Kim and Dong-won Sohn. (1998). "Mediation in the US, China, Japan, and Korea, " *Security Dialogue,* v.29, no.2: 235−248.

Weber, Max. (1978 [1968]). *Economy and Society: An Out line of Interpretive Sociology,* edited by Guenther Roth and Claus Wittich, trans. by Ephraim Fischoff et al.2 vols. Berkeley: University of California Press.

World Justice Project(WJP). (2015). *Rule of Law Index.* World Justice Project.

第六章 中国正义体系中的"党""政"与 "法"的多元合一①

本文再次采用"正义体系"的分析框架,因为"正义"比"法律" 含义宽阔,它包含"非正式"的社会惯习,尤其是民间的调解制度, 而"法律"则一般只考虑国家的正式成文法律。而"体系"又比"制 度"宽阔,因为它不仅包含法律条文和制度,也包含其实际运作。 从"正义体系"的宽阔视野来观察,才能看到中国古今法律的整体 以及其与西方的异同,才能够综合古今、中西来设想中国正义体系 未来的发展方向和道路。

传统中华法系一贯结合非正式的社会调解制度与正式的法庭 断案两大系统,缺一不可理解。笔者已于上一章详细论析此点。②

---

① 本文原载《开放时代》2016 年第 6 期,第 141—159 页。纳入本书时做了一些修改。
② 笔者在另文(黄宗智,2016a)中采用了"正义体系"的框架来分析中国的民、刑事以及 非正式与正式正义相互作用的传统。此篇与该篇可以视作姊妹篇,同样是完成了笔 者明清到今日的民事法律研究三卷本(黄宗智,2014a)之后的进一步总体性思考。

同时,长期以来中华法系一直都是一个紧密结合"政"与"法"的体系,同样缺一不可理解。从整体的视野来观察如今中国的正义体系,我们立刻可以看到,在上述方面今天的正义体系仍然和传统的中华法系带有一定的连续性。社会的非正式调解系统仍然在正义体系整体中起着巨大以及不可或缺的作用;民、刑事两大系统仍然相互交搭、互动;"政"与"法"也仍然同样并存、互补、互动和相互作用。

本文从韦伯的西中二元对立分析框架出发,聚焦于中国正义体系中"党""政"与"法"的相互关联问题。文章论证,如此由多个系统结合组成的有机整体,乃是中国古今正义体系的特色,与西方正义体系既交搭而又不同。本文并不试图进行"全面"的论述,而是集中讨论"党"与"政"的二元合一以及"政"与"法"的二元合一,并举出几个实例——公安行政部门对民间纠纷所做的调解、同部门对未成年犯法行为者所做的感化和教养改造、过去和如今的自首制度、社会保障局行政部门在劳动法实施方面所起的作用,以及近年的专业合作社法——来说明此中的原理,论证中国正义体系的弱点和优点,并借此来指出一个"中国特色"正义体系的"发展"和"现代化"方向和道路。

一、问题

(一)韦伯的形式理性 vs.实质非理性

韦伯在其对世界各大文明的法律历史的叙述中,特别突出了四大理想类型,即形式非理性、形式理性、实质非理性以及实质理性。其中关键的两大类型是"形式理性"与"实质非理性"。在前者之中,法律是以(演绎)逻辑来整合的,是个不受外部权力干预的独立系统。而其对立面,无论是中华法系还是穆斯林("卡迪法")等法系,都是由特殊的道德价值而不是普适的演绎逻辑所主导的,都欠缺独立性,随时可以受到统治者权力和意愿的干预,因此乃是"实质主义的",也是"非理性的"。(Weber, 1978, v.2:655—658)

韦伯的历史叙述最终特别突出了西方的优越性,把其历史说成是个一贯朝向现代"形式理性法律"形成的过程。在他的历史叙述中,其他各大文明都是和西方对立的,都是"实质主义""非理性"的。最终,他的比较法史强调的是现代西方法律的现代性和普适性。在那样的核心论点的主导下,世界其他文明的法律史最终不过是他借以阐明西方法律正确性的一种陪衬或"他者"而已。(Weber, 1978, v.2:chap.viii)

更有进者,在他的分析之中,现代西方法律是由个人权利(他把其认作一个不言自明的普世公理)出发的,通过逻辑而得出一系列的法则(定理),适用于任何事实情况。如此的观点在美国由兰德尔开启的"古典正统"得到至为鲜明的体现。据此,法律被认作一门科学,一如几何学那样。它被认作一个维护权利(人权)的独立体、超然于行政之上的准绳。它凭借演绎逻辑而宣示普适性、绝对性,排除了行政干预。它代表的是现代理性化的治理,并因此而赋予其"正当性"。在韦伯的分析之中,其他文明的法律体系都是受到行政权力干预的,都是以特殊的道德价值或统治者意愿而不是普适的演绎逻辑为准的。同时,也是基于具体情况并缺乏普适演绎概括的,是以特殊而不是抽象的普适法律原则为主的。

(Grey，2014:尤见第 3 章;Langdell，1880:1—20;亦见黄宗智，2014a.1:总序)

韦伯以上的叙述显然带有强烈的西方中心主义倾向,但它仍然不失为一个对西方法律体系具有强大洞察力的分析。相比之下,他对其他文明的法律的分析,则因局限于其历史时期对非西方文明比较有限的知识,并不具有其对西方法律同等的洞察力。虽然如此,韦伯的比较法分析框架如今在西方学术界仍然具有巨大的影响,几乎是所有相关学术研究的主导框架或对话对象。它是一个值得我们与之认真对话的分析框架。

根据韦伯的分析,西方的现代正义体系强调的是,以法律为最高准绳,尽可能排除其他"外来"影响。在那样的正义体系中,法律是一个由法律专业人士主宰的高度正规化、形式化、程序化的独立系统。它带有一定的封闭性,能够独立于皇权/行政权力。此外,西方基本没有像中国(古今)那样庞大的、存在于社会的非正规体系——韦伯在其论述中因此并没有考虑此点。同时,上面已经提到,中国的民、刑事系统相互交搭和互动,与现代西方两者截然划分很不一样。它也包含高度的行政参与,是一个"政"与"法"两者并存、相互作用的正义体系,与西方的"三权分立"截然不同。它更一贯要求寓抽象法理于具体事实情况,明确认为法律原理不是固定、永恒、抽象、普适的,而是个不断连接与适应变动中的实际情况的演变体,在这一点上也与韦伯型的形式化法律迥然不同。

成文法律、社会非正式调解机制以及行政参与这三个维度都是长期以来中国正义体系所不可或缺的组成部分。它并不像韦伯分析的现代西方那样要求法律独立和凌驾于其他领域之上,而是认为一个正义体系应该同时具有社会以及行政的参与。如此的基本概念和思维乃是中国与韦伯型的西方正义体系基本的不同。

　　韦伯的"形式主义"vs."实质主义"两大理想类型,一定程度上捕获了以上的不同。我们需要改正的不是韦伯这个宏大的框架,而是韦伯难以避免的西方中心观,其把"形式主义"和西方简单等同于"理性",强烈倾向于把"实质主义"和非西方简单等同于"非理性"。在现代主义和西方中心主义的驱动下,韦伯最终基本完全认同于"形式主义"的法律,拒绝"实质主义"(无论"理性"与否)并最终把"实质理性"也简单等同于"非理性"。本文在对照中西方正义体系的异同之上,将集中推进与改正韦伯提到但没有详细论述的"实质理性"理想类型。本文论证,正是"实质理性"正义指向了一个超越中西二元对立以及不同于现代西方正义体系的发展道路。

(二)"党""政"与"法"的多元合一

　　与此问题相关的是,在当今中国的政治体制中,共产党的基本性质与现代西方在选举、议会、多党制度下的"政党"(political party)迥然不同。西方意义的政党是处于国家机器和法律之下而进行党派之争的实体。(因此,英语"政治"[politics]一词在人们心目之中,相当广泛地带有密室交易[backroom politics]的贬义。)这样的政党可以通过竞选而掌握超越政党的国家行政权力,直到其被另一个党派所取代。在那样的体制下,"政党"是处于国家之下的一种组织,而"国家"则带有超越政党和党派之争的含义。但当代中国的共产党则被设定为人民意愿的代表，乃是为人民服务、社会主义和中国传统的仁政道德理念的监护实体，一定程度上是个类似于传统中华法系中（儒家）道德主义和（法家）法律结合成的一个儒家化法律体系或"实用道德主义"体系的重要组成部分。（亦见白轲，2014）

共产党成为一种"超级政党"诞生于一定的历史背景：在民国初年的议会体制下，众多（类似西方意义的）政党在议会中争论纷纷，但实际的权力则被军阀所掌握，议会的争议因此多脱离实际权力的运作，乃至不切实际。在如此的客观政治环境下，逐渐形成了对超越"政党"的一种（可以称作）"超级政党"的要求。（"超级政党"概念见汪晖，2014：尤见第70—71页）民国时期，无论是国民党还是共产党，都试图成为如此掌控国家权力和军队的超级政党。在全民抗日和全民战争的大环境下，他们成为中国"政治"的主流。建党以来，共产党以一个阶级政党（无产阶级、工农兵代表）的自我定位来进行反资产阶级、反封建剥削的革命，把其认作自己的历史使命。在掌权之后，以党作为领导国家和政府的组织。在改革时期，则同时引进了西方的一些理念和制度，包括其对议会政党的认识。共产党一直具有将其自身作为崇高道德理念的监护者的意识，与国家法律共同组成一个比法律条文还要具有崇高和长久性的实体。

同时，现当代中国也纳入了西方的宪法话语以及民主和议会等制度，在改革时期尤其突出。但在整个体制中，共产党是代表共产主义/社会主义的理念、代表绝大多数人民的利益和意愿的实体，共产党是根据广大人民的意愿和利益而行使超党派、超国家行政机器的权力组织,是国家崇高道德价值和理念的监护者。

在如此的背景之下,正如有的学者已经详细论述,中国共产党的党章和运作规则一定程度上具有相当于西方国家宪法的威权,可以说是处于国家正式宪法之外的非正式宪法。(当然,它也同时带有众多组织规则——关于党员、干部、纪律、统一战线、党领导军队、宣传等——的内容。)为了与西方学者、西方概念框架沟通,有学者把党章和党的基本运作规则比拟于西方(特别是不列颠传统中)的"不成文宪法",认为其相当于西方意义的宪法,或基本法中的更为基本的、未经明言的"不成文宪法"。(强世功,2009;亦见白轲,2014)

现有的《中华人民共和国宪法》的主题是"国家"和公民权利而不是共产党的权力和功能。宪法在"序言"之中,用了五句话来表明中国共产党所占的位置:"一九四九年,以毛泽东主席为领袖的中国共产党领导中国各族人民,在经历了长期的艰难曲折的武装斗争和其他形式的斗争以后,终于推翻了帝国主义、封建主义和官僚资本主义的统治,取得了新民主主义革命的伟大胜利,建立了中华人民共和国。"这句可以理解为对党的正当性历史基础的说明(如此的正当性显然绝不逊色于来自选举的正当性)。然后,"中国新民主主义革命的胜利和社会主义事业的成就,是中国共产党领导中国各族人民,在马克思列宁主义、毛泽东思想的指引下,坚持真理,修正错误,战胜许多艰难险阻而取得的。"这是确立党的意识形态正当性的表述。"中国各族人民将继续在中国共产党领导下,在马克思列宁主义、毛泽东思想、邓小平理论、'三个代表'重要思想指引下,坚持人民民主专政,坚持社会主义道路,坚持改革开放,不断完善社会主义的各项制度,发展社会主义市场经济,发展社会主义民主,健全社会主义法制……"这句总结了改革开放以来的重要变革。"在长期的革命和建设过程中,已经结成由中国共产党领导的,有各民主党派和各人民团体参加的,包括全体社会主义劳动者、社会主义事业的建设者、拥护社会主义的爱国者和拥护祖国统一的爱国者的广泛的爱国统一战线,这个统一战线将继续巩固和发展。""中国共产党领导的多党合作和政治协商制度将长期存在和发展。"这两句可以理解为对共产党与其他政党性质不同的说明,确立了其超越其他(一般意义的)党派的领导地位,亦即这里所谓的"超级政党"。(《中华人民共和国宪法》,2004)

此外,在 2018 年的宪法修正案中,还加上了"中国共产党领导是中国特色社会主义最本质的特征"。(第 36 条)人们多以为中国政治体制中的共产党和其他民主党派并没有实质性的分别,以为中国的宪法与其他国家的宪法性质也没有基本的分别,因此导致不少提倡更完全地模仿西方,尤其是美国的宪法的学术建议。但是,我们如果把国家宪法中的序言与共产党党章的序言对照,立刻便会看到,上述的几句话显然是国家宪法对党章相对较长的序言的扼要总结。(《中国共产党章程》,2012)中国共产党的党章开宗明义地说明:"中国共产党是中国工人阶级的先锋队,同时是中国人民和中华民族的先锋队,是中国特色社会主义事业的领导核心,代表中国先进生产力的发展要求,代表中国先进文化的前进方向,代表中国最广大人民的根本利益。党的最高理想和最终目标是实现共产主义。"(《中国共产党章程》,2012)作为中国人民的先锋队以及"最广大人民的根本利益"的代表,它的自我定位不仅是人民意愿的总代表,还是超前于其意愿的代表,可以说是国家正当性的终极来源,也可以说是国家至为崇高的道德理念。随后是与宪法序言相互呼应,但是详细得多的关于党正当性的历史基础,其立国意识形态以及其后诸多修改和新内容(如"三个代表"重要思想)的总结叙述。相比而言,宪法中的序言明显只是党章的这部分内容的简要总结。宪法中用一句话来表达的内容,在党章中多用一段或数段文字来表达。党章的序言因此可以说是比国家宪法的序言要详细得多的宪法性序言。就此意义来说,它确实带有一定的不成文的实质主义基本法的性质。

党章随后说明了党作为一个组织的结构和规则,包括关于党员的行为和思想的规则(第 1 章);党组织的原则(如民主集中制,以及"差额"选举制度)(第 2 章);而后是党和党代表大会的中央(第 3 章)、地方(第 4 章)和基层(包括"非公有制经济"中的党组织——第 5 章)的组织结构和职权;关于党的干部的选拔(第 6 章);党的纪律规则(第 7 章);党的纪律机关的组织,特别是中央的纪律检查委员会(第 8 章);最后是关于党徽和党旗的描述(第 9 章)。(《中国共产党章程》,2012)这些具体部分才是名副其实的一个党组织的"章程"。

党章因此显然具有双重的性质。一是其自我定位为国家至为崇高的道德理念的监护者。同时,它带有一般组织的"章程"的性质,包括关于其组织结构、目的、原则、纪律和职权等。但学界多只关注到这个双重性质之中的一面。有的学者把共产党认作(或希望其成为不过是)一个一般意义的组织/党派,因此把其定位为局限于其具体的组织结构和特定职权(如思想领域、党内纪律、统战工作、领导军队等方面）的分析。（屠凯，2016）有的学者则把这个党章等同于一个相当于西方国家（尤其是英国）的"不成文宪法"。更有学者借助于韦伯的"形式"与"实质"的二元划分框架，争论如今的宪法不过是国家的"形式宪法"，党章才是中国的"实质宪法"。（白轲，2014；亦见强世功，2014）

固然，宪法和党章之间存有一定的张力。譬如，国家宪法规定："中华人民共和国的一切权力属于人民。人民行使国家权力的机关是全国人民代表大会和地方各级人民代表大会。人民依照法律规定，通过各种途径和形式，管理国家事务，管理经济和文化事业，管理社会事务。"（第1章第2条）但我们也知道，党章所表达的乃是国家至为崇高的道德理念，在其实际运作之中，共产党作为人民的先锋队和代表其根本利益的组织，一贯领导立法、行政和司法各个权力机构。这样的一个政体其实是一个名副其实的"政党—国家"，也可以称为"国家政党"（见汪晖，2014：72，77），和西方一般话语中的"政党"迥然不同。

虽然如此，如今党本身的"依法治国"战略性政策对党组织本身也形成了一定的制约（孙谦，2013；李树忠，2015；袁松达，2013；蔡定剑，2011），而其长期以来的纪律委员会对党组织内的个人行为和权力也起到了一定的自律作用，不可简单将其视作一个毫无约束的系统。

如此的政党—国家体制当然也是中国"政"与"法"紧密结合的原因之一。党的决议和行政政策既可能从属于法律，也可能补充、更改、乃至于取代或超越国家机构/行政及其"法规"之上。如此的超级政党的存在也是"党""政"与"法"不可能截然分开的一个重要的体制性原因,当然也是"政""法"不分传统的延续。虽然国家(人大)立法对共产党和党员具有一定的约束权力,但党仍然可以通过其所领导的国家部门和机构的政策,以及众多的行政"规定""条例""指示""通告"等半法律形式,来对成文法律做出补充、制约、修改、重释,甚至于不同的举措。

(三)"政"与"法"

上述关于正义体系整体的思想无疑渗透于人们日常的话语之中。譬如,如今虽然已有较多综合大学设立了西式的"法学院",与行政、政策、政治等领域截然分开,不同于较传统的"政法"大学(如中国政法大学,西南、西北、华东等政法大学),但"政法"的总体框架仍然充满活力与正当性,比较传统地紧密结合法律学(与法理学)、公共管理、公共政策、政治学等。在美国,"法学"与"政治学"(political science)、公共管理(public administration)、公共政策(public policy)等学术领域是截然分开的,法学院和政治学(系)乃是不同的、分别的单位。前者多与社会科学学院并行,后者则是社会科学中的一个(可以称作)"次级"学科。但在"政法大学"的表述中,政治/行政是和法律并列的,并且是先于法律的。(此点与日本有一定的不同,日本与中国政法大学并行的是"法政大学"——它受西方影响更为深刻,是把"法"置于"政"之前而不是其后。)这可以说是中国现代革命的一个传统,也可以说是源自马克思、列宁主义以及毛泽东思想的一个基本思维。在"政法"的传统中,"法律"与其说是超然于国家行政的实体,不如说是共产党所采用的治理手段。

在实际运作中,和上述的传统和话语同样,形成了政与法之不可截然分开,造成概念和制度上的政与法的并存与相互作用。法律被视作不可完全独立于政治/行政的体系,并将长期如此。下面我们具体检视中国正义体系中的几个不同领域,以及其实际运作之中所展示的"政"与"法"的并存和相互作用,包括其正与反的方面。

二、正义体系中的行政系统

(一)行政施法

在当今中国的正义体系之中,我们可以清楚看到其中的非(成文)法律或法律外的"行政"施法(用韦伯的话语来表述的话,是行政对法律的干预),但在中国的概念和话语体系中,则是一种并存或辅助性的协作。一个例子是,国家公安部门,除在"执法"之外,还承担了规模庞大的、在西方一般隶属于司法单位和法院的施法功能,特别是其所谓的"公安调解",由警察通过"行政调处"来解决纠纷。("调处"是来自根据地和解放区传统的纠纷处理方式,主要指"行政调处",区别于"民间调解";如今,也许是因为人民共和国时期,"调解"与"调处"两词原有的比较清楚的区别变得越来越模糊了,此词已经基本被淘汰,纳入不同性质的"调解"下,如"人民调解""行政调解"和"法院调解"。)如表1(见本书第197页)所示,在2005—2009年间,在公安部门所处理的年平均840万起纠纷案件中,有整整247万起(29%)是以"调解"结案的,占到那五年中年均调解结案总数 1075 万起的 23%。其所起作用仅次于"人民调解",即基层村、居民调解委员会处理结案的 530 万起,但多于法院系统调解结案数的 168 万起。"公安调解"是"行政调解"中最大的一项,远远超过基层政府下所设法律事务所(行政)调解结案的 63 万起,和工商部门下设的消费者协会的(行政)调解结案的 67 万起。

我们看到,由行政机构来"调处"而不是民间或法院来调解纠纷是这个正义体系的一个重要方面。在正义体系的整体中,半正式的行政调解结案总数是 377 万,占到全国年平均调解结案总数的35.07%(其余是非正式的"人民调解",即村、居民调解,以及"司法调解",即法院调解)。如此的行政化施法显然是整个正义体系中一个非常重要的部分。而整个正义体系则显然是一个既来自"政"与"法"紧密结合的传统,也来自传统的"正式"法庭判决与非正式社会调解机制紧密结合的"第三领域"传统。(黄宗智,2014a. 1:第 5 章)它可以被称作中国现代的一种"半正式"(即半行政半社会调解)的"第三"正义系统,其可以追溯到根据地时期的"行政调处"(区别于"民间"或"社区"调解),是一个来自古代的社会调解传统和革命司法传统互动结合的"中国特色"的正义系统。

另一能说明问题的事例是根据地和毛泽东时代的离婚法系统。首先,1950 年的离婚法法律条文本身便规定:有争议的离婚要求必须首先经过"区政府"的调解/调处,法院才会受理。(详细论析见黄宗智,2014a.3:第 4 章)这也是一个非常明显地把行政和法院结合于施法的实例。何况,时至今日,许许多多行政单位都附带有一定的行政化、"半正式"的纠纷处理系统:如表 1(见本书第 197 页)所示,在公安部门之外,工商管理部门下属的消费者协会以及基层地方政府下属的法律服务所便是主要的例子。

更有进者，正如田雷详细证明，中央政府在处理省际纠纷问题时，也会采用一种行政调解的方法。山东省和江苏省长期纠缠于位于两省交界的微山湖的利益分配，涉及 30 多个傍湖的村庄。一种可能（比较西式）的解决方案是以湖中心为划分线，可以视作是以法律加逻辑（普适原则）来处理的方案。另一种则是由中央简单下行政命令，由其说了算，可以视作西方相当广泛把中国政法体制想象为威权性体制的方案。但在中国 20 世纪 50 年代到 90 年代所实际呈现的则是一种行政调解方案，由中央政府斡旋于两省政府之间，探求双方都能接受的方案，最终把涉及的部分村庄划归山东，部分划归江苏。（田雷，2014）在如此的案例中，我们也可以看到中国"特色"的"政""法"合一、行政和调解合一的纠纷处理方式。

如此的纠纷解决系统正是我们所要说明的"政"与"法""行政"与司法、法院判决与社会调解结合的中间（"第三"）地带，它为我们提供了两种系统的结合与互动的实例，与韦伯论析的现代西方以独立的法律为主的高度正式化、形式化、程序化的制度体系迥然不同。由此我们也可以看到，传统的中华法系的"特色"如今仍然顽强持续于正义体系的实际运作之中。

（二）儿童—少年"法"中的"行政模式"

在儿童—少年法中，清代的国家法律自始便与西方现代高度形式化的法律十分不同。后者在传统时期主要是一种教会法。但是,伴随近代的世俗化,正如韦伯分析的那样,西方法律日益形式化(符合演绎/法律逻辑地从设定的人权"公理"出发,演绎出与其紧密相连的各种定理,而后适用于所有事实情况)。它从基本的个人权利出发,逐步演绎为保护儿童、少年个人权利的法律。

　　清代的儿童法的演变模式则与其截然不同。正如景风华的博士论文说明,有清一代关于儿童的法律基本是从矜弱与恤幼的道德理念出发的,允许未成年的犯罪人可以上请收赎和免死。而乾隆帝从此出发,对国家法律作出一些具体、实用性的阐释:说明十岁以上的杀了人的儿童如果与被害者年龄相差四年以上,并且长期受到其欺凌,可以"上请""收赎"体刑,免去死罪。乾隆帝这种关于未成年人的法律的阐释,可以视作一种代表"实质主义理性"的立法思路。它从道德理念出发,连接实际的事实情况并采用实用性的考虑(在未成年的少年中,四年的年龄差别更可以确定强弱之分)来立法。这就和现代西方以形式化单一年龄(18岁)来作为成年人与未成年人的划分线截然不同。(景风华,2016:第2章)

　　源自如此的实质主义传统,民国时期以及当代中国都形成了与西方很不一样的少年法律和施法传统。它不是从保护个人权利出发的法律,而是采用一个比较多维度的模式:其中,法律和行政共同实施"正义",实质与(引进的)形式并存于正义体系之中。结果是在民国时期便已形成一个由警察部门主导的儿童与少年感化、改造系统,主要由警察署来处理,其中收容、感化、习艺、教养等制度和机构都下属于警察署。其依赖行政部门和行政手段来施法的(景风华称之为)"行政模式"和如今由公安部门来"调解"处理大量轻罪纠纷性质基本一致,和西方一切划归少年法庭(juvenile courts)处理的法理、程序与司法系统很不一样。(同上,第3章)

景风华进一步指出,在西方法律中,少年法庭的主要功能不是判刑,而是决定是否以及如何把犯法少年纳入改造所(reformatories),定罪与判刑则须由一般刑事法庭来进行。(同上,第4章第3节)从这个角度来考虑,西方少年法庭的真正功能乃是建立与刑法分离的未成年人犯法法庭体系,借以保护未成年人的人权,尽可能在成年人刑法系统之外来处理少年犯法行为。

但在中国,西方未成年人法庭的功能是由警察机构(民国时期如此,如今更加如此)而不是法院来施行的,基本完全处于法院系统之外。因此,引起国内一些学者提倡应该进一步模仿西方而建立未成年人法庭体系。但是,那样的意见也许过分强调了仿效西方,低估了行政在中国古今正义体系中所起到的正面作用。中国在最近一个世纪中已经(沿着中华法系传统而)创建了规模相当庞大、有效的警察处理未成年犯法行为的系统。在笔者看来,也许并不需要,也不该全盘废弃。但这并不意味着否认现今的做法也有一定的弱点。其中关键是警察部门确实有可能过分专断(譬如,可见于其相当广泛依赖"刑讯逼供"的现象——黄宗智,2010;尤见727—730),滥用职权。如今需要的也许是,在公安部门调处轻罪纠纷以及设置感化教养机构之外,适当补之以法院监督的系统,使未成年犯法者可以通过向(未成年人)法院申诉来维护其正当权益。但从正义体系整体来考虑,不要完全拒绝"法"与"政"并存、并用的司法传统。

（三）自首法律中的"政""法"结合

正如蒋正阳（2014）所说，中国传统的自首法律是从适当给予犯罪人悔改机会的道德理念出发的，可以据此减免刑罚，并允许亲属代首。作为成文法律，它逐步形成了一系列程序性的规定，譬如，减免刑罚不适用于再犯者和杀伤者、自首必须在案情被发现之前做出，并允许亲属代首、陪首、送首，据此允许免罪或减刑。同时，更有"首服"制度，允许犯罪人与受害人直接了结。（当代法律则不允许首服，国家必须介入；同时，国家对亲属代首也有一定的限制。但毋庸置疑，一定程度上承继、延续了传统的自首制度。）

在道德理念之外，自首制度显然也包含一定程度的行政手段性质。它可以提高司法效率，减低司法成本。它不仅来自道德理念的考虑，更带有实用性的、行政手段化的一面。我们可以从同样的角度来理解如今广泛被使用的"坦白从宽、抗拒从严"制度：它固然带有促使嫌疑人悔改的道德维度，但更重要的也许是功利性的、司法行政手段方面的考虑。蒋正阳进一步论证，在革命战争时期，边区政府相当广泛借助"自首"的概念框架和话语来试图促使俘虏"投诚"或提供情报。这也是国民党和日本军政府相当广泛采用的战争和行政（而不简单是"法律"）手段。（蒋正阳，待刊）

"自首"话语和制度也可见于共产党党内纪律检查委员会所采用的"双规"制度。它既是一个官员改过自新的道德理念和司法制度，也是一个党组织对党内干部和高级官员所使用的管理方法和行政手段，而不能简单理解为"法律"，尤其不可用西方的"法律至上"的概念框架来理解。说到底，它也是一个"政"与"法"不分的制度、一个结合行政与法律的正义系统。

如此的系统无疑带有一定的实效。它可以提高破案率、减低办案成本，也可以是有效的情报搜集和策反手段，更可以是有效维持组织内部纪律的手段。它既来自古代的法律传统，也来自解放区全民战争的传统。它无疑带有一定的实质性道德理念维度，在理想情况下，可以适当"改造"犯罪人、敌人或党内的违规者。但是，我们也应该承认，这个制度也带有韦伯所批评的一面：它可能，甚或容易，成为一种行政权力过分渗透"司法"的效果。"刑讯逼供"便是比较突出的例子。党史中历次偏激的"肃反"运动，也是来自历史的教训。

我们需要的是，既不要简单把这样的系统等同于现代西方意义的"法律"或"现代化"，也不要把其视作一无是处的"专制""传统"的体系而简单完全拒绝，而是要清醒地认识到其结合"党""政"与"法"的实质，既看到其实质性道德化和实用性效率的一面，也看到其过分依赖不受制约的行政权力倾向的一面，以及尽可能使自首这样的制度规范化、程序化，并运作于一个可以有效制约行政权力的（法院）监督系统之下。

（四）劳动法中的国家法律与行政规定

笔者在最近十年中，写了一系列的文章论证中国改革以来的"非正规经济"（即没有法律保护以及没有或只具有低等社会福利保障）的人员，伴随大规模的农民非农就业（农民工）而暴发性扩增

（从 1978 年"城镇就业人员"中的 1.5 万人到 2010 年的 2.2 亿人），达到城镇就业人员总数的 63.2%。伴之而来的是"正规经济"就业人员（即具有法律保护和社会福利保障的）在城镇就业人员总数中所占比例的快速萎缩（从 1978 年的 99.8% 降到 2010 年的仅仅 36.8%）。（黄宗智，2013:63，表 2；黄宗智，2014a.3:附录三；黄宗智，2014b.3:第 11、12、13 章）这无疑是个巨大的历史性变迁，也是改革中中国面对的规模最大、最严峻的社会问题。

　　这个变化可以清晰地见于近年来的劳动立法中对"劳动关系"的严格和狭窄的定义，越来越把大多数的劳动者排除于其外，把他们纳入了不受劳动法律保护或只受十分有限的保护的"劳务关系"和"劳务派遣"范畴之下。2010 年，符合国家 2008 年实施的《劳动合同法》规定的"劳动关系"的正规经济人员总数才约 1.28 亿人，比起 1978 年中国工业和服务业未曾高速发展之前的 0.95 亿人其实所增无几，而改革期间大多数的新增第二、三产业就业人员，特别是 2.7 亿以上的农民工，则大多被排除于法定"劳动关系"范畴之外。也就是说，如今大多数的城镇劳动者已经成为不受法律保护、没有或只有低度社会保障的"非正规"劳动者。（黄宗智，2013:63，表 2）

　　但我们同时也要看到，在这个巨大的历史潮流中也有一定的反向逆流。譬如，国家面对数量巨大的工伤事件——2014 年全国"认定工伤"和"视同工伤"总共 114.7 万人，其中"评定伤残等级人数"约占一半，55.8 万人（人力资源和社会保障部，2015），一定程度上已经采纳了由国家提供工伤保险的行政渠道来应对这个问题。我们同时可以从司法实践（实际案件判决）中看到，地方法院的审判人员,遇到工伤赔偿案件时,如今并不是清一色地简单援用成文劳动法律条文来审理,而是同时援用了其他的资源,包括行政部门的条例,尤其是国务院公布的《工伤保险条例》(2004),以及《人力资源和社会保障部关于执行〈工伤保险条例〉若干问题的意见》(2013)。固然,国家并未从如此的角度来明确修改成文法律,并且仍然在经济战略上坚持必须照顾到发展经济和企业的决策。但是,毋庸置疑,国家的半法律、半行政措施在工伤赔偿层面上,起到了一定的作用,一定程度上拓宽了工伤赔偿的范围。

当然,在劳动法适用范围层面上,作为行政机构的人社部本身也通过行政渠道直接参与涉及劳动者权益的审定。首先,现行法律程序规定,在向地方法院提起诉讼之前,劳动者必须先经过当地人社部下设的"劳动争议仲裁委员会"的仲裁程序。这样,人社部行政部门其实直接参与了劳动法司法过程,成为其一个关键的步骤。这也是行政与法律紧密结合的一个实例。

如此并用行政与法律其实是中国正义体系中一个常见的现象。上面我们已经看到,过去的离婚法实践采用了同样性质的规定:法院不受理未经"区人民政府"行政单位调处的离婚争执(黄宗智,2014a.3:82;亦见《中华人民共和国婚姻法》,1950:第17条),一如法院不受理未经人社部仲裁的劳动争议。在中国的正义体系中,国家政策甚至可以指定某些争议是完全不可以告上法院的:譬如,20世纪90年代后期以及21世纪初期,在国企"抓大放小"的私有化改革过程中,国家通过行政政策规定,法院不受理涉及职工与企业间关乎下岗、买断、福利等的纠纷——它们必须由企业单位本身来处理。(黄宗智,2016a:14—15)毋庸说,这样的行政规定更加巩固了企业方的权力,削弱了职工所可能依赖的法律手段。又譬如,国家政策规定法院不受理涉及 1949 年之前的房屋所有者与房管部门间关乎房地产所有权的争执。从西方的行政与法律关系的视角来看,这是他们无法理解的做法。

　　类似于工伤事故赔偿问题的是众多正式与非正式用人单位"拖欠工资"的现象以及由其引起的众多社会抗议。国家在劳动法之外,同样采用了来自行政部门的条例/办法,如劳动部在 1994 年发布的《工资支付暂行规定》"通知",以及其后诸多的条例和规定,包括《国务院办公厅转发建设部等部门关于进一步解决建设领域拖欠工程款问题意见的通知》(2004)等文件。此外还有不同省、市发布的"规定"。各级法院同样可以援用(可以称作)"半正式""半法律"的行政"条例""规定""补充规定""通知"等。与人社部在劳动纠纷中所起的作用类似,通过以上的行政和半行政半法规措施,国家一定程度上拓宽了对劳动者的保护范围。

　　我们固然可以像韦伯那样把此点视作中国的正义体系的关键"弱点",认为是"外来"的行政对法律的干涉,法律因此缺乏独立性,乃是"非理性"的。但我们也可以把这样的司法实践视作中国历来正义体系与西方不同的关键的一面,既可以是弱点,也可以是优点:它可以导致执法含糊、法理和法律条文不清不楚,乃至于行政权力枉法,但也可以成为一种伸缩性更大,更能够灵活处理中国变革时期中众多复杂、矛盾的实际问题的立法和司法实践的道路。在实际的判例中,我们可以看到不仅是(狭义的)成文法律的援用,也能看到对国家政策以及行政部门的条例等的援用。事实是,在"转型"过程中,如此的多维和弹性的立法、司法和行政举措都可以看作一种对最有效、最可持久的制度的探索,其未来的状态仍然是一个未知之数。这正是改革期间中国正义体系的一个重要特点。

　　显然，以上这种法律和行政规定并用，甚至于在法院判决中并用，是和西方法律十分不同的。在韦伯型的现代西方"法律"概念之中，法律是凌驾于行政部门之上的，无论是法院还是行政部门，都须遵循法律来办事，其中充满把法律建构为永久以及普世的至高准绳的冲动。在美国，把争执诉诸法庭更被视为受宪法保护的一种基本权利，不可凭借行政手段而剥夺。而在中国，在法律制定内容之外可以适当考虑各种各样的部门规定和政策。而且，无论是行政部门还是法院系统本身，都可以采用"半正式"（未曾成为正式法律条文）的规定、指示、意见、说明、通知，乃至于地方上的法规等，来作为法院和政府部门参照的法律—政策。同时，党通过国家行政部门，甚至可以规定某些特定争执将不被法院受理。

　　说到底，中国的正义体系一直都没有完全采纳西方那样的"三权分立"原则，而是长期，直至今日仍然相当程度上援用了"中华法系"的"党"与"政"以及"政"与"法"并存、结合的传统。同时，法律乃至正义体系整体也被认为不是一个固定体，而是一个可以充满不同部分之间张力的体系，也是一个可以相应不同事实情况而变、需要不断摸索的系统。对一个处于剧变的社会来说，这也许不失为一个更具伸缩性和弹力的正义体系建设进路。

（五）合作社法

　　本文最后要讨论的实例是如今（2006 年颁布、2007 年开始实施）的《中华人民共和国农民专业合作社法》。与上述其他的例子不同，在合作社方面，由于改革时期对过去的计划经济和集体化农业的深层反动,导致了一种完全抛弃革命传统、完全模仿西方的强烈冲动。因此,在《中华人民共和国农民专业合作社法》中,基本完全仿效了西方的(被认作国际通行的)专业合作社模式。其制度环境的前提是高度市场化的经济以及高度企业化的农场,包括规模化的家庭农场。由此出发,想象了一个联合众多的(企业化)农场于一个完全以成员间的共同经济利益为组织原则的合作化模式,完全面向市场的合作化系统。其基本运作规则是按投入资本额(按股分红)或按营业额(而返还盈余)分配,偏向规模化企业成员倾斜。(李展硕,待刊)构想的是,众多的企业化农场由于其共同利益的驱动来组织(诸如加工、运输、销售等)的合作,并且是一个完全市场化的、自愿的、没有任何政府(行政)扶持或干预的组织。(《中华人民共和国农民专业合作社法》,2006;International Cooperative Alliance,2016)

在市场化、全球化和"与国际接轨"的大潮流下,中国采纳国际化的模式是完全可以理解的,而且中国农业确实已经呈现了一定的"企业化"趋势。但问题是,由于中国的"人多地少"基本国情(这方面和日、韩等东亚国家和地区相似,也和南亚的印度相似),绝大多数的"农场"如今仍然是几亩到几十亩的"小农"农场,而不是数千到数万亩的相对"地多人少"的西式、规模化、企业化的农场。(黄宗智,2015a;亦见黄宗智,2014c)但如此把中国农业的现实构想为与西方相似的规模化农场是脱离实际的想法,其所设想的是比中国农业要远远更加高度市场化、规模化、企业化的农业。这是其一。

其二是对中国农村其他方面的社会实际的忽视。在地多人少的新大陆的美国，由于其历史背景——1860 年的"宅地法"
(*Homestead Act*)允许移民登记领取 160 英亩的土地，1909 年的"加
大宅地法"(*Enlarged Homestead Act*)把其扩增到 320 英亩，1916 年
的"养殖宅地法"(*Stock Raising Homestead Act*)更扩增到 640 英亩
(3840 亩)，如今美国平均的农场规模是 441 英亩(2646 亩)
(National Agriculture Council,2015)——自始便没有可能形成像中
国这样以紧密人际关系组成的村庄社区。在近现代的运输、通讯
条件下，美国农业可以基本无视村庄/社区来组织农业合作社。但
是，把这样的制度和社会现实投射于中国农村，由此来设计农业合
作社，是完全脱离实际的抉择。笔者已经详细论证，中国应该借鉴
的不是西方，而是日、韩等东亚国家和地区的合作化历史经验。
(黄宗智,2015a)采纳西方的模式是一种不符实际的、盲目追求齐
步于国际"前沿"的选择，是过分试图效仿"先进"的西方而完全脱
离中国实际的错误选择。

更有进者，国家如今所采纳的合作社施行方式完全依赖立法，
通过颁布法律来设定专业合作社的蓝图，此外则主要依赖民间的
自发性来组织这些合作社，完全没有借鉴日、韩等东亚国家和地区
历史经验中的以村庄社区和其上的各级行政单位为组织框架的半
政府型组织，并由其接管之前的地方政府相当部分的支农资源和
功能。因此,2007 年以来兴起的合作社有许多是为了获取国家补
贴和税收优惠的合作社，在一定意义上是有名无实的。有关单位
虽然积极宣传其成效，但事实是，如今的专业合作社为小农所起的
作用不大。(黄宗智,2016b;亦见黄宗智,2015a)其中关键是，通过
立法而构想的专业合作社在一定程度上远离中国小农经济的实

际,也因此导致了不少作假的合作社。

　　虽然如此,在这样一种规划设定之下,仍然有一些是真正起到为小农服务作用的合作社,其数量可能达到所有合作社的20%,多以村庄社区为基本单位,虽然多是较小规模的。(刘老石,2010;亦见黄宗智,2015a)这个现象一方面说明的是,农村具有合作社的实际需求。另一方面,也说明如今国家的政策实际上是向规模化、企业化的农场倾斜的,虽然对合作社也有一定的补贴、鼓励举措,但是,远远不如在"招商引资"大战略下对农业企业的扶持那样的规模、那么积极。在国家角色仍然起到关键作用的中国经济之中,一定程度不均等的待遇其实是把合作社(相对企业而言)置于弱势的地位,其效果等于是一种对合作社的制度性抑制、障碍。这个事实尤其可以见于在现有的制度下,与企业化农业不同,绝大多数真正的合作社很难向国家金融机构贷款、融资,因此只可能成为较小规模的组织。(详细论证见黄宗智,2016b)

　　在这个领域中,国家目前过分地借鉴和模仿西方的经验,包括其依赖法律和人民自愿的进路、拒绝行政的"干预"。实际上,在客观环境最接近中国实际的日、韩等东亚国家和地区历史经验中,政府在推动合作社上起到了至为关键的作用。其出发点是日本明治后期地方政府设定农业现代化为其主要任务的传统(为小农提供现代投入、组织水利、技术援助、农产品加工、运输、销售),其后该制度被扩延到日本殖民统治的朝鲜等地区(虽然主要是为了向日本本国提供更多农产品)。再其后,在美国的占领(或决定性影响)之下,由于一组认同于罗斯福总统"新政"官员的(偶然的)决定性影响,在原有的地方政府传统基础上,大规模改组,把相当部分支农资源纳入新兴建的半政府型合作社,由此获得绝大多数农民的自愿参与。同时,实施了以小自耕农为主的土地改革,基本终止了地主经济(把农场规模限定于 45 亩——日本三"町"——之下),并禁止城镇资本购买农地,使自耕小农完完全全成为日、韩等东亚国家和地区农业的主体。结果是出现了日本 20 世纪 60 年代和 70 年代农业发展的"黄金时期",以及稍后在韩国和中国台湾地区呈现的类似的农业发展,为其在人均产出上进入西方"发达国家"的行列作了重要的铺垫。同时,也为这些地区较高的社会公平度奠定了基础,此点可见于它们如今的基尼系数:日本,37.6,全球 141 个国家和地区中排行第 65 名;韩国,31.1,第 29 名;中国台湾地区,34.2,第 45 名。① (CIA,2015;亦见黄宗智,2015a:27)

值得注意的是,有着"政"与"法"合一传统的中国,在这个问题上,一定程度走到过分依赖立法、拒绝行政的一面。这是一个过度借鉴、模仿(想象中的)西方现代化模式的反面实例,亟须反思和改革。在以上的实例中,我们看到,即便是在"三权分立"、法律至上的现代西方,法律仍然不可脱离其社会环境和历史背景来理解。把某一种模式或法律制度从其历史社会环境抽离开来,试图把其移植于完全不同的历史社会环境之中,是一个基本性的错误。其中关键是,无论是立法还是行政,都必须从实际出发,不可仅凭理论来设想。新中国成立初期,中国农业已经经历了集体化计划经济的错误,如今则试图借鉴、模仿完全相反的西方企业化农业发展模式,亟须反思和改革。

---

① 美国中央情报局(CIA)把 0.01 到 1.00 的基尼系数计算形式改作 1.00 到 100.00,虽形式不同,但实质一样。

三、对"实质理性"的重新阐释

(一)实质理性

上面我们已经看到,韦伯虽然建构了一个四分法的理想类型,但在他的历史叙述中,由于其深层的西方中心主义倾向,最终使用的其实不过是四大类型中的两种:即形式理性和实质非理性,并没有详细考虑形式非理性和实质理性。他把西方的法律发展史等同于形式理性类型的形成,特别突出罗马法、教会法中的形式理性雏形,写的是一种目的先行的现代化历史。虽然如此,他的分析成功地突出了西方现代法律的一些基本特征:依赖形式逻辑(演绎逻辑),强调个人权利(相对国家权力)的维护,强调法律系统的形式化、程序化、独立化等。其不足在于韦伯基本只把其他文明的历史当作他的总叙述的对立面,作为其陪衬,借以突出西方法律/文明的普适性和优越性。

他只以很简短的篇幅来讨论社会主义国家的法律。他虽然简略地把其等同于"实质主义理性"法律,但并没有对其作出深入的分析。他的论析基本局限于两个层面的批评:一是批评其劳动价值论,认为它没有考虑到资本、被继承的财产以及市场经济中的价值。另一则是批评其没有能够确立法律的独立性,允许特殊性的道德价值以及统治者的意愿来介入法律。结果是,等于把实质理性和社会主义法律也等同于(实质)非理性类型。(Weber, 1978 v.2:812—814)

更有进者，他没有详细考虑到形式理性法律的局限。他曾指出其昂贵的律师费用问题（韦伯，2005：225），但并没有点出昂贵费用与形式理性法律的独立性、封闭性和高度专业性质直接关联的事实，更没有能够考虑到实质理性相对形式理性的可能优点。（黄宗智，2014a：总序，第15页）这正是我们这里要做的工作。

笔者在另文中已经详细论证，中华法系传统中一贯结合社会的非正式正义体系与正规的法庭体系来组成其正义体系整体，借此来降低社会的诉讼频率、避免形式化法律必然把矛盾推向对抗性争执的强烈倾向。毋庸置疑，中国的非正式和半正式正义体系，大大减低了中国的诉讼频率（当然，也要考虑到中国在社会激烈变革中纠纷频率较高的因素），也是西方近几十年来的"非诉讼纠纷解决"（ADR）制度建设的重要典范。我们要认识到，非正式的社会纠纷解决机制是从"和谐"的道德理念出发的，因此，也完全可以视作"实质主义"正义体系的一个方面。（黄宗智，2016a）虽然，也可以和"实质主义"的正义体系分开来讨论。在本文中，笔者要集中讨论的是"实质主义"的一些其他方面。

首先是其在思维方式上与形式理性的不同。实质主义不要求设定普适的真理、不要求把法理通过逻辑化来达到普适化、不要求把法律原则抽离具体事实情况而被适用于所有可能的事实情况，而是一贯强调要连接法理与事实情况、理论与实践、普适与特殊。这是中华法系之所以应该被认作一个实质主义的正义体系的重要原因。它的一个基本思维是，任何抽象法理或法律，都需要通过具体事实情况来阐释，因为后者是无穷无尽的，而且是经常在变动的。正因为如此，历代的法典基本都以具体事实情况来阐释抽象法律原则，亦即寓抽象法律于具体事实情况。譬如，采用惩罚违反财产"权利"的各种具体行为来说明"产权"的含义：如非法侵占、盗卖（他人田宅）、"虚（写价）钱"、"擅食（他人的）田园瓜果"等，对每一种行为都制订了一定等级的刑罚。（黄宗智，2014a.3：尤见132—138）

　　回顾启蒙时代西方自身的思想，其实启蒙哲学大师康德在处理普适和特殊、理论和实践、抽象和具体等二元方面，远比韦伯全面。韦伯偏重普适而轻视特殊、偏重逻辑而轻视道德价值、偏重理论而轻视实践、偏重抽象而轻视具体。康德则比他中允、平稳、全面得多。在康德看来，如果要把道德价值付诸行动（实践），人们需要经过"实践理性"（practical reason）的媒介，其中关键在其"绝对命令"（categorical imperative）准则："你要仅仅依赖你同时也能够愿意它成为一条普遍法则的那个准则去行动"，借此区别可以普适与不可普适的道德理念，打通特殊与普适。在这方面，康德的"绝对命令"其实近似于儒家的道德观，即"己所不欲，勿施于人"的"黄金规则"。康德这个三层面（道德价值、实践理性以及实际行动）的思想，和中华法系结合儒家道德观与法家的形式化、规范化逻辑，并辅之以在实际运作中的实用性考虑，其实是隐隐相互呼应的。（详细讨论见黄宗智，2015b：87—89）而西方后来在帝国主义时期的唯我独尊气势，包括韦伯在内，其实是失之片面的。以儒家思想来衡量，康德的思想要远比韦伯的更包容和中允，而那样的思维也是数千年来主导中华法系的思维方式，并且仍然可以清晰地见于中国如今的正义体系。

　　同时，这也是一个更强调伴随社会实际和变迁而更改成文法律的法理观，因此也是一个能够宽容、平等对待不同传统与不同法理的思路。这两点可以见于上述的历代法典的变迁，也可以见于其正义体系的多元性,其结合法家与儒家的传统。而且,它区别可资调解来处理的案例(一般多是没有明显对错的纠纷)以及要明确分出对错的法庭断案,不像形式法律那样把所有纠纷都纳入明分对错、推向非此即彼的对抗性框架内来处理,因此而引起许许多多不必要的长时期、昂贵的对抗性法律纠纷。(西方法律已经因此在20世纪60年代到80年代在离婚法中废弃了之前的必分对错法理,普遍采用了"无过错"[no fault],即不再考虑过错的离婚法理。)它促使细事和无过错纠纷可以通过中间人的斡旋而简易、低成本地处理,并且一定程度上能够维持(即便只是表面上的)和谐,让同一社区的成员能够更好地长期共处。

(二)实质主义 vs. 程序/条文主义

如此的实质理性的正义体系能够避免高度程序化的西方法律所引起的,凭借法律程序漏洞而在形式上遵守法律、实质上违反法律精神的弊端。譬如,如今美国的500强跨国公司,不少雇用数以百计的税收专业律师和会计来钻法律漏洞而避免应缴纳的营利、增值税。它们广泛使用注册或藏匿资产于所谓的"避税天堂"(Tax Haven)的国家和地区(如爱尔兰[Ireland]、百慕大[Bermuda]、巴拿马[Panama]、开曼群岛[Caymen Islands]、瑞士等地)("10 Best Tax Havens in the World," 2016)的手段来减低或避免自身该负的纳税义务。其结果是,把国家财政的重担转嫁于未能采用如此手段的社会中等和中下等阶层。其中的关键是法律重形式和条文多于实质。实质正义当然有可能因为威权统治而导致官员贪污、腐败行为,但在重视实质过于形式和条文方面,则不会允许普遍的貌似守法但实质是犯法的公开行为。而且,在贪污、腐败方面,集权于单一政党(或行政长官)的威权统治并不必然会导致更多的官员贪污和腐败——以廉政著名的新加坡和中国香港便是实例。

美国20世纪90年代以来各州所采纳的所谓"三振出局法律"(Three Strikes Law)也是法律过分形式化的一个实例。其原意是为了减轻法庭的负担,规定一再犯罪的人,在第三次犯罪时将被重惩,长期监禁(起码20年)。但是,在实施中,譬如在加利福尼亚州许多毒品小贩或毒品使用者由于该法律(及其形式化援用)而被判长期监禁,使大量的相对轻罪者被与暴力性重罪犯一起长期监禁,也使美国监禁率已经是很高的局面更加恶化。其中黑人占到较高比例——而其犯罪肇因又多是社会性的(居住在特高犯罪率的贫民窟,或/以及支离破碎的家庭环境)而不是根本性的、严重的罪恶。加利福尼亚州因此后来在2012年修改了其原来的三振出局法律。(American Civil Liberties Union,2016;Ballotpedia,2012)此前,在高度形式化、程序化的美国法律体系中,加州的法官们在三振出局的法律规范下,多按照原来形式化的条文而判案。从实质理性来考虑,如此的犯罪者更应该通过改造而不是重惩来处理。

三振出局法律对大多是贫穷人的过分严格惩罚,与五百强公司明显的形式上合法但实质上犯法的避税行为,正好形成极其鲜明的对照。两者合起来直接影响到正义体系整体在民众中的形象。

(三)对抗性的法律

以上是在形式化法律的成文法范围之内的一些弊端,但更重要的也许是在成文法律覆盖范围之外的弊端。我们看到,过度形式化、程序化的法律很容易导致必分对错的弊端。而且,它缺乏处理细事和轻罪的调解机制,只能要么把其纳入过重的成文法之内来处理,要么根本就无法处理。结果常会促使原本是细事的纠纷恶化为更严重的罪行。

这也是美国监禁比例之所以特别高(每 10 万人口有 693 名监犯,全球 221 个国家中排第 2;中国为 118 名,全球第 136)的重要原因。(World Prison Brief,2016)而来自"中华法系"传统的日本正义体系,正因为其如今仍然广泛依赖社会和法院的调解,其诉讼和犯罪比例要远远低于美国:每 10 万人口中只有 47 名监犯,全球第 202 名)(同上),美国每 10 万人中有 365 名律师,而日本则只有 16 名,才是美国的 1/23。(Magee,2010;亦见黄宗智,2016a:20,脚注 91)

如今的中国,因为正处于社会矛盾多发的"转型"过程之中,如果废弃中国式的"大事化小、小事化了"民间调解的古代传统以及行政调处的革命传统,而采纳美国事实上常常是"小事化大"的法律体系,其后果可以说不堪设想。同样,如果废弃公安与行政部门/机构的司法作用,其法院系统将会不堪重负。

四、结语

看到正义体系的多维整体,考虑到其社会环境和所处历史环境,才可能看到"实质理性"法律的优点。这并不是要否认其所可能导致的行政过分干涉司法,以及恶劣的统治者可能严重歪曲司法,甚至无视法律而依赖警察政治、行政专政、群众暴力等种种可能弊端,而是要说明实质理性主义法律的道路并不一定不如形式理性法律,并不一定像韦伯原先的理想类型那么简单明了、优劣分明。我们要的不是对西方—美国的盲目崇拜和模仿,而是要洞察到两类不同正义传统的优点和弊端及其原因。由此出发,才有可能做到"取长补短"地对待中西矛盾问题,才有可能对中国当前和未来的正义体系作出明智的抉择。

如此的抉择的第一步是清醒地同时认识两种正义体系。在宽阔的"多元""正义体系"视野下,我们才能看到传统的非正式正义体系与现代的法庭正义体系结合所起的作用——减少诉讼频率、减轻法院负担、维护社区"和谐"。同样,认识到"法"与"政"的兼用、平衡、协调,才能看到如今半司法、半行政的调处所起的正面作用。在轻罪案件中,公安部门对待轻罪中的调处/调解,虽然达不到法院运作那样的规范性,但是更能够适当考虑具体事实情况以及纠纷实质来简易、低成本地处理。固然,它也带有公安部门滥用权力(如刑讯逼供)的风险。未来也许可以考虑补之以法院监督来维护当事人申诉权利的法律系统。

至于少年与儿童的改造、感化、教养、习艺等,公安部门确实可以比法院系统更灵活、实用和低成本地处理犯法的未成年人。固然,如此的系统也带有过分专断的风险。对未来来说,也许应该同样设置法院监督来防御滥用警察职权,确立当事人申诉的权利。

至于劳动法,如今在模仿美国、法律形式化、偏重经济发展以及资本过于劳动者的大潮流下,凭借行政手段来适当维护劳动者至为紧迫的需要,也是一个无可厚非的做法。鉴于很高数量的工伤频率(以及由于依赖廉价劳动力来推动经济发展的战略所导致的越来越狭窄的"劳动关系"适用范围),凭借行政手段和"保险"

"条例"而不是"法律"来反潮流地维护在工作中受到严重伤害的劳动者，以及凭借行政规定来处理工资拖欠问题，也不失为一种权宜之计。当然，从长远的视角来看，迟早还是需要凭借成文法律来规范。

最后是如今的专业合作社法，盲目模仿现代西方法律，无视中国历史与社会的基本实际，所说明的是，背离实际的意识形态化理论是多么地充满误导性，多么地使人们用空想来替代实际，以错误和不合适的理念来替代具体、实际的可行方案（政策和法律），为的是表面上的"现代化""与国际接轨"和"国际前沿"。受其伤害的则是被完全忽略的农民大众，其利益、其意愿。我们可以说，无论是实质法律还是形式法律，都有可能犯如此脱离实际的错误。中国的专业合作社法可以说是一个极端的例子，代表的是不顾具体情况来援用舶来的形式主义法律以及形式主义经济学理论/意识形态。需要的是，脚踏实地地来借助实质理性传统及其思维方式，结合行政与司法来更好地回应亿万小农真正的需要。

总的来说，中国正义体系整体的法理与现代西方的法理确实有一定的不同。但这不是一个落后的"前现代"vs.先进的"现代化"的问题，而是一个"中华法系"在"现代化"变迁中需要探寻符合中国国情的最佳道路的问题。它不是一个中国 vs.西方、实质 vs.形式、非理性 vs.理性的二元对立、非此即彼的问题，而应该是一个取长补短、协调磨合，并由此创新的问题。

参考文献:

白轲(Larry C. Backer)(2014):《强世功对"不成文宪法"以及中国宪政秩序的研究》,载黄宗智编《中国政治体系正当性基础的来源与走向:中西方学者对话(七)》,《开放时代》第 2 期,第 20—29 页。

蔡定剑(2011):《政治体制改革的历史与现状》,载《炎黄春秋》第 2 期,第 1—8 页。

《国务院办公厅转发建设部等部门关于进一步解决建设领域拖欠工程款问题意见的通知》国办发〔2004〕78 号,2004 年 10 月 29 日,http://sifaku.com/falvfagui/41/zdpzfpa18cdb.html。

国务院《工伤保险条例》,2004 年(1 月 1 日施行(中华人民共和国务院令,第 375 号),http://wenku.baidu.com/link? ur1 = f3BkA7Vj41fYQ_dHnyigQ99TMvldtdskjN0nbXGTCN-NiUln7rFmFGWu8NNdpZRvcv06oebQgUpNo-ZAMYqJSICG7Mft0R3FIX9opoyYSrO。

黄宗智(2010):《中西法律如何融合? 道德、权利与实用》,载《中外法学》第 5 期,第 721—736 页。

黄宗智(2013):《重新认识中国劳动人民——劳动法规的历史演变与当前的非正规经济》,载《开放时代》第 5 期,第 56—73 页。

黄宗智(2014a):《清代以来民事法律的表达与实践:历史、理论与现实》,三卷本,增订版。第一卷:《清代的法律、社会与文化:民法的表达与实践》,2001[2007],上海:上海书店出版社;第二卷:《法典、习俗与司法实践:清代与民国的比较》,2003[2007],上海:上海书店出版社;第三卷:《过去和现在:中国民事法律实践的探索》,2009,北京:法律出版社),北京:法律出版社。

黄宗智(2014b):《明清以来乡村社会经济变迁:历史、理论与现实》,三卷本,增订版。第一卷:《华北的小农经济与社会变迁》,1986

[2000,2004,2009],北京:中华书局;第二卷:《长江三角Ⅰ的小农家庭与乡村发展》,1992[2000,2007],北京:中华书局;第三卷:《超越左右:从实践历史探寻中国农村发展出路》,2014,北京:法律出版社。

黄宗智(2014c):《"家庭农场"是中国农业的发展出路吗?》,载《开放时代》第 2 期,第 176—194 页。

黄宗智(2015a):《农业合作化路径选择的两大盲点:东亚农业合作化历史经验的启示》,载《开放时代》第 5 期,第 18—35 页。

黄宗智(2015b):《道德与法律:中国的过去和现在》,载《开放时代》第 1 期,第 75—94 页。

黄宗智(2016a):《中国古今的民、刑事正义体系:全球视野下的中华法系》,载《法学家》第 1 期,第 1—27 页。

黄宗智(2017):《中国农业发展三大模式——行政、放任与合作的利与弊》,载《开放时代》第 1 期,第 128—153 页。

蒋正阳(2014):《清代与现代自首制度的比较研究——对法律现代主义的几点反思》,纳入黄宗智、尤陈俊编《历史社会法学:中国的实践法史与法理》,第 265—290 页,北京:法律出版社。

蒋正阳(待刊):《中国特性的法律现代化——以陕甘宁边区自首制度为中心》,引用经作者允许。

景风华(2016):《中国少年法体系的变迁:文本、理念与实践》,中国人民大学法学院博士学位论文。

李树忠(2015):《迈向"实质法治"——历史进程中的十八届四中全会"决定"》,载《当代法学》第 1 期,第 3—13 页。

李展硕(待刊):《村经济合作社分配制度研究》,引用经作者允许。

刘老石(2010):《合作社实践与本土评价标准》,载《开放时代》第 12 期,http://www.opentimes.cn/bencandy.php? fid=170&aid=892。

强世功(2009):《中国宪法中的不成文宪法——理解中国宪法的新视角》,载《开放时代》第 12 期,第 16—40 页。

强世功(2014):《白轲论中国的党政体制》,载黄宗智编《中国政治体系正当性基础的来源与走向:中西方学者对话(七)》,《开放时代》第 2 期,第 16—40 页。

人力资源和社会保障部(2015):《中国社会保险发展年度报告2014》,http://www.chinazxx.com/show.asp? id＝1917。

孙谦(2013):《法治建构的中国道路》,载《中国社会科学》第 1 期,第 13—17 页。

田雷(2014):《中央集权的简约治理——微山湖问题与中国的调解式政体》,纳入黄宗智、尤陈俊编《历史社会法学:中国的实践法史与法理》,第 291—320 页,北京:法律出版社。

屠凯(2016):《党内法规与国家法律共处中的两个问题》,载《中国法律评论》第 3 期,第 47—51 页。

汪晖(2014):《代表性断裂与"后政党政治"》,载黄宗智编《中国政治体系正当性基础的来源与走向:中西方学者对话(七)》,《开放时代》第 2 期,第 70—79 页。

韦伯(2005):《法律社会学》,康乐、简惠美译,载《韦伯作品集 IX》,桂林:广西师范大学出版社。

袁松达(2013):《走向包容性的法治国家建设》,载《中国法学》第 2 期,第 5—17 页。

《中国共产党章程》,2012,http://news. xinhuanet. com/18cpcnc/2012-11/18 /c_113714762.htm。

《中华人民共和国婚姻法》,1950,载湖北财经学院编《中华人民共和国婚姻法资料选编》,无出版处。

《中华人民共和国农民专业合作社法》，2006，http：//www. gov. cn/flfg/2006-10/31/content_429392.htm。

《中华人民共和国宪法》，2004，http：//www. people. com. cn/GB/shehui/1060/2391834.html。

《中华人民共和国宪法修正案》，2018，https：//duxiaofa. baidu. com/detail？searchType＝statute&from＝aladdin_28231&originquery＝2018%E5%AE%AA%E6%B3%95%E4%BF%AE%E6%AD%A3%E6%A1%88&count＝26&cid＝3805a2baf35bc07eb902bd90b2e12f8d_law。

朱景文编（2011）：《中国法律发展报告：走向多元化的法律实施》，北京：中国人民大学出版社。

American Civil Liberties Union.（2016）. "10 Reasons to Oppose' Three Strikes, You're out'," https：//www. aclu. org/10-reasons-oppose-3-strikes-youre-out.（accessed May 2016）.

Ballotpedia, The American Encyclopedia of Politics.（2012）. "California Proposition 36, Changes in the Three Strikes Law," https：//ballotpedia. org/California_Proposition _36, _Changes_in_the_%22 Three_Strikes%22_Law_（2012）.

CIA.（2015）. "Country Comparison: Distribution of Family Income-Gini Index," https：//www. cia. gov/library/publications/the - world - factbook/rankorder/2172 rank.html（accessed March 20, 2015）.

Grey, Thomas C.（2014）. *Formalism and Pragmatism in American Law.* Leiden/Boston: Brill.

International Co-operative Alliance.（2016）. "Co-operative identity, values and principles," http：//ica. coop/en/whats-co-op/co-operative-identity-values-principles.

Langdell, C. C.(1880) .*A Summary of the Law of Contracts.* Boston: Little, Brown, and Company.

Magee, Stephen P. (2010) . "The Optimum Number of Lawyers and a Radical Proposal for Legal Change, " http: //buckleysmix. com/wp −content/ uploads/2010/10/Magee.pdf(accessed July 2015) .

National Agriculture Council, "Agriculture Fact Sheet, " 2015, http: // www.agday.org/media/factsheet.php.

"10 Best Tax Havens in the World, " 2016, http: //www. fool. com/ investing/general/2016/01/03/10 −best−tax−havens−in−the−world.aspx.

Weber, Max. (1978 [1968]) . *Economy and Society: An out line of Interpretive Sociology*, edited by Guenther Roth and Claus Wittich, trans. by Ephraim Fischoff et al.2 vols. Berkeley: University of California Press.

World Prison Brief."Highest to Lowest-Prison Population Rate(World) , " http: //www. prisonstudies. org/highest −to −lowest/prison _ population _ rate? field_region_taxonomy_tid =All& =Apply.Accessed September26, 2016._.

第七章　中国正义体系三大传统与当前的民法典编纂[①]

一、问题

　　广义的中国正义体系是由三大传统组成的。一是来自古代的"中华法系"传统,包括其非正式正义体系,特别是社区的调解体系——今天,在全社会每年共约 1000 万起(有记录的)民间纠纷之中,每两起仍然有一起是通过社区"人民调解"(村/居民调解委员会)解决的。而在西方,真正的中国式的调解,最多只达到法院处理案件中的几个百分点(在美国低于 2%;在调解更为发达的荷兰,

---

① 本文是为中国人民大学法学院历史与社会高等研究所召集的"历史社会法学与民法典编纂"学术会议(2017 年 5 月 20—21 日)撰写的论文(完成于 2016 年 10 月)。会议文章分别发表于《法学家》和《开放时代》。本文载《开放时代》2017 年第 6 期。

也才 3%）。① 再则是中华法系中的行政与法律的长期交织,如今仍然非常明显。② 第二是清末民国以来从西方,尤其是大陆法系移植过来的成文法律,包括其权利理论和话语,以及经过法律逻辑整合的众多法则和条文。这是主宰当今民法典编纂的主要传统。第三则是 20 世纪中国革命的传统,包括其政党—国家体制和社会主义话语,至今同样仍然十分明显。同时,还有其与古代和引进的两大传统相互作用而形成的大规模"半正式"调解,主要是法院调解和行政调解——如今在每年处理的将近 1500 万起纠纷中,每三起有一起是调解结案的。也就是说,当前的正义体系在实际运作的层面上,明显同时含有以上三大传统"多元"的方方面面,其间既有分别并存,也有互补结合,更有相互作用和融合。当然,也不可避免地带有拉锯、摩擦、碰撞、矛盾,包括滥用和腐败。

笔者这里所采用的正义体系/(广义)法律体系概念,是个远比国内一般通用的狭义的"法律"范畴要宽阔得多的范畴。对法律一词最狭窄的理解当然是只指国家成文法律,也就是如今通过全国人大正式颁布的中华人民共和国法律。但即便是使用狭义"法律"概念的人们,也会同时考虑到中央和地方性的行政法规以及政府各部门和地方政府的行政规章。笔者强调的则是,在成文法规的条文之外,我们还需要考虑到其实际运作,不然,只可能被限定于法规的表达/话语层面,无视其与社会实际相互作用的司法实践层面。更有进者,因为成文法规只是维护正义和解决纠纷机制的一

---

① 详细论证见本书第 197 页表 1 和黄宗智,2016a:16—21。
② 详细论证见黄宗智,2016c。

个部分,我们还需要纳入非正式正义体系(民间调解)以及半正式的纠纷解决机制(行政调解和法院调解)。同时,因为在中国的政党——国家体制下,"政"与"法"紧密交织和缠结,缺一不可理解,我们必须考虑到其间的关系。不然,也不可能看到正义体系的整体。

有的读者也许会感到以上对"正义体系"的定义有点过分宽泛。这里需要说明,如今代表全球视野的"世界正义工程"(WJP),以及其每年发表的、影响极大的关于全球主要国家正义体系的量化衡量指数和排名,所采用的概念和上面所简单总结的对"正义体系"的理解是基本一致的。首先,WJP原定的八大范畴便明显包括政法体系的整体以及其实际运作,包括从使用者的角度来衡量法律体系。而且,WJP早已认识到,西方由于其正规法庭费用过分昂贵、其诉讼过分频繁,从20世纪70年代开始已经相当普遍建立"非诉讼纠纷解决"制度(ADR)。因此,WJP早已把ADR纳入其对各国正义体系的衡量,目前是把其置于第七范畴"民事正义"(civil justice)之下。但同时,WJP也已认识到自身之前把调查点完全集中于每个国家的三大城市、基本无视农村的不足,因此已经决定今后要纳入农村的研究和指数。更有进者,WJP也已隐约认识到,西方的ADR制度并不足以涵盖非正式正义,因此决定把非正式正义(informal justice)添加在原先的八大范畴之中作为第九个要具体估量的范畴。此举应该会对中国和历史上受中华法系影响的其他主要东亚国家——特别是日本和韩国——的估量起到重要的作用。目前它虽然尚未把这个第九范畴正式纳入其对各国正义体系的量化估量数据,但未来无疑将会试图这么做。WJP代表的对"正义体系"的理解,可以说是当今国际法学的主流和前沿。作者已撰文详

细论述以上简单总结的各点,在此不再赘述。(黄宗智,2016a)

但是,中国今天的法学界绝少采用整体化了的"正义体系"视野。如今,在民法典的编纂中,法学家们主要只关注成文法律,大多是从西方引进的法律,其重点在"与国际接轨"和"完善市场经济"等国家主要战略决策,并没有认真考虑到广义的、整体化的"正义体系"以及其所涉及的众多难题。但我们如果从长时段的历史视野和实际运作的正义体系来看,长远的民法体系建立,必须同时关注到古代与革命两大传统,必须考虑到如何处理引进的成文法律与其他两大传统的关联问题,既是因为三大传统实际存在于司法实践中,也是因为唯有综合三大传统才有可能真正认识到、建立中国法治的"特色"。

固然,当前偏重仿效西方的倾向是完全可以理解的。中华法系传统依据的是与现代西方法律体系截然不同的法理,诸如"和""仁""家"等道德价值,与西方现代的以个人权利为核心的法理十分不同。在中华法系"和谐"理念主导下遍布社会的民间调解体系,与西方由个人权利观念(以及侵权和责任)主宰的法律体系,两者很不容易在法理上整合一致。至于当代的社会主义革命传统则更加如此。在中国与西方十分不同的政党—国家体制下,"政"与"法"之间的关系与西方三权分立的体系显然很不一样。同时,解放区和毛泽东时代建立的半正式行政和法院调解体系,在中国的正义体系中起到极其重要的作用,但在西方是比较少见的。而其背后的法理既涉及传统中华法系的道德观念,也涉及如今的政党—国家体制和引进的法院体系。如何把这一系列的不同维度整合起来是个重大的难题。目前关于这些难题的学术探讨和讨论不多,部分是逻辑上整合的困难,部分是因为在政治层面上分歧较深,也比较敏感。

但毋庸置疑,在实际运作层面上,三大传统一直都是并存的,而且展示了中国历史中具有深远根源的思维倾向,即认为中国这样的文明大国,应该能够容纳不同的,乃至相悖的、矛盾的"多元",由其并存和相互作用,不必过分追求其逻辑上的整合。历史上的儒、法结合,儒、佛并存,乃至于游牧文化与农耕文化的结合等,都是具体的例子,也可以说是中国文明的一大特色。

近年来流行的"法律多元主义"一词一定程度上表达了如此的思路。在该词一般的用法中,其含义主要是事实性的描述,指的主要是不同的法律传统、理论和体系的并存(肖光辉,2007),不带有原来西方"政治多元主义"(political pluralism)那样的凭借政权多中心化来限制专制和树立民主与自由的含义,也不带有系统综合或整合不同的多元的含义。它主要是如今存在的实际的经验性描述。

在笔者看来,如此的思路固然无可厚非,它是符合实际的,也是实用性的。但是,我们仍然需要对多元体系中所包含的分歧与结合、矛盾与共同作出系统的学术探讨,把其所涉及的主要难题梳理清楚。首先是为了掌握真实,并避免陷入简单的、二元对立的非此即彼的认识和争执:要么是全盘西化、要么是全盘本土化,要么是资本主义、要么是社会主义。那样的话,既看不到问题的全面,也看不到其真实性质。同时,梳理清楚多元体系中的主要分歧和共同点,才有可能探讨如何取长补短,如何整合或融合,乃至于超越。

笔者认为,对那样的道路的探索,最实用可行的办法是鉴别中国正义体系在实践层面上已经展示的磨合。系统梳理其中已经展示的"实践逻辑",会有助于我们对中国正义体系实际的理解,也有助于我们探索如何整合三大传统来创建一条新的道路。这是本文的重点所在。文章的讨论将偏重建设性的方面,更多强调正面的结合,但也会关注到负面的短处与问题。

二、当前的民法典编纂工程

在"与国际接轨"、建立和"完善市场经济"、建设"依法治国"的国家重大战略性决策之下,近年来的主要立法趋势是以西化和移植为主,模仿西方现代法律,追求其中的逻辑化整合。最近几年(2014年4月以来),在党中央(十八届四中全会)的指示下,更重新推动了"民法典编纂"的工程。首先,在已经制定多年的"民法通则"的基础上,进行修改补充,而后在之前颁布并已实施了一段时期的部门法律——婚姻法、继承法、合同法、物权法、侵权责任法的基础上,来整合编纂一部比较完整的"民法典"。如今,1986年颁布的"民法通则"已经经过修改成为新的"民法典总则草案",并已提交人大常委会,(于2016年2月)由人大法制工作委员会将"草案"的"征求意见稿"印发地方人大和中央有关部门讨论。之后,由人大党组向中央政治局常委会提交《关于民法典编纂工作和民法总则(草案)几个主要问题的请示》,于6月14日得到中央的"原则上同意请示"的批复。其后,法工委按照指示修改后,形成《中华人民共和国民法总则(草案)》,并拟于2017年3月提交十二届人大会议审议通过。而后,将据此整合各部门法律,拟于 2018 年提交人大常委会审议,预期在 2020 年颁布完整的民法典。(《中国民法典拟于 2020 年编纂完成》,2016)

法学界参与民法典编纂工作的主要有两个团队。一是中国社会科学院法学研究所,2000 年便在梁慧星研究员领导下成立"中国民法典立法研究课题组",召集了多个院校法学界人士于 2003 年编著出版《中国民法典草案建议稿》,并于 2013 年出版《中国民法典草案建议稿附理由》丛书,共八卷九册,分别是:中国民法典草案建议稿、总则编、物权编、债权总则编、合同编(上、下册)、侵权行为编、亲属编、继承编。2014 年,更由同所研究员孙宪忠组织"民法总则立法课题组",两次向人大提出编纂民法典的议案。(见"中国社会科学院民法典立法研究课题组——成果发布平台",2016)

另一团队是 2015 年成立的、由第十二届人大常委的法律委员会副主任委员张鸣起,以及中国人民大学常务副校长、中国法学会副会长、中国民法学研究会会长王利明领导、召集的,编著了《中华人民共和国民法典·民法总则专家建议稿》,并于 2015 年 6 月 24 日正式提交人大法工委。(《中国法学会民法典编纂项目领导小组会议召开》,2015;《〈中华人民共和国民法典·民法总则专家建议稿(提交稿)〉正式提交全国人大常委会法制工作委员会》,2016)

仔细阅读梁慧星的著作,我们可以看到,其总体设想是构建与西方现代法律相似的民法,并且有意识地"继受"西方大陆法系,尤其是德国的民法典。在梁慧星看来,古代中国没有民法,只有刑法。因此,中国现当代的民事立法,只可能"继受"现代西方的民法,特别是 1804 年的法国民法典以及 1900 年的德国民法典。梁尤其突出确立"人权"和财产权,强调保证个人人格权利并"禁止任何组织或个人侵占、哄抢、破坏"个人合法财产,且把这个目的置于"文化大革命"的历史背景中来理解。(梁慧星,2015a;亦见梁慧星,2015b;梁慧星,2014)

至于领导中国法学会编著《中华人民共和国民法典·民法总则专家建议稿》的王利明,则自始便明确说明,"如果说1804年《法国民法典》是19世纪风车水磨时代民法典的代表,1900年《德国民法典》是20世纪工业社会民法典的代表,那么我国的民法典则应当成为21世纪民法典代表之作"。其与梁慧星把中国民法典编纂工程当作继受西方大陆法系(尤其是德国)传统的主导思想清晰易见。王更加强调法律应具备"逻辑自洽"和"科学合理"性。同时,指出民法典要对应新技术——诸如信息技术和生物技术等所产生的新法律问题和需要,来制定关乎知识产权、人体器官、代孕技术等方面的法律。再则是环境危机和环境保护方面等21世纪的具有"时代特征"的法律。最后,王提出了一个"四步"起草方案:(一)先起草民法典的总则;(二)起草人格权编;(三)起草债法总则编(并以此概括、主导合同编与侵权责任编);(四)汇总、完善民法典整体。(王利明2014;亦见其之后撰写的多篇短文,这里不一一列出)

梁慧星和王利明虽然都提到传统的"中华法系",并似乎对其推崇备至,但是,很明显,两人都认为这是个已经过时的体系,与今天的立法基本无关。(梁慧星,2015a;亦见王利明,2015)在全盘引进西方法律和法学的今天,此点已经被许多法学家视作不言自明的共识。至于中国根据地时期和毛泽东时代的立法传统,就更不用说了。

三、学术界对民法典编纂工程的质疑

2016 年 8 月,笔者在中国知网搜索,查出 2014 年 4 月(中央指示编纂民法典)以来的关乎"民法典编纂"议题的相关文章共 194 篇,发现其中总共只有 9 篇从历史视角提出了对主流民法典编纂的商榷意见。以下转入关于这些近作的总结,适当响应和批评。

(一)习惯与习惯法研究

其中一种主要的意见是,中国的民法典需要更充分地考虑民间习惯,具体建议包括应该确立习惯为"法源",对其进行大规模、系统的调查,一如清末民初两次进行的那样,然后把民间的习惯适当纳入民法典。高其才尤其做了大量的工作,系统搜集、整理了现存(狭义)法律条文,以及行政法规、地方性法规、部门规章和地方政府规章中有关习惯,特别是与少数民族习俗相关的材料,一一罗列。(高其才,2016)陈寒非同样强调习惯,并提出了组织调查的具体方案。(陈寒非,2015)两位作者的共识是,认为民间习惯以及习惯法乃是至为重要的"法源"。李乔乔则争论民间习惯乃是中国法学的"本土资源"的主要内容。(李乔乔,2016)

但是,高其才等所梳理出来的主要是与各地、各民族的特殊习惯相关的法规,在规范化层面,除了现行法律已经概括的"尊重少数民族的风俗习惯"法则外,并没有对其作出概念提升和法理分析,而如今形式主义的民法起草者关注的则主要是适用于全民的普遍规范和逻辑——两者因此很不容易对接上。我们在民国时期的法律历史中已经看到,当时的民法制定者便因为所搜集到关于习惯的经验证据各地不一,不可能对其中绝大部分内容作出规范概括,而放弃了原先倾向"习惯法"思路的设想。而且,实际上当时国民党在胡汉民等的领导下,对民间习惯所持的基本态度是排斥的,认为"我国的习惯坏的多,好的少"。(胡汉民,1978:847—848;亦见黄宗智,2014a.2[2003,2007]:53)在那样的主导思想下,起草民法的专家们最终选择的是如下的规定:"民事法律所未规定者依习惯,无习惯者依法理"(第1条);然后,"民事所适用之习惯以不背于公共秩序或善良风俗者为限"(第2条)。(《中华民国民法》,1929—1930;亦见黄宗智,2014a.2[2003,2007]:53)这也是今天编纂民法典的学者们所持的基本态度和原则。(梁慧星,2015a;王利明,2014;亦见高其才,2016:35)

高其才等提议的是,要确立习惯乃是或应该是成文法最终的"法源"。但问题是,即便搜集了大量的具体、特殊的习惯资料,国家法律将如何从其中抽象出对全国人民具有规范意义的法则?除了规定成文法已有的要尊重民俗的法则之外,国家法律其实不太可能对繁杂的习惯进行概括、把其提升为适用于全民的规范。而且,即便民法典原则上确认习惯为"法源",那样做并不能帮助解决怎样把其具体到各部门法律条文的问题。

笔者认为,要解决这个问题,我们需要采用的是不同的研究进路,需要鉴别具有较广泛意义的习惯与比较特殊的习惯,而这样的鉴别的最好方法其实是习惯与国家法律互动的历史。首先，因为那是个特殊经验与国家法律规范之间的相互作用的历程，包含国家法律对习惯所作出的不同抉择，如认定、妥协、拒绝，或听其自然。那样的历史所展示的是规范与习惯的对接过程。正是那样的历史才足以成为制定今天法律的参照，才会对我们了解今天的实际有真正的帮助。

我们首先要认识到，如今法学界比较通用的"习惯法"范畴是个过分笼统和含糊不清的概念。一如笔者过去已经一再强调，这是因为它没有清楚区别被国家法律接纳和约束的"习惯"（如典权）、被国家法律拒绝的习惯（如田面权），以及被国家法律不置可否对待的习惯（如亲邻先买权），以及其间众多更为复杂的关系。（黄宗智，2014a.2［2003，2007］）"习惯法"的概念则倾向简单把国家法律和习惯两者截然分开，甚至当作对立的二元，无视两者间的相互作用。而实际上，两者几乎必然相互渗透，你中有我，我中有你。司法实践其实常常取决于两者间的互动。被国家法律采纳为规范的，或者是在正义体系整体的实际运作中起到了广泛作用的，才真正是如今制定成文法律所必须考虑的传承。

历史上成文法演变的主要动力之一正来自条文与社会实际之间的摩擦或矛盾。当地方官员在司法实践中遇到困难时，有的会上呈中央，建议修改现有法律或添加新例条，试图使法律条文更好地适应社会现实。如果最终被皇上采纳，便会成为新的法律条文。拙作关于清代的民法（黄宗智，2014a.1［2001，2007］），以及清代与民国民法的比较（黄宗智，2014a.2［2003，2007］），指出了多个如此的例子。譬如,《大清律例》律条禁止子孙在父母在世时分家,但后来,鉴于民间已婚兄弟妯娌共同生活,广泛引起频繁的矛盾和纠纷,立法者最终补加了一条简单的实用性例条来适应民间的实际情况:"父母许令分析者,听。"(《大清律例》,例 87-1;亦见黄宗智,2014.2[2003]:21)之后,民间已婚子女"习惯"多在父母生前便即分家。又譬如,国家法律原来认可民间的典地惯习并允许出典人无限期回赎。但后来,由于许多地方地价上涨,不少民间出典人一再向承典人索取"找贴",不然便威胁要回赎土地,国家因此添加了新的例条,限定只允许一次性的找贴(例 95-3),并把回赎权限定于 30 年的期限(例 95-7)。这样,国法与习俗达成了一种妥协,相互适应和约束。(黄宗智,2014 a.2[2003,2007]:59—62)如此的法律条文修改例子不少,这里不再赘述。

　　重要的是,正是那样的例子,展示了中华法系国家法律的应时而变性质,可以把民间生活习惯规范化为法律,也可以对其进行约束或拒绝,按照司法实践经验而制定或修订法律。如此的具体例子不再是简单的习惯经验的罗列,而是国法与习惯之间的互动。其实,也是鉴别仅仅是特殊的习惯和具有比较广泛影响的习惯的实例。在我看来,如此关乎习惯与国法互动的历史,才是后来的立法者所需要特别关注的实际。

　　从这样的角度来思考,传统民间习惯中至为重要的其实是,长时期在儒家价值观影响下所形成的遍布农村和城镇社区的调解制度/习惯。它成为补助国家法律体系最主要的社会正义资源,并与国法共同组成了中华法系最基本的特色。用中华人民共和国的话语来表述的话,"人民调解"乃是国家正式司法制度中的"第一条防线"。但过去讨论民间习惯的学者,较少关注调解这个至为关键的民间的正义惯习,要么只关注各地的特殊风俗习惯经验的堆积,要么只依赖过度宽泛的概念,简单把民间"习惯"抽象为"民族共识"或民族生活、"法律源泉"或"中华文化"等概括,引用萨维尼(Friedrich Carlvon Savigny, 1779—1861)和 19 世纪德国的"历史法学"学派来作为自己的理论依据。(例见林斌,2014)有的更把"习惯"推向类似于德国历史法学派的"民族精神"(Volksgeist)概念,其背后是民族或乡土感情多于关乎正义体系的系统思考。

至于"习惯主义"学者们为什么多会忽视传统国家法律运作的研究,笔者的理解是,他们多已接纳了如今中国法学界对传统法律的一种(几乎是)共识,即把其视作一个已经解体,不再带有现实意义的传统。认为它适合我们把其置于博物馆中欣赏,但不适合把其援用于现代的中国社会,因此而导致对传统法律的实践历史的完全忽视,只关注现有的习惯。至于他们所质疑的当前的民法典编纂,当然更加缺乏传统历史的视野。

固然,认为传统中国法律已经完全解体并与今天的法律问题没有任何关系的"共识",是完全可以理解的。笔者已经一再强调,法史领域因为近现代以来中华法系遭遇到三次沉重打击——先是国家"在列强的逼迫下,为了重建国家主权而大规模移植西方法律,几乎完全抛弃了传统法律";而后是,"在现代革命运动中,从解放区时期到毛泽东时代,既否定了国民党引进的法律,也再次否定了中国的传统法律";再其后,"在改革时期,再次全盘引进西方法律"——促使人们多无视传统法律,或把传统与现实法律视作完全断裂了的不同体系。(引自黄宗智,2014a.3[2009.3]:序,1)因此在考虑当前的法律制定问题上,完全无视传统法律体系。而一旦忽视传统法律,便不可能认识到传统正义体系的整体,也没有可能把习惯置于与国法关联的实际中来理解。那样,也不可能认识到今天的正义体系的实际。结果是没有历史的习惯研究。

如今,我们需要关注的绝对不是全盘西化(移植主义)vs.本土主义的任何单一方,也不是成文法律和习惯的任何单一方,而是其间的相互作用。这是历史实际,也是今天的实际。唯有通过那样的历史视野,才有可能摆脱普适抽象 vs.特殊经验、西化 vs.本土化的二元隔离或对立。进入实际运作的法律历史才可能认识到今天在实践中的法律体系和正义体系整体。认识到今天实际运作中的正义体系是从哪里来的,才有可能作出对未来走向的明智抉择。

(二)比较法与劳动法

此外,这里值得我们特别提到的是几篇来自"外国法史"或比较法史视野的文章,都对当前的民法典编纂议题有一定的启示。譬如,何燕侠(2015)关于日本明治时期的立法经验叙述:日本原先是以法国民法典为典范的,聘请了法国专家来起草日本的民法典,基本是想全盘引进其法理和法语,并且在 1890 年便颁布了财产、债权、证据、人事等编,预期 1893 年便将据此颁布整合了的民法典。但是,经过较强烈倡导保存日本本土的"淳风美俗"的穗积八束等法学家们的反对，打出了"民法出，忠孝亡"的斗争口号，由此而形成了所谓的"延期实施派"，成功地阻止、推迟了该民法典的颁布。其间，改向模仿德国民法典，纳入众多本土的特色，特别是强化了日本"家父长"的权利，最终成为推延到 1896 年才颁布的《明治民法》。此篇文章的叙述可以视作与上述强调关注本土习俗的学术相互呼应的文章，目的是促使民法典编纂者更多注意"本土资源"。

此外是来自劳动法史学家们的著作。一是粟瑜、王全兴关于意大利劳动法的著作，特别突出意大利把劳动法纳入其 1942 年的民法典的经验，而在劳动法的法理中，则特别突出区别"从属性"劳动与"自治性"劳动的法理。（应该说明，如此的区别乃是劳动法中关乎劳动者组织工会、进行集体谈判权利的重要理论依据——由于处于"从属"关系的弱势地位，须集体组织来平衡。）粟、王用意应该是借此案例来质疑简单运用基于平等双方交易的合同理论于劳动法，是在建议中国民法典的编纂应该借鉴意大利的经验。（粟瑜、王全兴，2016）

另一是董保华的著作。他根据意大利（和荷兰）的历史经验，以及德国在 1900 年颁布民法典之后，也把劳动法律纳入民法，并采纳了同样区别的法理的经验，来质疑中国今天简单把劳动定义为"雇佣关系"（亦即"劳务关系"）和"劳动关系"两大类型的划分，把劳动关系简单视作一种权力同等者之间的合同关系，无视其"形式上平等，实质上不平等"的实际。（董保华，2016）这无疑也是在民法典编纂问题上，对主流意见提出的一种质疑。以上学者隐约指出和批评的是，中国近年来大规模依赖"非正规经济"（informal economy)（即没有法律保护，没有或只有低等福利的）——主要是农民工，也包括下岗职工，近十年来则更包括"劳务派遣工"的劳动力——来减低企业成本，吸引外资和刺激中国自身企业的发展。我们知道，如今如此的非正规就业数量已远超正规职工的数量，导致了一定程度的社会不公（黄宗智，2013），使中国的"基尼系数"（社会平等度估量系数）从 1980 年的 3.0（China Development Research Foundation，2005：13；亦见黄宗智，2014b.3：145）下降到 4.72。（CIA，2015；亦见黄宗智，2015a：27）

　　上述几位劳动法学者们显然都认为，民法典应该纳入劳动法——当前的民法典编纂工程则应该成为修改现行的、作为特别法的劳动法的契机，以期使其更好、更系统、公平地对待劳动者。他们已经相当鲜明地从比较劳动法历史的角度提出了问题。但是，目前国家显然并不打算把劳动法纳入民法，起码短期内仍然将把其当作特别法来处理，编纂民法典的学者们因此也基本不考虑劳动法。而现有的劳动法如今依赖的是一种话语游戏，形式上维持了"社会主义"中国这方面的革命传统和话语，但实质上则允许把 2.77 亿的农民工、0.4 亿—0.5 亿的下岗职工和（可能约）0.5 亿—0.6 亿的劳务派遣工——亦即 3.93 亿城镇总就业人员中的不止四分之三（详细论证见黄宗智，2017）——基本置于劳动法律保护范围之外（黄宗智，2013；亦见黄宗智，2014b.3：第 11、12、13 章）。这是国家迟早必须直面的问题。

（三）两种例外的视角

此外，我们这里需要特别提到笔者从中国知网查到的两篇比较特殊的文章。一是俞江的论文，说明农民在 1950 年《土地改革法》之后是如何逐步失去了其宅基地的权益的。原来在 1950 到 1956 年间农民对其宅基地享有比较完全的所有权（文章虽然没有明确说明，但明清和民国时期又何尝不是，而且对耕地也同样），但是，其后在集体化之下，其使用权和所有权被逐步分离开来，最终农民只具有使用权，所有权则属于集体和国家。俞把保护人民如此的既有权益称作民法典编纂工程中应有的"底线"，并在文章第一句便申明，在中华人民共和国的民事立法历史中，"公民权利在公权力面前没有足够防护"。（俞江，2015：67）他所希望看到的显然是，新民法典应该再次确立农民这方面的所有权。应该说，如此的论证和分析既考虑到法律的条文也考虑到其实际运作。更重要的是，它鲜明地指出了现有政法体系，无论其在形式化的民法典中如何一再申明公民权利，在实际运作中，那些权利完全有可能继续被"公权力""粗野"地剥夺。

如此的批评所指出的其实是，我们不可能把物权法凭借西方的权利和形式主义法律理论而从政党—国家的行政体制，以及其"政"与"法"之间的关系，完全隔离开来。即便是采取"多元"并存的思路，仍然不可避免地要考虑到两者之间的关系、其在运作之中的实际，不能凭借权利话语来混淆实际。

再则是谢鸿飞的文章。谢采纳的是"复杂社会"与复杂法律体系匹配的历史与社会观点。首先,谢指出,民法典编纂所效仿的,逻辑上整合的、体系化的民法典乃是源自 18、19 世纪的农业+工业社会的产品。如今,在后工业社会时代,伴随一系列适应复杂社会实际的特别法的颁布,之前的民法典一定程度上已经成为一种特别法之外的"剩余法"。西方法律建构实际上已经经历了"法典解构"(de-codification)的过程,虽然之后也有一定的"法典重构"(re-codification)趋向。不言而喻的是,对当前自以为是在编纂划时代的、"代表"21 世纪典范的逻辑化、体系化的民法典学者们的观点来说,这是一种来自历史视野的提醒和警示,指出他们那样的主导思想实际上是与当前的国际趋势脱轨而不是接轨的。固然,谢也为其做出辩护,指出中国的民法因为尚未经过西方原先的 18、19 世纪的"法典化"阶段,因此如今还需要经过如此的阶段,以及其所附带的效益——譬如,法律可预测性所附带的促进市场经济发展的效益。(谢鸿飞,2016;亦见谢鸿飞,2013,2014)

　　谢鸿飞还指出,中国现有的体系反映的是一个高度依赖特别法的进路。在中国现行的民法特别法中,其实有不少"管制性的规范"类型的条文,绝对不简单是来自西方的"自治性"的"私法"传统的民法。而且,在特别法中,譬如"劳动法和消费法",则是"源自依据政策考量而制定的特别法"。那样的法律不适合纳入民法典,因为它们会"侵蚀私法自治理念"。这也可以被理解为对编纂民法典学者们心目中的规范化、普世化意图的一种质疑。(谢鸿飞,2016:22)

　　谢的文章构思比较复杂,反映了其对复杂社会和法律体系的理解,其论点有时不完全鲜明,但是细读其字里行间的含义,其实具有相当丰富的对民法典编纂主流意识的质疑和批评，或起码是要宽阔得多的视野。以上仅是笔者这里想要特别突出的两个方面。（谢鸿飞，2016；亦见谢鸿飞，2013，2014）

（四）法史研究与民法典编纂

根据以上从中国知网搜出的学术文章，我们可以看到，总体来说，从事"法史"研究的同仁在民法典编纂问题上较少发出声音。在笔者搜出的论作中，居然没有一篇从传统法律历史视角来对梁慧星、王利明等主流意识提出商榷的文章。这个现象应该和法史领域（不仅是移植主义的学者，也是法史研究人员自身）长期"习惯"于"中华法系""已经解体"并与现实无关的"共识"相关。这当然与上述的中华法系在近现代所遭遇的，由于国家一再拒绝传统法律的三次沉重打击相关。

在中国一百多年来因"落后"而受到凌辱和侵略的经历下，把"现代化"视作当务之急，因此而要求"全盘西化"，并且因此进而促使法学界完全拒绝中国传统法律，认为其不再与现实相关，当然是完全可以理解的。再加上中国革命传统更为强烈地拒绝古代传统，更加促使人们认为古代传统一无可取、没有现实意义。而由民族意识所导致对传统文化的骄傲，则要么仅是以"民族共识"或"中华文化"之类宽泛范畴来概括当前的习惯，要么形成了一种博物馆型研究，除展览"珍品"之外，基本无视法律的实际运作以及对现实的含义。最终促使许多法史学家们，在真刀真枪的立法问题上，基本放弃了自己的发言权（也导致了法史领域在各大法学院中的日益式微）。

这也和法史领域长期以来一直都以思想或制度为其主要关注的议题，基本无视法律的实际运作，是相互关联的。相当部分的法史专家们，要么仅强调比较抽象的"法律文化"或农村文化/农民精神，要么局限于上述类型关于特殊习惯的经验叙述，无视其与国家法律间的互动。因为不涉及古代法律体系的实际运作，也更谈不上参与现实立法具体问题的讨论。近年来，固然有不少中青年学者进入了清代诉讼案件档案的研究，但是，多是纯回顾性的史学研究。相关学者们本身便把当代法律的问题视作完全不同的专业，大多认为自己对"民法"（特别是主流西方意义的民法）这个现实领域缺乏专业知识和发言权。因此，形成了法史在立法问题讨论上的缺位，也形成了如今编纂民法典于一种与中国古代历史断裂的真空状态。

本文当然不可能在一篇文章中，对古代和革命传统为何与怎样和今天的立法问题相关作出全面的论析。下面只能举出几个重要的例子，并且将把重点放在正面的优点的结合。虽然如此，本文并不忽视负面的、需要抛弃或改正的劣点。不然，便谈不上试图探索超越中西对立的正义体系道路，也谈不上真正的前瞻性。以下我们转入三个具体问题的论析：一、今天仍然具有极其重要含义的古代和革命两大传统中的调解体系。二、源自古代关乎家庭的价值观。三、来自（古代和）革命传统的党与国、"政"与"法"交织的体制，为的是对如何综合三大传统作出初步的方向性探索。

四、中华法系的非正式正义体系

清代法律史的研究与其前的研究不同，具有诉讼档案材料，虽然为数不多，但是足够展示法律体系的基本实际运作状况。同时，研究者也可以使用相当数量的 20 世纪（经济、社会、文化人类学）的丰富实地调查资料。依据这两种材料，我们可以看到，农村社会的村庄普遍具有行之有效的民间调解体系，一般由该社区数位最受尊崇的人士（但也有某一位"德高望重"人士独自成为该社区，乃至于邻近村庄的"一方善士"的实例），单独或由其中几位一起来调解村庄内部的纠纷。在城镇也可以看到同样的体系，由当事双方都尊重的有威望人士，可以是来自宗族、行会、商会或街道上的人士等，出来主持调解。人们遇到纠纷，一般不会立即告上法庭，大多先进入调解，而如果有当事人告上法庭，调解人士会再次，或再接再厉地试图斡旋于争执双方之间，促使一方认错和赔礼道歉，或双方让步妥协来解决纠纷。调解人最常用的方法是分别听取双方的意见，并凭借道德说辞，特别是儒家的"黄金规则""己所不欲，勿施于人"，也会借助儒家的"让""忍""无讼"等道德理念，来促使一方认错或双方让步和妥协，把"大事化小，小事化了"。（详细论证见黄宗智，2014a.3［2009］：第 2 章，第 18—55 页；亦见黄宗智，2014a.1［2001，2007］：第 3 章）

正是社会中那样的正义机制，使中华法系的成文法律能够长期"以刑为主"。在早期的"法律的儒家化"过程之中，一个关键的概念是，纠纷应该先由社会自身来处理；处理不了，国家法律方才介入。这其实是有清一代"细事"概念真正的核心。因此,我们在诉讼档案中看到,只要社区调解人士或当事人具呈,说明纠纷已经通过调解解决,申请撤诉,县衙门都会毫无例外地批准(除非是涉及犯法而不容许"私了"的案件)。(黄宗智,2014a.1[2001,2007]:第 5 章)

国家法律则自始便以惩罚犯罪为其主要内容。但实际上,调解当然并不能够解决所有的细事纠纷,而在那样的情况下,国家必须介入。久而久之,国家法律按需要逐步纳入了越来越多关乎民事的条款,但一直仍然保持了原先的惩罚性"刑法"框架。因此导致中华法系中的民、刑事法律长期交搭,一直没有产生像西方那样明确划分民法与刑法、私法与公法的传统。这是中华法系的一个主要特色,是其与西方法律传统的一个关键不同。究其根源,其实是遍布全社会的调解机制。(详细论析见黄宗智,2016a)

时至今日,中华法系的这个基本特色仍然顽强存在于当前中国的正义体系之中,仍然是其与西方法律之间的关键不同。表 1(见本书第 197 页)列出当前正义体系运作中的各种不同的调解。显而易见,如今调解在解决纠纷中所起的作用,虽然没有像毛泽东时代那样占到(民间和法院)所有纠纷中的绝大部分(此点可以见于改革初期的数据,仍然带有之前的状态——由于当时的司法体系特别强调调解,也由于对其成效的夸张),仍然是正义体系整体中极其重要的组成部分。前文已经指出,迄今(2005—2009 年年平均)非正式的"人民调解"(主要是村民调解委员会和居民调解委员会)仍然成功解决了每两起(有记录的)民间纠纷之中的一起(52%)。西方国家则大多没有同样的调解传统;若有,则十分有限(下面还要讨论)。

此外则是大规模的（可以称作）"半正式"调解（主要包括"行政调解"和"司法调解"两大类）。在被统计的由半正式调解机构处理的（年平均）总共 1477 万起纠纷中，成功通过调解结案的有 545 万起纠纷，亦即每三起纠纷中有（不止）一起（37%）。其中，主要是公安部门所做的调解（247 万起）和民事法院所做的调解（168 万起），也包括基层地方政府的司法服务所（63 万起）以及工商管理部门下属的消费者协会（67 万起）所做的调解。

行政调解主要是来自现代中国革命的政法体制与社区调解传统的结合。在根据地时期，政府便已广泛采用了行政调解（当时称"调处"，区别于民间调解和司法调解），特别是在离婚纠纷案件之中，行政调解成为法定的（在告上法院之前的）必经程序。如今，行政调解已经扩大到远远超过之前的规模和作用（虽然行政调解已经较少用于离婚纠纷）。这也是中国正义体系与西方十分不同的、极具特色的一个组成部分。在其实际运作中，固然难免带有一定的"和稀泥"弱点（譬如，明明是侵权行为的案件，被硬塞入调解框架来处理），但在减轻、简化正式法院的负担方面，无可置疑地和非正式调解同样起到了巨大的作用。

最后是"法院调解"（亦称"司法调解"），是新法院体系与传统民间调解结合产生的体系。在法院受理的年平均 492 万起诉讼案件之中，有约三分之一（168 万起，34%）是通过调解结案的。这样的规模和比例远远超过清代的法庭。（详细论证见黄宗智，2014a.1 ［2001，2007］：第 4 章）而调解机制所依赖的主导思想是来自儒家道德观念的"仁"和"让"，是与西方从个人权利出发的、对抗性的、必分对错的法律体系截然不同的法理，其重点是在互让和妥协，不在划分对错。

　　问题是,当三大传统共存于当前中国的同一个正义体系中,我们该如何整合其不同的法理? 在过去的研究中,有一种意见是把中国过去的法庭断案传统也理解为主要是追求妥协和和谐的调解(或"教谕式调停"),因此而认为中国的法庭其实没有真正(西方)意义的"判决",从而论证中华法系的正义体系和西方的判决型体系是完全对立的。但诉讼档案的研究已经证明,有清一代的诉讼案件中,其实充满县令明判是非的实例,其数量占到所有进入正式庭审案件中的大多数(当然也有一些调解、"调停"的案例)。(这是笔者根据三个县的 628 起案件的系统梳理而得出的结论——黄宗智,2014a.1[2001,2007];尤见附录,表 A.3)也就是说,清代的正义体系既包含非正式调解的一面,也包含正式断案的一面。后者与西方法律体系有一定的交搭,不是完全与西方法律对立的一个传统。正因为如此,在民国初期,中国的法律体系便已比较顺利地转入引进的、以审判为主的正式法院体系,并且援用《大清现行刑律》中的"民事有效部分"为现行民事法律足足 20 年,由其与民间调解体系并存。(详见黄宗智,2014a.2[2003,2007]:22—25)

　　如此的司法实践背后的法理,固然部分来自儒家的"和谐"和"无讼"道德理念,但在此之上,还有比较容易忽视的、更为基本的、常常是不言而喻的传统"法理":首先,在中华法系的思想之中,调解与断案是互补的和相互作用的,而不是非此即彼地对立的。如果民间能够调解,应该优先妥协、和解,让当事人撤诉,但并不排除必要时由知县依据法律来断案,明判是非。这样的制度可以理解为中华法系中的"法律的儒家化"部分内容,是"儒""法"结合的一个重要方面。

在更深的层面上，这里还包括对形式与实质、普世与特殊两者间如何关联的问题的特定认识。我们看到，现代西方法律思维偏重形式多于实质，普世标准多于特殊行为，强烈要求把法则从事实情况中抽离出来，建立普适的规则。而中华法系则不然，它一贯要求寓抽象法理于具体实例。譬如，它不会抽象出私有产权的法则，而是通过规定惩罚侵犯产权的实例来说明法律的用意：如"盗卖"他人田宅、"盗耕"民田或"擅食［他人］田园瓜果"等。(《大清律例》：律 93,96,99)《大清律例》更充满以"例"来具体阐明"律"的具体运作的例子。上述关乎表述多代同堂道德理念的律，与父母允许则可以分家的例，便是很好的例子。而且，长期以来，法律体系一贯认为如果律、例中没有规定，可以通过"比拟"的思维方式来推延现有法律的适用。

这里说明的也是，笔者称之为"实用道德主义"的思维方式。它不仅包含崇高的、抽象的道德理念，多体现于律文，也关注到其实用，多体现于例条——上述关乎分家的例子便是如此。因实践中的实用需要而补加条例是法律适应社会变迁的主要方式——譬如，上述的法律对"典"习俗的认可，为的是照顾"弱势"穷人的道德理念，而后来，鉴于实用需要而对其作出的（找贴一次和三十年期限的）限定。从认识论层面来理解，它要求法律同时照顾到抽象与具体、规范与事实。如此的结合也可以见于一些法律用词，譬如"情实"一词，它既带有"合情合理"的规范化含义，也带有"实情"的经验性含义。(黄宗智,2014a.1［2001,2007］:84,169)这就和西方法律强烈倾向从经验/事实抽离出普世的抽象法则的思维十分不同。

正是在如此的思维方式的深层影响下,即便是今天中国法律的制定者,也会根据事实情况来限制抽象法则的适用范围。一个在当代中国侵权法律中很能说明问题的具体例子是,在法理层面,中国(引进的)侵权法完全继受了西方的基本原则:侵权责任主要是赔偿的责任,而逻辑上赔偿责任必须是侵权过错所引起的——没有过错,便谈不上赔偿。因此,西方赔偿法律的适用都必然从确定过错出发。(虽然,其取证要求可高可低——涉及危险产品的话,取证要求可以适当降低:譬如,只需证明产品造成伤害,无须证明生产商有意伤害,即西方侵权法律中的所谓"严格责任"[strictliability]法则。)(详细论证见黄宗智,2014a.3[2009]:144—149)

但中国的法律制定者考虑到的则是另一个方面,在涉及损害的纠纷之中,实际上只有一部分会涉及过错,有许多并不涉及过错,或者会是双方都有过错。在他们看来,如此的经验性认识是再明显不过的事实,是人们都能够看到、不言而喻的实际情况。因此,立法者很自然地在过错赔偿的法理框架上,简单加上了一句:"行为人损害他人民事权益,不论行为人有无过错,法律规定应当承担侵权责任的,依照其规定。"(《中华人民共和国侵权责任法》,2009:第7条;亦见《中华人民共和国民法通则》,1986:第106条)并在后面更进一步说明,"受害人和行为人对损害的发生都没有过错的,可以根据实际情况,由双方分担损失"。这是1986年的《民法通则》已有的条款,在实用20多年之后,基本没有修改而纳入2009年制定的(新)侵权责任法。(《中华人民共和国侵权责任法》,2009:第24条;亦见《中华人民共和国民法通则》,1986:第132

条）从西方的法律逻辑来看，这样的思维是前后矛盾的，不可与"侵权"前提并存的。但从中国由来已久的法律思维来看，则是再明显不过的、符合实际情况的法则，不需要进一步的法理论析。在实际运作层面上，对保险和公共福利不甚发达的中国来说，这是个符合实用需要的规定。（详细论证见黄宗智，2014a.3［2009］:188—192)

其实，西方离婚法的历史演变便为我们说明了中国法律这样的思维的合理性。长期以来，西方离婚法一直和其民法其他部分相似，是从对立性的"侵权"、必分对错的逻辑框架出发的，因此而导致持续不断的、越来越昂贵的，夫妻双方试图证明对方才是过错方的法庭博弈。而我们大家仅凭自身的人生经历和真实感都能知道，夫妻间的关系一般来说是很难分出对错的。正是部分由于那样的认识，西方离婚法律在 20 世纪 60 年代到 80 年代中，基本全都抛弃了之前的过错离婚原则，而采纳了所谓的"无过错"离婚(no fault)法则。但在西方的必分对错和追求普适化抽象的逻辑框架下，"无过错"不容许承认夫妻关系大多不能从对错的框架来理解的经验实际，因此，新法则被建构为离婚法律(从此)不再考虑过错的抽象、普适法则。那样，卫护了其法律思维坚决要求的逻辑整合性。而中国如今的离婚法律，在法理层面还是默认夫妻关系既可以带有过错(譬如，一方有第三者、虐待对方等)，也可以不带有过错(譬如，性格、生活习惯不合)。这也是中西方法律思维的根本不同的一个例子。（详细论证见黄宗智，2014a.3［2009］:184—187)

再则是，面对其对抗性正义体系所引起的不断膨胀的诉讼费用(法庭费用和律师费用)，20 世纪 70 年代以来，西方许多有识人士推动了"非诉讼纠纷解决"(ADR)运动，如今已被广泛采纳于西方各国。那也是源自对必分对错的法律体系的不满的改革,对有的法学家来说,更是因为受到中华法系(包括日本和韩国)法理的影响而来的设想。但是,因为西方长期以来的对抗性法律传统,更由于其长期以来缺乏人际关系比较紧密的民间社区的调解传统,大部分西方国家 ADR 体系中由调解而导致双方真正的和解的纠纷案件,充其量也不过占到所有案件中的几个百分点——在美国少于 2%,在荷兰约为 3%。(论证见黄宗智,2016a:16—18)

在追求(真正的)和解的调解体系之外,"仲裁"一般也被认作所谓的 ADR 制度的一部分,但是,美国的"仲裁"实质上只不过是降低了价格(通过使用退休法官、教室或会议室而不是法庭来进行)的法庭审判程序,仍然是个必分胜负的机制。此外,"庭外协定"(out of court settlement)和"辩诉交易"(plea bargaining)也常被论者纳入 ADR 范畴之下(例见 Subrin and Koo,2006),但它们实质上只不过是在对抗性法庭的大框架下,双方为了使损失概率最小化而做出的一种博弈行为,与和解机制无关。前者源自当事双方及其律师,根据法庭和律师费用以及胜诉概率的预期,而做出的博弈抉择。后者则同样源自嫌疑人和检察官之间的博弈抉择(嫌疑人认罪的话可以减轻惩罚;检察官则可以减免法庭的支出和自身的付出),与中国的和解、妥协机制十分不同。(详细论证见黄宗智,2014.3[2009]:16—21)

以上综述的中国调解体系背后的和解机制,其实完全可以被明确采纳为中国正义体系的部分法理依据。在我看来,中国法律大可"理直气壮"地说明要采纳如此的法理,为的是避免现代西方过分对抗性的,偏向抽象和逻辑,以及不顾基本实际的法律思维。

同时也可以指出，西方本身近几十年来，正在挣扎着改正那样的偏向，试图克服其所导致的一系列的司法危机。最显著的例子是其近年来对离婚法的修改和 ADR 的建设。

在正式法院的运作中，笔者曾经提出，"在有过错的事实情况下，采用审判；在无过错的事实情况下，采用调解"。（黄宗智，2014a.3［2009］：第 7 章）这就和西方在其对抗性法律制度下，强烈把无过错的纠纷也逼向必分对错（之前的离婚法庭便是实例），十分不同。这也是符合中国结合实际情况与抽象法理的法律思维，更是实用性的准则。

无论如何，中国迟早必定要做出自身对西方短处的判断，迟早必定要直面怎样在法理层面上，除了引进西方的法理，同时继受、纳入中华法系以及中国革命传统中的优越法理。其实，我们如果审视法律的实际运作，而不仅是法律表达的条文，便会看到，在司法实践中，中国当前的正义体系明显同时具有其三大传统的继受和特色，缺一不可理解。也可以说，中国的法律实践其实也展示了与其经济方面的"摸着石头过河"相似的进路，目前所缺的是理论层面上的概括。（黄宗智，2015b）

五、古今产权中的"家"与"个人"

在现有法学研究中，固然有不少论述中国文化中关于"家"的道德价值的论著，因为它是儒家学说的核心，但那样的论著多比较抽象宽泛，较少从涉及具体部门法律条文与从其实际运作角度出发的讨论，也鲜有跨越历史与现实的论述。笔者在下面试图从今天产权方面的立法角度来对此问题作出一些初步的方向性探索，并加上具体的条文与实践的例子，也是为了探寻一条能够综合中西、古今的立法道路。应该先说明，这里的道德观念探讨并不包括古代关乎家庭成员的等级划分（那是瞿同祖研究的重心所在——Ch'ü, 1961），因为尊卑、性别上的等级划分，从清代以来便已趋向式微。（黄宗智，2016a:7）这里的重点是在更为强韧的"家产" vs. 个人财产的问题。

（一）古代、民国与革命传统

古代私有产权主要是家庭的财产（"家产"），而不是个人的财产，并且带有一定的双向义务责任：父母亲有抚养子女的义务，而子女反过来有赡养父母亲的责任。费孝通（1983）形象地把这种代与代之间的关系总结为双向的"反馈模式"，与西方单向的"接力模式"很不一样。当然，中国古代产权概念中的继承"权利"是以男子为主的，关键在父子关系，如今则是以父母亲和子女为主，不分男女。在中国古代的父子产权关系中，父亲没有权利把任何一个儿子排除于继承之外，如今则没有权利把任何一个子女排除，而在许多西方的法律中，尤其是英美法系中，可以完全凭借遗嘱传递财产，父、母亲可以在子女之中，任意选择一个继承人，甚至选择家庭之外的任何人——如情妇或情夫，甚或陌生人。有人把中国古代的产权制度表述为一个"父子一体"的制度，如今的则可以称作"父母亲与子女一体"（或"亲子一体"）的制度，与西方英美法系以个人为主的制度迥然不同。

更有进者,在赡养责任方面,德国民法典规定,只有在父母亲不能自立,并且是在子女能够维持其习惯的生活水平的条件下,子女才要肩负赡养父母的责任。(*The German Civil Code*,1900:articles 1602,1603;亦见黄宗智,2014a.3〔2009〕:265—266,286—287)对中国的法律制定者来说,这是违反中国传统"孝道"的想法。即便是全盘引进西方法律的国民党,仍在其引进的德国民法典的上述条文之后,立刻加上了如下的修正:"前项无谋生能力之限制,于直系血亲尊亲属不适用之。"(《中华民国民法》,1929—1930:第1117条)中华人民共和国则更把赡养义务纳入了国家宪法:"父母有抚养教育未成年人的义务,成年子女有赡养扶助父母的义务。"(《中华人民共和国宪法》,2004〔1982,1988,1993,1999〕:第49条)

至于财产的分割,民国法律采纳了一种"双轨"制度,既有维护传统的内容,也有从西方引进的内容。一方面是死后继承,原则上规定由子女(男女平等)继承——为了保证女儿不被排除,中华民国民法规定遗嘱要遵从"特留分"原则,即女儿所得必须不少于其应得份额的一半。(《中华民国民法》,1929—1930:第1223条;白凯,2003:145—147;亦见黄宗智,2014.2〔2003〕:54—55)在农村的实际运作中,则仍然按照之前的男子继承习惯来操作(因为女儿大多"出嫁",离开村庄和家庭农场,无法赡养在村父母)。案例显示,民国时期农村女儿所得一般都限于仅相当于其"嫁妆"的份额。(黄宗智,2014a.3〔2009〕:24—25;亦见黄宗智,2014a.2〔2003,2007〕:113)另一方面,民国民法也允许一个财产所有者在生前凭借"赠与"而自由处置其财产;继承法的上述规定要在死后方才适用。(《中华民国民法》,1929—1930:第1147条;亦见黄宗智,

2014a.2［2003，2007］：54—55）

　　新中国的法律与民国的颇为不同，虽然仍然同样是在"个人主义"和"家庭主义"之间探寻一条磨合的道路。在毛泽东时代，虽然把土地划归集体所有，但房屋的继承仍然维持了之前的传统。在赡养父母亲的义务方面，也和过去维持一定的连续性。笔者曾从华北丰润县档案馆抽样了 1953、1965、1977、1988、1989 年的民事案件档案，每年 40 起，并从江南（上海市）松江县抽样了同时期的每年 20 起，1995 年 40 起。这些案例显示，在实际运作中，法院常常联合赡养和继承来考虑，其基本原则是，没有尽赡养责任的子女，不该享有继承权利。（黄宗智，2014a.3［2009］：151—154，241）在 1985 年制定的继承法中，国家确立了如下的法则："对被继承人尽了主要抚养义务或者与被继承人共同生活的继承人，分配遗产时，可以多分；有抚养能力和有抚养条件的继承人，不尽抚养义务的，分配遗产时，应当不分或者少分。"（《中华人民共和国继承法》，1985：第 13 条；亦见黄宗智，2014a.3［2009］：151—154）之前，在 1980 年的（新）婚姻法中，也有同样性质的规定："子女不履行赡养义务时，无劳动能力的或生活困难的父母，有要求子女付给赡养费的权利。"（《中华人民共和国婚姻法》，1980：第 15 条）

　　这样，立法者同时照顾到男女平等的法则（儿子继承不是因为其是男性，而是因为其尽了赡养义务；女儿尽了赡养义务同样可以继承），也十分实用性地为赡养人提供了一定的物质激励。如此把继承权利和赡养义务连接起来，实际上是当今中国继承法的重要创新。作为中国民法典范的德国民法没有如此的规定，中华民国民法也同样没有如此的规定。中华人民共和国所采纳的继承法反映的可以说是中华法系一贯的"实用道德主义"的一个侧面,即在规定赡养义务方面体现了关乎家庭关系的道德理念,也在连接赡养和继承方面体现了一定的实用思维。这个制定法的形成过程同时也展示,中华人民共和国广泛采用了先实验一段时期,确定适用有效,方才制定成文法律的立法进路。

(二)改革时期

在改革时期,我们同样可以看到在"个人主义"和"家庭主义"两者之中摸索一条磨合两者的道路的过程。譬如,倾向个人主义的遗嘱法律和倾向家庭主义的继承法律之间是充满张力的。理论上,产权所有者个人可以在生前相当自由地处理其财产,通过遗嘱的方式来达到其分割自身财产的意愿。从西方引进的框架性条文中,似乎也真的如此。但是,在遗嘱法律的具体条款中,我们可以看到,所有者的权利其实是有限定的:遗嘱条文规定其只能在"法定继承人"中选一人,排除了西方,尤其是英美法系中的非法定继承人也可以继承的可能:"公民可以立遗嘱将个人财产由法定继承人的一人或数人继承。"(《中华人民共和国继承法》,1985:第16条)①更有进者,在实际操作中,被选定的一人只能继承房子的使用权;如果要卖房子的话,则必须获得所有第一顺序继承人的同意。

---

① 固然,《中华人民共和国继承法》第16条也附带有伸缩性较大的关于遗赠的条文:"公民可以立遗嘱将个人财产赠给国家、集体或者法定继承人以外的人。"但此条中的"个人财产"并不包含类似于房子或土地产权的家庭性的个人财产——起码在实际运作中如此。

没有那样的公证,根本就不可能卖房子,在房管部门办"过户"手续。(黄宗智,2014a.3[2009]:288—290)

同样的问题可见于"亲子一体"的法则与"夫妻一体"的法则之间的张力和矛盾。实际生活中的问题是,在1980年以来(尤其是在城市)严格实施独生子女政策下,世纪之交以后形成了众多4-2-1模式的三代家庭(即四位老人,一对[独生子女]夫妻,一个孩子),因此突出了这样一个较普遍的问题:如果夫妻的房子是由双方的父母亲中单一方出资购买的话,房子的产权该归夫妻二人作为"夫妻共有"的财产,还是出资的单一方,成为其独有的财产?这里涉及的问题首先是如果夫妻俩离婚,由其中单一方出资购买的房子应该属谁? 夫妻两人共有还是父母亲出资的单一方所有?这是一个实际生活中的问题,会涉及房子归哪一方的老人和继承方一同居住的问题。

最高法院因此在2001、2003、2010连续三次发表了"解释",试图摸索一条可行的方案。"解释"选择的是,规定父母亲赠予的房产可以被指定为夫妻二人中一人所有。(《最高人民法院关于〈中华人民共和国婚姻法〉若干问题的解释》(一)(二)(三),2001、2003、2010)在强世功(2011)和赵晓力(2011)看来,那样的意见所显示的是一种极端的个人主义观点,迫使一对对夫妻确定房子产权到底属于夫妻中哪一方。也就是说,在西方的影响下,最高法院的意见已经变得过分个人主义化,甚或资本主义化了。之前,笔者也曾经就此发表过意见,基本也倾向于强、赵的看法。(黄宗智,2014a.3[2009]:292—293)

但是,笔者在后续的思考中,认识到了这样一点:强、赵的出发点说到底其实并不是来自中国传统的"亲子一体"的思路,更多是"夫妻一体"的家庭观。而"夫妻一体"的家庭观所依据的其实不是中国的传统,而更多是来自西方的两大传统,一是其天主教的(由上帝撮合的)"神圣的婚姻"(holy matrimony)传统(因此不允许离婚),一是现代的合同关系传统(夫妻根据结婚合同而并为一体)。如此的"夫妻一体"观念的一种具体体现是,美国的房产几乎都属于夫妻"共同所有"——如果一人去世,便会自动成为留存者全权所有(joint ownership with the right of survivorship)——的制度,被普遍采用于大多数的夫妻房产,也多被使用于夫妻银行账户等财产,而中国则至今都没有采纳那样的"共同"财产制度。

上述最高法院的三次"解释"意见其实也可以被理解为本着来自中国法律的"亲子一体"观点。因为,在实际情况中,如果出资的父母是和孩子夫妻共同生活的话,如果把房子当作中国式的"夫妻共有"财产的话,出资购房的父母亲们的一方只能获得房子价值的一半,那样的话,很可能会因为孩子夫妻离婚而丧失自己出资购买的住处。那样是否公平?

最高法院近年来的意见涉及的其实可以说是对家庭关系提出了这样一个问题:在家庭关系中,最关键的到底是夫妻一体关系还是亲子一体关系?我们知道,传统中国法理明显偏重后者,其基本逻辑是,夫妻关系是可能因离婚而终止的,但亲子关系则是不可终止的。正如宋代名儒周密(1232—1298)所说:"父子天合,夫妻人和。"(周密,卷八;亦见黄宗智,2015c:80;纳入黄宗智,2015d:第22章)最高法院的"解释"意见其实也可以按照如此的逻辑来理解,并不一定代表西式的极端个人主义。它反映的是,中国如今正在中西两大法律传统中摸索一条符合中国实际问题的道路。

在我看来，像如此的问题，最好的解决方案乃是把夫妻间的婚姻关系和亲子间的家庭关系并列，说明其内容和来源，并据此来确定在不同的离婚情况下——如简单的离婚，以及涉及老人居住问题的离婚，可以适用不同法则。何况，家庭主义"亲子一体"的"反馈模式"/法理其实已经被明确表达于国家宪法之中，突出了中国文化这方面的特征。把其纳入、贯穿于民法之中，与个人权利法理并行，实在是再合理不过的做法。

这里涉及的基本问题再次也是思维方式：是像"形式理性"法律那样，把法则从千变万化的事实情况抽离出来，试图抽象出一个适用于任何事实情况的个人权利普世法则/公理？还是像中华法系传统那样，可以容纳"多元"的法则，并且要求把抽象法则与具体事实情况连接起来考虑？

笔者认为，前者不一定优于后者。回顾今天来自西方启蒙时代以来的理性主义大潮流下的法律，可以看到，其思维方式强烈倾向隔离理论与事实，偏重理论过于经验、抽象过于实际、单一的抽象法则过于多变的事实情况。这可以说是韦伯所突出的"形式理性"法律的主要特征。[①] 但是，事实上，"形式主义"法理常会导致，即便是在实际层面上没有对错的纠纷之中，也必分对错的偏颇。正是那样的偏颇，导致把无过错的纠纷也推进必分对错的框架中来处理。在西方过去的离婚法领域便因此导致持久、昂贵的法庭

---

① 笔者近二十年多年来，撰写了多篇关于韦伯尤其是其"形式主义理性"理想类型的论作，这里不再赘述。更详细的讨论可参见黄宗智，2015c；2014a.1：总序，1—18；2014a.1［2001，2007］：第9章，以及黄宗智、高原，2015。

纠纷。如今,西方的正式法律体系其实已经因此面临多重危机,并在离婚法领域,从 20 世纪 80 年代以来便基本放弃了必分对错的法理而采用了不再考虑过错(no fault)的离婚法法则。在一般的民事纠纷处理中,则试图建立"非诉讼纠纷解决"的机制,试图在其必分对错的对抗性法律体系之外探寻另类的道路。但是,启蒙时代以来所形成的偏重二元对立中单一方的思维习惯,如今仍然是对拓宽"非诉讼纠纷解决"机制适用范围的几乎不可逾越的障碍。(详细论析见黄宗智,2015c)

这其实不仅是西方法学领域的问题,也是西方一般社会科学的普遍问题。理性主义的思维方式导致的是,强烈倾向把理论等同于实际,也就是把从有限的经验证据得出的概括,绝对化为普世理论。在认知层面上,适当概括固然必要,但绝对化的理论则强烈倾向把有限事实的概括,理想化为普世的抽象,最终甚至使人们简单把理想等同于实际。应该说,抽象化的概括是认知过程中不可或缺的环节,但理想化不是,其所导致的其实常是违背实际的认识。如果被政权推动而意识形态化,则更加如此。近半个世纪以来后现代主义思想大潮流已经对现代主义的绝对化认识论起到强烈的质疑和冲击,但后者迄今仍然深深地决定着许多人的思维,特别是科学主义的认识论。(详细论析见黄宗智、高原,2015;纳入黄宗智,2015d;后记 1)

在法理层面上,中国应该可以有意识地超越西方的现代主义,应该可以对此作出创新性、超越性的推进。在学术研究上同样:其实,大家凭其本能的"真实感"都能够认识到,"真实"绝对不能仅凭理论来完全涵括,也不能仅凭经验堆积来涵括。对"真实"的认识的关键是有力地把两者连接、联结起来的认识和概括。要说服别人,需要的不仅是理论或事实任何一方,而是扎实的证据加上符合实际的概括。需要的是连接经验的理论和有限定范围的概括和理论洞见,而不是绝对化的、不可证实的"大理论"。这是拙作《实践与理论:中国社会、经济与法律的历史与现实研究》全书的中心论点,这里不再赘述。(黄宗智,2015d)

至于如何限定某一法则的适用边界,中国可以借助启蒙哲学大师康德用"实践理性"(practical reason)的"绝对命令"(categorical imperative)来连接道德规范和实际行为的思维框架。面对众多不同的道德准则,我们要问:此准则是否达到"你要仅仅按照你同时也能够愿意它成为一条普遍法则的那个准则去行动?"凭此来做出抉择。这里,康德的用意仍然是要得出普世的、永恒的"理性"准则(Kant, 2002:尤见第 1 章,特别是其中的第 40,45—46 页),但我们可以更为实用性地连接经验实际而区别不同限度的适用,而问:你是否愿意它成为一条在某种历史情况或阶段或某一地方、某一民族或群体、全人民或全人类的那个准则去行动?——借此来推定该准则的适用范围。其中关键在区别不同层次的适用度。(详细讨论见黄宗智,2015c:87—89,纳入黄宗智,2015d:第 22 章;亦见 O'Neill, 1996:49—59;黄宗智、高原,2015)在我看来,西方启蒙以来的现代主义认识强烈倾向把概括和理论推到其"逻辑上的最终结论"(logical conclusion),亦即其理想化、绝对化和普世化,但那样的思维其实是脱离实际的思维——中国没有必要跟随其后而犯同样的错误。

六、"党"与"国"和"政"与"法"

本文最后要探讨的问题是中国的政党—国家体制下的"党"与"国"和"政"与"法"之间的关联。这是西化和革命两大传统间的关键问题，当然也涉及古代传统。它实际上是民法典编纂所不可避免的问题。

首先，中国国家机器和中国共产党一定程度上，起码在形式上，是分开的；国有宪法，党则另有章程，但是，我们如果仔细检阅这两个不同的文件，会发现它们其实是紧密关联的。

在国家宪法的"序言"中，有五句话总结了党在整个政治体制中所占的位置："一九四九年，以毛泽东主席为领袖的中国共产党领导中国各族人民，在经历了长期的艰难曲折的武装斗争和其他形式的斗争以后，终于推翻了帝国主义、封建主义和官僚资本主义的统治，取得了新民主主义革命的伟大胜利，建立了中华人民共和国。"这句显然是对党的正当性历史基础的说明，而且，不言而喻的是，如此的正当性绝不逊色于源自西方形式选举的正当性。然后，"中国新民主主义革命的胜利和社会主义事业的成就，是中国共产党领导中国各族人民，在马克思列宁主义、毛泽东思想的指引下，坚持真理，修正错误，战胜许多艰难险阻而取得的"，这句表述了党经过历史实验而确立的意识形态。然后，"中国各族人民将继续在中国共产党领导下，在马克思列宁主义、毛泽东思想、邓小平理论和'三个代表'重要思想指引下，坚持人民民主专政，坚持社会主义道路，坚持改革开放，不断完善社会主义的各项制度，发展社会主义市场经济,发展社会主义民主,健全社会主义法制……"这句总结了改革以来的重要变革(下面再仔细讨论)。"在长期的革命和建设过程中,已经结成由中国共产党领导的,有各民主党派和各人民团体参加的,包括全体社会主义劳动者、社会主义事业的建设者、拥护社会主义的爱国者和拥护祖国统一的爱国者的广泛的爱国统一战线,这个统一战线将继续巩固和发展。""中国共产党领导的多党合作和政治协商制度将长期存在和发展。"这两句可以理解为对共产党与其他政党性质不同的说明。首先是源自民国初期对议会政党政治的反思,由于军阀掌握实权的客观实际,议会政治多限于形式乃至无关紧要,因此而产生对另一种、(可以称作)"超级"的政党的组建的要求。之后,在革命斗争和全民抗战中,确立了共产党的"超级政党"自我定位(作为其主要敌手的国民党,一定程度上也显示了类似的自我定位)——它是个超越其他(一般意义的)党派和政党的组织。在概念上,前者(一如西方意义中的政党)是处于国家行政机器之下的组织,在议会和选举中竞争,后者则是与国家并行的、二元合一的组织。前者是一般的"民主党派",后者则是政党—国家体制中的超级的党。(《中华人民共和国宪法》,2004;"超级政党"概念见汪晖,2014:70—71)

　　检阅党章的序言,我们立刻可以看到,上引的宪法的序言乃是对党章的序言的简短总结,所表述的其实是同样的内容。党章的序言开宗明义地写道:"中国共产党是中国工人阶级的先锋队,同时是中国人民和中华民族的先锋队,是中国特色社会主义事业的领导核心,代表中国先进生产力的发展要求,代表中国先进文化的前进方向,代表中国最广大人民的根本利益。"(《中国共产党章程》,2012)作为"中国人民"的"先锋队"以及"最广大人民的根本利益"的代表,它的自我定位不仅是"最广大人民"意愿的总代表,还是超前于其意愿的代表,也可以说是国家正当性的终极来源,处于国家行政机器之上。随后是与宪法序言基本一致,但是更为详细的关于党正当性的历史基础,其立国意识形态以及其后诸多修改和新内容的总结表述,特别是新加的"邓小平理论"和"依法治国"(1999年),以及"三个代表"重要思想(2004年)。相比而言,国家正式宪法中的序言明显只是党章的这部分内容的简要总结——宪法一句话所表达的,在党章里多用一段或数段话来表达和说明。因此,党章的序言可以说是比国家宪法序言要详细得多的非正式宪法性序言。就此意义上来说,它也具有一定的非正式基本法实质。

如此一起检视党章与宪法,我们看到的首先是,两者正文的内容虽然很不一样,宪法正文的主要内容是国家的组织和机构,而党章正文的主要内容则是党组织的结构和规则,但是,如上所述,两者在更为关键的序言上有一定的统一和整合。党不仅与国家并立,而且是处于国家行政机器之上的。这就和西方的议会选举体制很不一样——在西方的体制之中,"政党"是处于国家之下而在议会和选举中竞争的实体,一旦竞选成功而成为执政党,可以暂时代表凌驾于政党之上的国家,直到其下野而被另一政党所取代。而中国则由于对共产党作为超级政党的定位,确立了现当代中国的政党—国家政治体制,与西方的三权分立政治体制十分不同。

同时,宪法和党章一起检阅也说明,古代、革命和引进三大传统是并存的,和上述非正式与正式正义体系、个人权利与家庭道德并存相似。一定程度上，政党—国家体制展示的是类似于古代的中央集权，以及"政"与"法"的紧密交织、缠结。当然也说明了革命传统在今天的国家体制中仍然占有的位置。而国家正式宪法的内容和形式，尤其是关乎公民个人权利的表达，当然也说明了从西方引进成文法律的实际。

对"党"与"国"这种并存的实际，我们可以有两种不同的理解，一是分别的共存，可以纳入"多元"一词的一般意义来理解，不需要关注如何把多元整合为一的问题；另一则是，互补的并存，并且是在结合、整合为一的大框架下的并存。这就和（像许多西方观察者那样）把两者分割或对立为二元的思维十分不同。在如此的大框架下，中国的政治体制和正义体系其实不太可能成为简单的、完全仿效西方所代表的"民主化"、三权分立以及资本主义化的"现代化"，不大可能真正把其当作普适的"发展"道路。宪法序言之纳入党章序言的内容，而又同时让国家结构和共产党组织分别共存，所说明的其实是，在共存的大框架下，两者是既分开也统一的。因此，我们不可能脱离"党"来理解"政"，或脱离"政"来理解"法"，而是必须把两者一起来检视，也必须梳理清楚两者之间的关联。毋庸说，这不仅涉及实践之中的种种难题和矛盾，也是法理层面上的难题。但如今仍然只有较少关于如此问题的讨论。

上面我们已经看到，迄今中国采纳的改革进路主要是实用性的，从实用层面的实验，包括在底层（乡村）、中层（地方政府）和顶层（中央），边实验边累进，亦即是"摸着石头过河"。在其过程中，可以在"现代化"和"发展"重大战略决策下，暂时偏重西化的建设，但同时也会容纳"本土资源"的另一方对其提出质疑、制衡。两者如此的并存乃是在党章和宪法代表的基本法中已经确定的大框架。如上所述，这其实也是三大传统的并存。目前，在过渡期间固然可以暂时避开最疑难和充满争执的问题，主要依赖在实践之中逐步摸索出两者间可行的结合道路。

同时，我们也可以看到，党对其自身演变的认识带有深层的历史感。上面已经看到，宪法和党章的序言把国家的建立和其理论/意识形态的形成，以及之后的改革，都置于历史演变的过程中来说明和理解。近年来更是一再修改宪法，在 1982 年新宪法公布施行之后，已经在 1988、1993、1999、2004 年四次进行重要修改：于 1988 年确立"私营经济"的合法性；1993 年纳入"社会主义初级阶段"的历史化范畴；1999 年纳入"邓小平理论"，把其与马列主义、毛泽东思想并列，并突出"中华人民共和国实行依法治国"的根本性决策；2004 年纳入了"三个代表"重要思想等。（《82 年后历次宪法修改的内容》，2014）这就和一般西方宪法强烈倾向一举确立带有永恒性、普世性的宪法原理和规则很不一样。前者是以历史化的过程为主，展示了应时而变的性质，后者则是以形式化的推理为主，以申明个人自由和财产权利等永恒性的"公理"/定理为主。前者展示的主要是实质主义的道德理念和历史化的演变进路，后者则是形式逻辑化的演绎推理和普世化的进路。因此，前者较好修改，后者较难修改。

这里所展示的不同也可以这样来理解：西方启蒙时代以来的现代主义的一个关键特征是对绝对化、普适化"公理"的追求，既可见于其"科学主义"，也可见于科学主义对法学与经济学、其他社会科学，乃至于人文学科（包括哲学）的深层影响。上面我们已经看到,即便是认真考虑到"实践理性"的康德,仍然还是在追求绝对化、普适化的"理性"公理,而不是像本文这样在提倡有限度、有边界、分层次的概括。(固然,儒家的"己所不欲,勿施于人"黄金规则一定程度上类似于康德的"绝对命令"。)

近半个世纪以来的西方后现代主义思想大潮流主要是针对普世主义的批评。虽然,国内对后现代主义的理解偏重"去西方中心化",带有强烈的民族感情,但西方对其的理解则更侧重对科学主义认识论的基本质疑。在这方面,中国因为一直没有走到西方启蒙以来的认识论那样的极端,一直都比较侧重历史化、经验化的认识。党章和宪法其实都展示了那样的基本思维;作为学者,我们也需要对当今中国的实际采纳同样的认识。

在"党"和"国"并存的大框架下,中国如今已经选定了"依法治国"的战略性决策来作为整合两者的重要道路,要求党组织和国家机构、党的领导和国家官员,都必须在"依法"的约束下来领导党和国家。(孙谦,2013;亦见李树忠,2015;袁松达,2013;蔡定剑,2011)但是我们也要认识到,共产党组织的根源是列宁主义式的革命地下党,带有革命斗争时期不可或缺的高度集中、思想统一、步伐一致、绝对服从、严守秘密、恪守纪律、肃反等众多在革命斗争中所形成的制度和操作方式。如今,在新中国成立 70 年之后,以及中国国际地位基本稳固的情况下,在"依法治国"的战略性政策下,正在进行更为高度的正规程序化、法治化,更有效地防御权力滥用。其实,宪法和党章中所确定的以"发展经济"为重中之重、"依法治国"、"三个代表"重要思想等战略方针,已经毫无疑问地形成了"去革命组织化"的大趋势,所需要的只是进一步的贯彻。这里体现的也是一种历史化的思路。

把中国宪法所展示的历史感与西方的宪法思维相比，我们可以看到，西方（韦伯型）"形式理性"追求普适性的思维，其实是一种反历史感的思维，也是比较片面和偏颇的。如上所述，它带有强烈的永恒化追求，不像中国宪法那样展示了高度的应时而变的历史感。西方的现代主义则一直都强烈倾向追求绝对化的、普适化的公理。而且，西方的演绎逻辑化思维强烈把人们的思想置于一系列的非此即彼二元对立建构之中，如形式理性 vs.实质道德、西方 vs.非西方、理论 vs.经验、普世 vs.特殊、现代 vs.传统等，强烈把其推向完全偏重其中的单一方。

如今，西方在近几十年的"后现代主义"思想大潮流下，本身已经对其现代主义进行了大量深层的反思，也为关心中国未来的学者提供了可资借助的理论资源。它强烈从特殊来反思普世、从相对来反思绝对、从历史来反思科学、从主观来反思客观、从人文价值来反思物质主义。

虽然如此，我们同时也需要警惕西方启蒙时代以来由于演绎逻辑的强大影响而一再走向片面的、极端的倾向。如今，即便是批评现代主义的后现代主义思想本身，也已经走到了相反的极端，强烈倾向完全以特殊主义/相对主义来取代普世主义、以怀疑一切"事实"来取代（自以为是绝对真实的）实证主义/科学主义认识。实际上，如今后现代主义已经走到与其对手现代主义几乎同样的极端和偏颇——以特殊主义的普世化来取代现代主义的普世化的极端，同样是片面和脱离实际的认识和理论。它所展示的问题其实是，被西方在深层意识上认为是其文明独特的遗产的演绎逻辑，其实一直都在把人们的思想一再推向其"逻辑上的最终结论"。（例见目前在学术界，尤其是中国研究学术界，影响极大的萨义德，1999；吉尔茨，1999；亦见黄宗智，2016b）我们如果不陷入那样的思维框架之中，而凭借自己对实际的"真实感"和"历史感"便可以看到，如此的二元对立是对真实实际的简单化或理想化。

虽然如此，我们也要看到，综合形式理性+个人权利+资本主义的西方式"现代化"，作为一套紧密关联和相互依赖的体系，其威力是巨大的。对经历过帝国主义和殖民主义侵略的国家和民族来说，乃是其所必须掌握或抗御的一种武器，不然便会受到欺压、凌辱、侵略和殖民化。但是，同时我们更要看到，其所代表的仅仅是人类发展的一种可能形式，也是带有很大破坏性的一种形式。我们不该放弃自身的真实感、历史感以及道德理念，而完全接纳、模仿那样的一套认识，据此来组织国家和社会、经济与法律，据此来治理，据此来确定对未来的追求。在理论层面上，我们很有必要对现代西方启蒙时代以来的形式理性主义+科学主义+资本主义进行剖析，进而阐明中国在这些方面的判断和抉择。在我看来，这是中国今天十分需要大力推进的工程。

无论是西方主流的现代主义、科学主义、普世主义，还是反主流的后现代主义、文化主义、特殊主义，任何一方显然都不足以指导中国如今的探索。中国需要有自己来建设适合中国的认识和理论的信心。在正义体系方面，应该凭借中国文明在长时段历史中以及在近现代所经历的苦难和动荡中，所形成的真实感来探索符合中国自身的历史、实际和理念的理论。真正可以依赖的是长时段延续的中华文明中的真正崇高的价值观、真正的洞见、真正符合实际的认识。当然,也需要采纳西方文明的众多优点,来补助自身不足的方方面面,但绝对不可能是简单的非此即彼的全盘西化或全盘中化,不可能是任何绝对化了的单一方。

如今,国家迫切需要直面一个根本实际:在中国革命传统中,党是主要依赖工农劳动者而获得胜利的(譬如,由其来组成党的军队和提供粮食和物资),因此,在革命过程中,既是由于党的信念也是由于党的切身利益,劳动者是主要的获益者;但在改革时期中,主要获益者则是上层人士和新兴的资本家,而劳动者权益则损失极大(在收入、法律保护、福利、社会地位等层面上都如此),造成一定程度的社会不公,部分原因是因为国家的决策要借此吸引更多投资。(见黄宗智,待刊)在党原先的决策中,"让一部分人先富起来"只是个暂时的权宜之策,借此来推动经济发展。但问题是,历史上鲜有既得利益者自动或仅凭某种道德理念而让权让利的实例。如今,亟须重新平衡社会不同部分的权益,而其责任则非共产党莫属。唯有党才具备如此的权力,唯有党才具备如此的理念。何况,这是党在党章中给自己设定的历史使命。这更是关乎党切身利益的关键:共产党革命的胜利以及其正当性,归根到底来自"得民心者得天下"的至理;今天,要继续卫护其正当性和"天下",说到底其关键也在同一至理。正是这样的道德价值理念、实用考虑以及历史感,组成来自古代和革命传统的中国正义体系的"实质主义"一方,可以与引进的"形式主义"一方组成一个两者并存、拉锯、相互制约和相互推进的新型中国正义体系。

七、结论

以上三个议题中的具体例子说明的首先是,中国传统和谐理念所主导的民间调解制度在今天仍然有极其重要的价值,足可借以纠正西方过分对抗性的法律体系的不足。其实,西方本身也正在摸索着这样去做。同时,在中国革命的政党—国家体制与如此的非正式正义和从西方引进的法律体系的相互作用之下,所产生的各种各样的半正式调解,包括行政以及法院调解,都是在全球视野下很有特色以及行之有效的体系。当然,也多有缺点和衔接不良之处,但可以通过实验而步步改进、完善。而从现代西方引进的,以公民权利和责任,以及高度形式化、程序化、逻辑化的体系,来判决民事纠纷中真正涉及法律上是与非的案件,乃是中国古代和革命传统中相对薄弱的方面。两者完全可以,也应该相互作用、取长补短,达成更为完善的正义体系。如此的探索其实一直都在实践中进行着,如今需要的是把其精确、清晰地提高到法理的层面。

第二,在个人主义与家庭主义的一双道德价值观中,中国在实践层面上并没有完全"继受"西方把前者突出为单一法律(相当于)"公理"的做法。其实,中国完全可以、也应该两者兼顾,通过实际的适用来梳理和完善,没有必要一面倒地完全接纳个人主义而排除家庭主义的价值观。[①] 至于如何在法理以及实际运作中调合两

---

① 美国真诚的保守共和党人便一向以拥护家庭主义价值而自豪。

者,可以通过长期的实验而后总结概括。在过去的实践中,其实已经相当广泛采用了那样的进路,所需要的是对其中良好的经验进行理论概括。关键的是,要推进中国长期以来已经相当发达的、符合真实世界实际的认识和思维方式,即要求连接理论与经验,寓抽象于具体,使其相互阐明、相得益彰。

同时,可以加上笔者建议的,凭借(康德所阐明的)"实践理性"来进行概括,但不一定要像康德样坚决追求普世性,而可以采取依据经验证据而区分不同层次的——特殊的、历史化的、地方的、民族性的、全民性的——抽象和限定。我们已经看到,宪法和党章其实都清楚地展示了这样的历史感和实践感。如此的认识论上的进路远比简单的普世化、绝对化更符合实际,完全没有必要全盘采纳西方现代主义的法学和社会科学中失之偏颇的、强烈逼向绝对化的思维。

最后,也是最艰难的一个议题,是如何结合、整合中国的政党—国家政治体制与上述的正义体系。笔者初步认为,一个也许可行的方案是从明确党与国之间的关系出发,采纳历史化的视野。首先,确认中国共产党是以社会主义的公平理念和实质主义的道德理念为主的组织,其历史使命是维护社会公平、人民福祉、和谐等崇高的价值,并要防护、纠正既得利益群体对其的侵蚀。而国家机器,包括其正式法律体系,乃主要是在其领导下的行政体系中通过形式化、规范化、程序化、专业化的制度体系来执行党的目标的机构。实质和形式双方,道德理念和行政治理两者完全可以相互监督、相互制衡。系统梳理和整合,一方面可以更清晰地确立党的权力范围,既可以巩固其权力,也可以更明确地限定其权力机制和范围,排除诸如个人滥用权力的腐败。同时,在党的组织方面,也可以进一步规范化和程序化,用来防范个人凭借政党—国家集权的体制而滥用权力,也可以既巩固也防范党内纪律体系之滥用权力。更有进者,面对后革命时期的历史实际,可以对党组织更明确地进行"去革命组织化",逐步消除其过度集权化和隐秘化的方方面面。至于形式理性化的法律体系方面,则可以、也应该纳入一定程度的实质主义规范,即诸如上述的"和"与"家"的道德理念,以及社会主义的道德观,来纠正西方形式理性正义体系的偏颇。其实,在法院调解和行政调解实践的诸多方面,这样的一个形式主义+实质主义的结合一定程度上已经在中华人民共和国运行了许多年,已经成为当代中国正义体系的重要特色。对其进行法理层面上的系统梳理,可以使其更精确、高效、公正地运行。

如此的融合中西,取长补短的正义体系建设应该是一个长期的摸索过程,通过实验,使用分层次、限度的"实践理性"概括而逐步建立和完善。如此,才有可能在中国的三大传统中择优、结合、整合,来开辟一条新颖的正义(和治理)体系道路。如此才有可能清晰合理地综合中、西以及革命三大传统,让其取长补短,结合成为一个新的东西。那样的话,不会再是简单的对现代西方的"继受"和仿效,才可能成为真正是"中国特色"的正义和法律体系,为中国、为人类作出更重要的贡献。

参考文献：

《82 年后历次宪法修改的内容》，2014 年 3 月 3 日，http://www.doc88.com/p-213758832599.html。

蔡定剑(2011)：《政治体制改革的历史与现状》，载《炎黄春秋》第 2 期，第 1—8 页。

《大清律例》，引自薛允升(1970)《读例存疑重刊本》，黄静嘉编校，五册，台北：中文研究资料中心、成文出版社。引用以黄静嘉编律号、例号，如律 89，例 89-1。

董保华(2016)：《雇佣、劳动立法的历史考量与现实分析》，载《法学》第 5 期，第 13—23 页。

费孝通(1983)：《家庭结构变动中的老年赡养问题》，载《北京大学学报》第 3 期。

高其才(2016)：《尊重生活、承续传统：民法典编纂与民事习惯》，载《法学杂志》第 4 期，第 26—36 页。

何燕侠(2015)：《日本民法近代化过程中的"法典论证"论述》，载《湘江法律评论》第 2 期，第 38—47 页。

黄宗智(2013)：《重新认识中国劳动人民——劳动法规的历史演变与当前的非正规经济》，载《开放时代》第 5 期，第 56—73 页。纳入黄宗智，2015d：第 17 章。

黄宗智(2014 a.1,2,3)：《清代以来民事法律的表达与实践：历史、理论与现实》，三卷本，增订版。第一卷《清代的法律、社会与文化：民法的表达与实践》[2001,2007]；第二卷《法典、习俗与司法实践：清代与民国的比较》[2003,2007]；第三卷《过去和现在：中国民事法律实践的探索》[2009]，北京：法律出版社。

黄宗智(2014b.1,2,3)：《明清以来的乡村社会经济变迁：历史、理论与现实》,三卷本,增订版。第一卷《华北的小农经济与社会变迁》[1986,2000,2004,2009];第二卷《长江三角洲的小农家庭与乡村发展》[1992,2000,2006];第三卷《超越左右:从实践历史探寻中国农村发展出路》,北京:法律出版社。

黄宗智(2015a):《农业合作化路径选择的两大盲点:东亚农业合作化历史经验的启示》,载《开放时代》第 5 期,第 18—35 页。

黄宗智(2015b):《中国经济是怎样如此快速发展的?》,载《开放时代》第 3 期,第 100—124 页。

黄宗智(2015c):《道德与法律:中国的过去和现在》,载《开放时代》第 1 期,第 71—94 页。纳入黄宗智,2015d,作为第 22 章。

黄宗智(2015d):《实践与理论:中国社会、经济与法律的历史与现实研究》,北京:法律出版社。

黄宗智、高原(2015):《社会科学和法学应该模仿自然科学吗?》,载《开放时代》第 2 期,第 158—179 页。

黄宗智(2016a):《中国古今的民、刑事正义体系——全球视野下的中华法系》,载《法学家》第 1 期,第 1—27 页。

黄宗智(2016b):《我们的问题意识:对美国的中国研究的反思》,载《开放时代》第 1 期,第 155—183 页。

黄宗智(2016c):《中国正义体系中的"政"与"法"》,载《开放时代》第 6 期,第 141—159 页。

黄宗智(2018):《中国的非正规经济再思考:一个来自社会经济史与法律史视角的导论》,载《中国乡村研究》第 14 辑,第 1—16 页,福州:福建教育出版社。英文版见 Rural China,2017,v.14,no.1:1—17。

黄宗智(待刊 c):《中国的新型非正规经济:实践与理论》。

吉尔茨(Geertz,Clifford),邓正来译(1999):《地方性知识:事实与法律的比较透视》，载梁治平编《法律的文化解释》，第 73—171 页，北京：生活·读书·新知三联书店。

李树忠（2015）：《迈向"实质法治"——历史进程中的十八届四中全会"决定"》，载《当代法学》第 1 期，第 3—13 页。

梁慧星（2015）：《为中国民法典斗争！》，文章乃《中国民法典草案建议稿附理由》的"序言"，http://www.iolaw.org.cn/showArticle.aspx？id=42362013。

梁慧星（2014）：《关于中国民法典编纂问题》，http://www.iolaw.org.cn/showArticle.aspx？id=4200。

梁慧星（2015b）：《制定民法总则的若干问题》，http://www.iolaw.org.cn/showArticle.aspx？id=4472。

强世功（2011）：《司法能动下的中国家庭——从最高法院关于〈离婚法〉的司法解释谈起》，载《文化纵横》2 月刊。

萨义德（Said, Edward），王宇振译（1999）：《东方主义》，北京：生活·读书·新知三联书店。

粟瑜、王全兴（2015）：《〈意大利民法典〉劳动编及其启示》，载《法学》第 10 期，第 114—128 页。

孙谦（2013）：《法治建构的中国道路》，载《中国社会科学》第 1 期，第 13—17 页。

汪晖（2014）：《代表性断裂与"后政党"政治》，载《开放时代》第 2 期，第 70—79 页。

王利明（2014）：《民法典的时代特征和编纂步骤》，载《清华法学》第 8 卷第 6 期。

王利明（2015）：《儒家文化对法治的影响》，http://www.aisiXiang.com/data/91568.html。

肖光辉(2007):《法律多元与法律多元主义问题探析》,载《学术论坛》第 4 期,第 117—122 页。

谢鸿飞(2013):《民法典与特别民法关系的建构》,载《中国社会科学》第 2 期,第 98—116 页。

谢鸿飞(2014):《中国民法典的生活世界、价值体系与立法表达》,http://www.iolaw.org.cn/web/special/2015/minfadian.aspx？id＝174。

谢鸿飞(2016):《现代复杂社会与民法典体系》,载《人民法治》2016年 3 月 5 日。

俞江(2015):《保护既有权益是民法典编纂的底线》,载《法学》第 20卷第 7 期,第 67—77 页。

袁松达(2013):《走向包容性的法治国家建设》,载《中国法学》第 2期,第 5—17 页。

赵晓力(2011):《中国家庭资本主义化的号角》,载《文化纵横》2月刊。

《中国法学会民法典编纂项目领导小组会议召开》,2015 年 4 月 15日,http://www.chinalaw.org.cn/Column/Column_View.aspx？ColumnID＝922&InfoID＝14295。

《中国共产党章程》,2012,http://news.xinhuanet.com/18cpcnc/2012-11/18/c_113714762.htm。

《中国民法典拟于 2020 年编纂完成》,2016 年 6 月 27 日,http://m.china.caixin.com/m/2016-06-27/100959152.html。

《中华民国民法》,1929—1930。

《中华人民共和国婚姻法》,1980。

《〈中华人民共和国民法典·民法总则专家建议稿(提交稿)〉正式提交全国人大常委会法制工作委员会》,2016 年 6 月 24 日,http://www.

civillaw.com.cn/zt/t/？id＝301198。

《中华人民共和国民法通则》,2006。

《中华人民共和国侵权责任法》,2009。

《中华人民共和国宪法》,2004［1982、1988、1990、1999、2004］。

周密:《齐东野语》,无出版处、日期。

《最高人民法院关于适用〈中华人民共和国婚姻法〉若干问题的解释》(一)(二)(三),2001、2003、2010。

"中国社会科学院民法典立法研究课题组——成果发布平台",2016年8月查阅,http://www.iolaw.org.cn/web/special/2015/minfadian.aspx？id＝174。

朱景文编(2011):《中国法律发展报告2011:走向多元化的法律实施》,北京:中国人民大学出版社。

China Development Research Foundation. (2005) . *China Human Development Report*. United Nations Development Programme, China Country Office.

Ch'ü T'ung-tsu (瞿同祖) . (1961) . *Law and Society in Traditional China*, Paris: Mouton.

CIA.(2015) . "Country Comparison: Distribution of Family Income-Gini Index, " https://www.cia.gov/library/publications/the－world－factbook/rankorder/2172 rank.html (accessed March 20, 2015) .

The German Civil Code.(1907) . Trans. and annotated, with a historical introduction and appendixes, by Chung Hui Wang (王宠惠) . London: Stevens and Sons.

Kant, Immanuel.(2002[1788]) . *Critique of Practical Reason.* Tr. Werner S. Pluhar.Indianapolis/Cambridge: Hackett Publishing Co.

Liebman, Benjamin L. (2005) . "Watchdog or Demagogue? The Media in the Chinese Legal System, " *Columbia Law Review*, 105(Jan.) : 1−157.

O'Neill, Onora. (1996) . *Towards Justice and Virtue: A Constructive Account of Practical Reasoning.* Cambridge: Cambridge University Press.

Subrin, Stephen N. and Margaret Y. K. Woo. (2006) . *Litigating in America: Civil Procedure in Context.* New York: Aspen Publishers.

结　语　一个新型的中华法系

中国今天面对的问题使我们联想到秦汉一统之后所要解决的问题：不是简单继受春秋战国百家中任何一国或一家的理论，而是在新时代中，如何建立新的、可持续的"万世之法"的问题，尤其不是在法家或儒家的二元对立之中，简单选一的问题，而是要探寻超越两者的综合，不是继受任何单一元，而是如何综合各元而超越之，如何开启综合与整合的、长远的正义体系。

回顾汉代前期的历史，对我们今天的问题具有特殊启发的是当时的儒家思想，特别是董仲舒（约前179—前104）思想中的洞见。他在严峻的法家的治理体系和法律之上，纳入、贯穿儒家的道德理念，特别是"仁政"与"德治"，借以补法家之不足，要求在严厉的制度之中，添加和贯穿仁慈、温和的道德理念。其卓越之处在于不简单依赖法、儒任何单一方，而是凭借两者的结合与并用来创建一个更宽阔、更包容、更可持续的正义体系。

　　如此的思路和其从阴阳学纳入的宇宙观是一致的,认识到阴与阳的有机结合,好比法家与儒家的结合,要比任何单一方更全面、更可持续,尽可能使偏重刑罚的(正式正义的)法家法律体系为辅,儒家的德治、仁政为主。同时,借助儒家的和谐人际关系理念,开启家族和村社中的(非正式的)民间调解机制,其后成为非正式正义(民间调解)与正式正义(法庭判决)结合的正义体系,比其任何单一方都具有更好的可持续性。在我看来,正是这些基本点,而不仅是瞿同祖先生所强调的,把法家法律等级化(即在其适用中加上儒家的尊卑之分),才是"法律的儒家化"的至为重要的内容。其实,瞿同祖在论证法律的儒家化的过程中,虽然特别突出了源自儒家的尊卑等级之分,但在其著作的最后部分,也提到了董仲舒的"阳者,天之德也。阴者,天之刑也"的思路(Ch'ü, 1965:271;亦见董仲舒,2001:457,以及冯友兰,1993:512),亦即(可以称作)"阳儒阴法"的构想。当然,瞿之特别强调"礼"和"三纲五常",以及其中的等级尊卑划分,把其当作儒家的核心制度,是没有错的,但在笔者看来,儒家的思想中至为关键的,不是等级制度,而是具有普遍价值的"仁"的崇高道德理念。对今天的中国来说,尤其如此。

　　董仲舒承继的是儒家一贯的"仁政"理念,譬如,声称"天,仁也"(转引自冯友兰,1993:528),提出"以仁安人,以义正我"(同上,第519页)的设想。特别是对"德"与"利"的鉴别,即《论语》之所谓"君子喻于义;小人喻于利"(《论语·里仁》),由此来反思剧变时代中的社会现实。对我们今天的现实来说,这样的理念有极其重要的启示。"利"是"资本主义"价值观的核心。新自由主义经济学中最主要的潮流"新制度经济学"提倡的是，凭借人人自我"逐利"来推动经济发展，并因此而特别强调稳定的私有产权，认为那样才有可能激励人们的创业而推动经济发展，并美其言曰，如此才能造福全社会。在那样的价值观的影响下，如今中国社会实际上已经成为一个逐利"小人"的天下，几乎人人都在忙着盘算怎样去赚更多的钱。儒家的义与利划分则自始便已对此作出了深刻的批评，可以说一言点到其中的致命问题。今天读来，特别适切。

固然，董仲舒非常有意识地要为汉代皇朝建立一统天下的统治意识形态。西方19世纪的汉学大家理雅各（James Legge），在其影响深远的大作中把其称作"帝国儒家主义"（imperial Confucianism）。（Legge，1877—1878）其中，董更借助"阴阳五行"的宇宙观将皇帝置于"天人之际"，为的既是巩固皇帝的威权，也是借"天"来限制皇帝的权力。（萧公权，1982：515—550）他特别强调"灾异"，以其表达"天"对处于天人之际的皇帝的"谴告"。那样的学说，虽然巩固了历代的帝国政治体制，当然并不符合当今的需要。它有意识地把儒家学说构成一家独尊的统治意识形态、乃至于将其宗教化，当然也不符合现实需要。

这里还要说明，在儒学之中，董仲舒的"帝国儒家主义"思想和经学中的今文学派有一定的关联。在今文学（亦可称公羊学）的"家法"中，一贯把孔子建构为"有其德而无其位"的"素王"；读《春秋》以《公羊传》（而不是《左传》）为主导，突出其所包含的"微言大义"，特别是对统治者的"一字之贬，严于斧钺；一字之褒，荣于华衮"；宇宙观则取自《易经》。如此的思想带有强烈的应时而变的历史感与"改革"倾向,故其"家法"包括把孔子认作"圣之时者也"。到了近现代,今文经学派的这些思路在康有为的思想中得到至为系统的表达。笔者青年时曾在台湾师从经学家爱新觉罗毓鋆("俗姓"刘,康有为的"第三代""天游"辈弟子,后来在台湾的经学界中影响颇大),对刘毓鋆老师讲授的这些(公羊)"家法"至今记忆犹新。今天回顾,其核心在其崇高、带有永恒价值的道德理念"仁"与"德"——也是"中华文明"以及"中华法系"的核心。

　　笔者正是出于对儒家和其所代表的中华文明如此的理解,来设想中国正义体系今后的走向。这显然不是一个简单的"复古"设想,当然也不是简单的全盘西化设想。我们需要的是,一方面借助儒家思想中至能适应现代需要的传统,来对中华文明的"实质理性"正义传统进行溯本求源的梳理;一方面同样借助西方一些至具洞察力的非主流传统,如法律实用主义、后现代主义以及"实质主义",来对其主流"形式理性"法律传统进行去劣存优的梳理。在两者的并存和拉锯的大框架之下,来设想一个新型的中国正义体系。具体的研究和所倡导的立法进路则是,从实践历史中区别优良的融合和恶劣的失误,梳理其中所包含的法理,借此来探寻综合两者的方向和道路。这是一个要求综合中西的设想,也是一个要求适用于中国变迁中的实际的设想。笔者深信,来自那样的探索而形成的"正义体系",才可能成为一个可供"万世"之用的新型中华法系。

参考文献:

董仲舒(2001):《春秋繁露》,济南:山东友谊出版社。

冯友兰(1993):《中国哲学史》,上、下册,台北:台湾商务印书馆。

萧公权(1982):《中国政治思想史》,台北:联经出版事业公司。

Ch'ü T'ung-tsu(瞿同祖).(1965).*Law and Society in Traditional China.* Paris: Mouton & Co.

Legge, James.(1877－1878)."Imperial Confucianism," in *The China Review*, 1877, no. 3: 147－158; 1878, no. 4: 223－235; 1878. no. 5: 299－310; 1878, no. 6: 363－374.

代后记 探寻中国长远的发展道路[①]

　　一方面,在今天中国特殊的政党—国家体系下,中国共产党仍然起到主导性的作用,国家仍然拥有主要生产资料,尤其是土地和其他主要自然资源。它同时通过一个高度集权的财政体系来调控资本。它仍然是一个社会主义国家体系,即便已经不是一个计划经济体系。另一方面,它同时也是一个生气蓬勃的市场经济,其中私有企业占据到非农生产总值的约60%,而具有独立经营权的市场化小农场则占据农业总产值的很高比例,即便他们并不拥有自家农地的所有权。我们该怎样来认识这样一个既是社会主义的也是市场经济的混合体?既是中国传统(古代和革命传统)的也是类似于西方市场经济的混合体?

　　鉴于社会主义和资本主义市场经济间的极大不同,我们是不

[①] 本文是作者待刊的三卷本(《中国的新型小农经济:实践与理论》、《中国的新型正义体系:实践与理论》、《中国的新型非正规经济:实践与理论》——黄宗智,待刊a,b,c)的后续和扩延思考。三卷本中已经详细论证的内容不再一一注明出处。

是只能认为两者只可能有一方才是"正确"或"真实"的? 我们是不是只可能要么认同于目的论的全盘西化道路,要么认同于目的论的本土化道路,就像许许多多中国现当代思想家(也包括西方的中国研究者)那样? 如果不然,我们要怎样才能够抓住现当代不可避免的中与西、古与今以及市场经济与计划经济的并存和混合这个基本实际?

本文将进一步探讨,面对两者必然并存的现实,我们能否提出一种迥异于一般非此即彼的思路? 能否想象两者不仅是并存,更是相互作用、相互塑造,甚至共同形成一个超越双方任何一方的整体? 能否形成一个能够更好地释放两者诸多方面的创造性能量的结合? 一个超越二元对立思维的整体可能是一个什么样的图像?

但在进入以上较为宽阔的问题的探索之前,我们需要先澄清市场合同与中国社会主义政党—国家采用的行政发包/承包制度的不同。两者常被调换使用或合并为一(如"承包合同"),由此而导致对两者不同含义的混淆。我们需要从说明它们的不同出发点,然后才能进入两者之间,以及市场经济和社会主义政党—国家体系之间,进行怎样可能被创新性地结合起来的讨论。

一、合同 vs.承包

"合同"概念的核心是在横向市场交易中两个具有同等谈判权力实体间达成的、受到法律保护的协议。"发包"/"承包"关系则是在纵向的、多是由国家发包给某人或某实体(如某官员或农民/农户)来承包的责任,虽然也同时附带给予后者一定的自主权力。

这里要注意,"权力"多被人们不精确地用"权利"——即受到法律和法庭保护———一词来表达,实际上主要只适用于"合同",不适用于"发包"/"承包"。

(一)历史起源的不同

首先是两个概念/制度起源的不同。在西方,"合同"主要来自市场交易关系中的协议。固然,在当代之前,中国也有颇多类似西方的合同协议(Zelin, Ocko and Gardella, 2004),但在当代,承包(与合同)制度的起点和西方十分不同。在社会主义革命中,几乎所有的生产资料都被改造为国家所有。改革肇始,从国有基点出发,国家逐步将社会主义(和计划经济)体系改为一个"社会主义市场经济"体系。先是国家决定将农村土地的所有权和经营权分割开来,将后者发包/承包给农户。发包自始是,并且现在仍然是一个由上而下的举措,而不是两个平等体之间的协议。其实,发包给农民的"责任田"/"承包合同"原来还附带有纳税乃至义务工的责任。即便国家将经营权基本让给了农户,使其可以为市场而自主生产,但实际上农户仍然处于国家最终管控的权力之下。正如赵晓力在检阅了多份"承包合同"以及相关诉讼案件材料之后敏锐地指出:土地承包的实质主要是借助法院来执行国家的行政管理,树立可以通过法院来确定和保护的权利。(赵晓力,2000)

下面我们将看到,承包其实是官方话语中的"社会主义市场经济"的一个重要部分——国家占有农地的最终所有权,通过发包/承包方式将其经营权转让给农民(虽然国家规定部分农户必须生产粮食,无论其回报多么低)。当然,国家也可以随时征收农地的经营权。

(二)概念基础

合同与承包制度的历史变迁趋向是在十分不同的概念基础上形成的。在雏形的市场合同中,讨价还价是合同订立过程的一部分。一方可能在某方面稍微让步,对方也会同样在另一方面做出某种让步,直到双方达成都可以接受的协议。那样的讨价还价可能受到当时市场情况的影响,在某一产品或房子的"买方市场"的情况下,买方可能因为市场需求较低而获得更好的优惠价格;反之亦然。典型的合同会经过这样一个讨价还价过程。即便是行将被雇用的就业者也可以在"卖方市场"的情况下,要求并获得更好的就职条件,和买房子或产品的人同样。在那样的市场合同文化中,完全由单一方来确定合同条件相对少见。

但在改革期间的中国,一般情况则恰好相反。逐步市场化是国家的决定,承包是国家由上而下的发包,因此,国家与承包农民之间并不完全对等。承包一方,虽然其与国家的关系被称作"承包合同",但一般其条件都是完全由对方确定。那样的"承包合同"无疑直接影响到市场中的合同关系。在那样的大环境下,即便是市场中的"合同",一方常会根本就看不到合同文本,或者要在最终阶段才能看到,并必须立即签署——因此而导致"霸王合同"的称谓,并没有实际的讨价还价过程。众多的市场交易合同实际上更像"承包"而不像对等双方间的"合同"。正是不对等的"承包合同"塑造了中国的不同合同文化。

（三）劳动法律中合同逻辑的不同使用

劳动法律乃是市场合同关系中的一个比较特殊的领域。这主要是因为资方和劳方比较明显的权力不对等。社会主义理论将其表述为阶级剥削，即劳动者生产的"剩余价值"之被资方榨取。资本主义社会当然不会接受这样的理解。直到其1929—1933年经济大萧条之后，方才促使改革，依赖的是合同理论的理想类型，借之来倡导必须改革雇佣关系而使其更接近合同理念中的关系，包括确立劳动者组织工会和进行集体谈判的法定权利，以及设立法定的社会保障——如失业保险和退休与医疗保障。在美国历史中，它们一般被与罗斯福总统的"新政"相联系。这是"福利国家"的核心，其目的是纠正资本主义过激的方方面面。正是那样的措施起到了促使资本主义经济在其历史性的危机之后的恢复和延续。

但是，在最近几十年中，合同的逻辑则被借用于相反的方向来让资方避免劳动保护和社会保障等责任。它导致了所谓的"中介公司雇员"（agency worker）或"劳务派遣工"（dispatch worker）使用的兴起（多是通过中介公司而不是实际的厂方来雇用的），名义上主要是临时性的或"半职"/钟点工人，一般不带有就业保障或福利。合同理论则被借用来赋予这样的雇佣关系以正当性——其逻辑是，这样的雇员实际上具有与资方同等的权利，因为他或她完全可以自由地决定要否接纳如此的合同。在实际运作中，如今这样的雇用方式已经常常不限于临时工而被用于长期的正规全职工。劳动关系研究者将这样的工人称作"precariat"，即结合"precarious"

（不稳定）和"proletariat"（无产者）两词的新创词，我们也许可以译作"危难工人"。如今，这个"危难工人"范畴已经占到西方所有就业人员中的约20%。（Standing，2011）

社会主义的中国则从一开始便展示了一个截然不同的演变过程。共产党革命自始便在理论上将生产资料作为全民所有，土地和资本同样是国家而非私人所有。共产党则是这个新制度和社会主义理念的监护者。工人的权利和社会保障自始便已被确立。

伴随改革的来临，共产党政党—国家采纳了市场化的决策，将市场经济，包括承包与合同的制度，纳入了中国的政经体系。以上已经看到，第一步是将土地的所有权和经营权拆分开来，将经营权发包给农户，由他们自主经营为市场的生产。其后，由乡镇和村庄集体广泛设立计划外的乡村企业，让乡镇政府和村庄集体在市场的"硬预算约束"下经营其所创办和拥有的企业。原先多是通过旧的集体制度来雇用员工，一开始采用的是集体制度下的工分制，当然谈不上城市产业工人所有的福利。20世纪90年代后期，在"抓大放小"的决策下，中小国企进行"甩包袱"的私有化改制，为的是加强企业在市场经济中的活力。结果是那些企业的员工们基本失去其所享有的福利。同时，私有企业广泛兴起，乡镇企业也广泛私有化，大量的农民工进入城镇就业，许多缺少相关的保护和福利保障。这样，城镇工人大多数都成为（国际劳工组织称谓的）"非正规工人"，即没有或少有法律保护和福利的工人，区别于之前具有那样的保护和保障的"正规工人"。

在最近的十年中，更引进了西方的"中介公司雇员"（agency worker）制度。2008年的《劳动合同法》将其表述为"劳务派遣工"，定义为处于"劳务关系"而不是(受到旧劳动法保护的)"劳动关系"下的员工。名义上,这样的雇用方式只被用于"临时性、辅助性或替代性"的员工,但实际上则被相当广泛地用于长期的全职员工。新兴的劳务派遣工无疑也属于我们称作"非正规工人"的范围。在实践层面上,中国和西方的不同在于,2010 年,新兴的劳务派遣工加上原有的非正规人员,已经达到所有城镇员工总数的不止 75%,远远超过西方的 20%。在这样的从正规化返回到非正规化和去正规化的反向演变中,合同理论被吊诡地用于相反的目的。

固然,也有一些试图抑制这样的趋势的举措。譬如,人力资源和社会保障部在 2013 年宣称,要企业们在三年之内达到劳务派遣工不超过每家员工的 10%的比例。但其作用比较有限。非正规化的总体趋势实际上无法阻挡。

至于那些之前的正规工人们对被去正规化所提出的抗议,政府规定国家法院不受理那样的诉讼,要由企业本身来处理。最近几年,国家更扩大了这个政策的适用范围,确定其不仅包括国有企业,更明确地包括所有其他类型的"企业"(如集体企业和事业单位乃至于私营企业)。只要其"改制"是由"政府主导"的,即要么已经获得政府批准,要么是由其执行或主导的,法院将会裁定不受理。(黄宗智,待刊 c;赵刘洋,待刊)

可以见得,中国政党—国家和法律之间的关系和西方有一定的差别。在西方,经国家颁布的法律一般凌驾于政府行政权力之上;在中国则不然,政府行政权力发挥了重要作用,它可以将某一类型范围内的诉讼争议置于法院受理范围之外,通过行政权力的干预以及调解制度来处理某些诉讼纠纷。

(四)国家行政体系内的发包

国家行政体系之内的发包同样是由上而下的不平等关系。高度集中的社会主义政党—国家体系完全掌控体系内官员的委任和升降,包括更改或终止他们的职责、权力和资源。也许最重要的是,所有官员都受制于体系内源自反腐需要而在 20 世纪 80 年代后期和 90 年代设立的"双规"铁律和制度;经过"举报"和初步调查之后,任何官员在被正式审查期间,都可以被在规定的地点和规定的时期中(实际上没有固定期限),完全与外面隔离,不得与家人或任何人(当然包括律师)接触。即便是最高层级的官员(包括政治局常委成员、省长等)也如此。它是一个无可抗拒的党内的纪律制度。

但我们也要考虑到另一方面:一名承包某一地方职责的领导官员享有相当程度的自主权力,他们被有意识地塑造为中央政权的一个较小规模的翻版,具有远远大于一般的西方国家地方行政官员的权力,不受同等程度的三权分立和平衡的制约。

中国的地方政权制度被周黎安教授称作"行政发包制"。他将中国的这种"官[员市]场"的机制比喻于"市场"。他论析,"官场"中的竞争和激励机制类似于市场中的机制。他特别突出"官场"中的晋升"锦标赛"激励机制,并有意地将"官场"和"市场"并列("官场+市场"),认为正是两者的连同作用推动了中国举世瞩目的经济发展。(周黎安,2018,2014,2007;亦见黄宗智,2019)在他的英文文章中,他更完全地采用了"合同"一词来将"行政发包制"表达为

"行政合同制"（administrative contracting）。（Zhou，2019）

周教授的论析非常清晰地指出地方政府和市场经济在中国经济发展中所起的至为关键的作用。他特别突出了中国地方官员间争取晋升的激励和竞争机制，通过新古典经济学的"市场"和"合同"话语，比较有效地与（倾向市场经济和合同目的论的）西方和中国新自由主义经济学家们进行了沟通。

但是，我们也需要指出，他的理论一定程度上也混淆了行政发包与市场合同之间的差别。他创建的"官场"一词，由于非常有意识地将其比喻于经济市场，难免会混淆两者在历史起源、重点和逻辑间的差别，既混淆了行政发包制度的部分内涵，也混淆了市场合同与其的不同。

那样的误导性其实更清晰地可见于被人们更为一般地混合使用的"权力"和"权利"两词。行政发包中所发包的是责任和权力，不是法律和法庭所维护的权利，一如土地联产承包责任制中的"经营权"那样。正如我们上面所论述的，无论是农民还是地方官员都没有太大可能通过法院渠道来抗拒社会主义政党—国家的强大治理体系。

但同时，我们也要认识到，周黎安教授的论析确实起到协助不少读者认识到中国行政发包制的重要作用，而不是下意识地简单将其贬为与市场经济相矛盾的政治体系，因而拒绝认真来认识和理解。虽然如此，要真正认识中国这个体系的含义和实际运作，我们需要看到承包制与合同制的不同。简单想象一个官僚层级之间的"合同制"其实会使我们严重误解其所包含的由上而下的政治体系。我们需要认识到"发包"与"合同"间概念上的深层分歧，以及其逻辑和实际运作间的差别。

固然，周教授所借助的"委托—代理"理论领域早已拓宽了原始合同理论的范围。它考虑到合同两方的不同利益和激励，以及其间的"不对称信息"（asymmetry in information），考虑到可能由其产生的"道德风险"（moral hazards）和可能滥用。它也考虑到两方之间的不对等权力问题，尤其是在劳动法律领域中，一如我们上面论述的那样。但即便如此，它逻辑上的出发点仍然是市场中的横向对等合同关系，并不能贴切地处理纵向的由上而下的行政发包中的权力关系，更没有考虑到中国社会主义政党—国家体系的实际运作。周黎安的贡献在于突出了中国特殊行政体系的关键性，并阐明了其中的一个关键机制，但他仍然需要进一步澄清我们所有研究者都必须面对的"话语隔阂"问题，即怎样来澄清"承包"与"合同"之间的差别的问题。两者都需要被置于其政治经济大环境中来认识和理解。

（五）中国法律中的承包法与合同法

这里首先需要说明的是，虽然在许多学术和大众化使用中，承包和合同两词多被混淆，但在中国的法律条文中两者其实一直都是被明确区分的。

2002 年（修改）的《农村土地承包法》开宗明义地说明："本法所称农村土地，是指农民集体所有和国家所有依法由农民集体使用的耕地、林地、草地，以及其他依法用于农业的土地。"（第 2 条）"农村土地承包后，土地的所有权性质不变。承包地不得买卖。"

（第 4 条）"承包方承包土地后,享有土地承包经营权,可以自己经营,也可以保留土地承包权,流转其承包地的土地经营权,由他人经营。"（第 9 条,2019 年增加）（《中华人民共和国农村土地承包法》,2002,2019）

1999 年的《中华人民共和国合同法》同样明确指出:"本法所称合同是平等主体的自然人、法人、其他组织之间设立、变更、终止民事权利义务关系的协议。"（《中华人民共和国合同法》,1999:第 2 条）

显而易见,国家法律其实比较清楚地区分了承包和合同两个词语和概念。我们需要做的是,进一步阐明两者的不同政治经济环境。

（六）"集权的简约治理"传统

其中,一个重要部分是中国传统的"集权的简约治理"。（黄宗智,2008）古代的帝国政权无疑是个高度集权的体系,但它同时也十分有意地试图使其体系尽可能简约。一个原因是要避免过多层级的划分,因为那样会直接威胁到集权的中央——由于其高度依赖对皇帝/皇朝的忠诚,每多一层便会添加一层离心的威胁。二是要尽量减少行政经费,因为前工业的农业国家的税收十分有限。在 19 世纪,每个最底层的县令治理的人口平均高达 25 万人。而且,县政府机构一般只比较低度（韦伯型的）"科层制化",即被分化为专业化部门和垂直的科层制体系。结果是比较简约的基层治理体系。

这就和西方形成比较鲜明的对照。其历史起源部分在西方的封建主义制度,其中央集权程度要远低于中华帝国,虽然其从基层所提取的税费要相对高于中国——后者在帝国晚期仅占农业产出的 2%—4%,前者则一般约 10%(如西方和日本的封建主义制度)(Wang,1973a,b)。其二,差别当然也来自现代西方的民主政体传统——其三权分立的相互制约和平衡。

结果是,与西方相比,中华帝国具有比较高度的中央集权,但比较低度的基层"渗透权力",与西方的低度中央集权和较高度基层渗透权力不同,一如迈克尔·曼(Mann,1984)所概括那样。中国的行政发包制度首先需要置于那样的历史框架中来认识。

(七)分块的集权体系

更有进者,曼的分析框架并没有考虑到中华帝国的另一关键特征。其高度集权的中央其实有意将自身分割为多个权力性质类似于中央的地方小块,也许可以称作一个"分块的集权体系"。地方上的最高官员是在该管辖地代表皇帝的人员。他当然完全是由中央全权委派的官员,并且是被置于相当紧密的官员控制体系中的人员,但他在地方任期间却具有相当高度的、一定程度类似于皇帝的自主权力,也同样较低度受到现代西方民主政府那样的立法和司法权力的制约。同时,他的权力范围更多是地方块块型的,而不是处于更高度条条划分的现代专业化科层制体系的制约之下。

正是以上的历史背景协助我们认识"集权的简约治理"和"分块的集权体系"今天仍然存留下来的治理框架。它具有较高度的中央集权程度,但相对低度的基层渗透力,但又是较高度集权的地方政府权力,没有像现代西方专业化官僚体系那样被更高度地条条化,也没有受制约于那样的三权分立和平衡。正是这样的传统协助我们认识和理解今天的中国在这些方面与现代西方治理体系的不同。

进入当代,传统的中央集权体系被在战争和革命斗争过程中形成的现代共产党政党—国家体系更为高度地集权化,也更为高度地细致化,并且仍然较低度受制约于立法和司法权力。那些特征也可见于同样是模仿中央的较小型地方政权。虽然,伴随工业化和(韦伯型)现代科层制体系的建设,中国的治理体系也一定程度上已趋向了类似于西方的专业化和条条化。

但我们仍然可以看到简约治理持续的痕迹。这部分是由于中国仍然具有庞大的农村,仍然受制约于比较低微的农村基层财政收入,仍然因此而趋向基层的简约治理。此点尤其可见于2006年废除农业税费之后基层村庄内部的公共服务的衰退。乡镇政府不再能够从村庄获取财政收入,伴之而来的是其从村庄内部的公共服务的退出,遗留下来的是村级内部公共服务的危机——未经修补的道路和桥梁、未经疏浚的河流和小溪等——那是"低度基层渗透力"比较具体的形象。

更重要的也许是,国家机构一定程度上仍然继承了古代的"分块的集权体系",地方政府仍然享有类似于中央的集权性质的权力,既没有同等程度地受像现代西方那样更高度条条化的科层制体系的垂直化分解,也没有受到同等程度的三权分立的制约。相对来说,仍然享有远大于现代西方地方政府的集权权力。这样的一个体系当然也带有一定的弱点，如条条和块块结合所导致的双重领导(垂直的中央部门领导和横向的地方政权领导)以及事权不清的问题。它也会导致地方主义，以及不同地方间的相互隔离和显著差别。但是，上面我们已经看到，地方政府块块型的强势权力在改革的快速经济发展过程中，起到了至为关键的作用。

二、二元对立与二元互补

我们固然需要认识到中国与西方的不同，以及合同与承包的不同来更好地认识中国今天的治理体系的实际运作，但我们同时要警惕陷入中西二元对立非此即彼的思维习惯，因为那样的对立思维只能促使我们再次不仅误解中国，也误解西方。

(一)二元对立

二元对立思维最常见的误失是陷入两种陷阱之一：一是认为西方的道路乃是唯一的道路，认为中国必须走那样的"转型"道路。那是个来自目的论的西方主义或现代主义(包括"早期现代主义")思路，只可能遮蔽中国的历史趋向和实际，只可能无视现当代中国的最基本实际，即西方与中国的、西化与中国传统(包括古代和革命传统)的并存。其对立面则是目的论的中国优越性，多源自一种中华文化自我优越感，认为中国的道路必定是最佳道路，因为它是中国的。那样的思路很容易成为完全拒绝西化改革的极端保守主义。两种对立观点相互将对方推向极端，要么是出于反对过分西方中心主义或全盘西化主义的动机,要么是出于反对过分中国中心主义的动机。两者的共同点是无视两者并存的现当代中国的基本实际。

在过去的百年中,我们已经看到众多这样的非此即彼二元对立思维。在法学领域,一方是要求西化的移植论,提倡全盘引进西方的法理和法律,并以为那样做才能够符合逻辑上整合的形式主义法理和法律的要求。其对立方则相反地提倡"本土资源化",认为中国的法源应该是传统法理、法律或民间习惯。在经济学领域,我们可以看到同样的对立,一方提倡完全采纳西方的自由和新自由主义经济学及其理论依据(理性经济人、纯竞争性市场、看不见的手、国家"干预"的最小化等),与其对立的是传统主义者或马克思主义者,或两者的结合。在历史学领域,一方在"早期现代"和近现代中国只看到逐步西化或现代化的趋向,另一方则只看到其对立面的"中国中心论"。我们应该清醒地认识到,上述两者任何一方都没有抓住近现当代中国的中西化并存和互动的基本实际。

(二) 互补的二元

我们要做的不是将中西建构为非此即彼的二元对立而是要从现当代的中国和西方、传统和现代在中国必然并存的基本实际出发的概括。两者的并存——无论是语言、文化、话语、思想倾向和思维、实践、治理、社会经济等,当然也包括学术理论——乃是现当代中国的给定实际。

我们该怎样去认识共存的实际以及其在中国是如何互动、互

塑和结合的？过去和现在的摸索有什么长处和短处？两者最佳的
结合方案——既是基于中国实际又是为人民谋求幸福的——是什
么样的道路？有没有一条超越中西两者间的对立而结合两者来释
放双方的创造能量的长远道路？

中国在过去四十年中相对成功地、比较特殊地结合了市场机
制和国家能力来推进极其瞩目的发展，这已经是没有疑问的事实。
真正的问题是：两者到底是怎样互补、互塑地结合而做到了比任何
单一方优越的成绩的？

(三) 农地承包与乡村发展

回顾过去四十年，农村土地联产承包责任制无疑是推进中国
农业转化的基本政经制度框架。它从党中央有意地采纳了承包制
出发，给予农民大体上独立的"经营权"，让其能够自己决定为市场
生产什么、销售什么，让其能够从其产品的市场价值和增值获得一
定的利益。同时，国家积极提供了现代投入（化肥、良种、农机）。
那样的（国家与农民的）结合推动了中国改革期间的"隐性农业革
命"，使许许多多农户得以转向高附加值农产品的生产（特别是高
档蔬果和肉禽鱼），大多是进一步既劳动密集化也"资本"（现代投
入）密集化的新型农业（如拱棚蔬菜、种养结合），如今已经达到接
近农业总产值的三分之二，借此转化了中国的农业生产。（黄宗
智，2016a）

虽然有一些错误的认识一直都在影响着国家的部分农业决策
和学术界的论著，即认定高度机械化（和较低度劳动密集化）的美

国型大规模农场乃是农业现代化的最终必由道路,认为中国农业必须朝着那样的方向发展、那样才可能真正现代化。(与其相反的一种意见则是一般的马克思主义意见,同样认为那样的途径是必然和不可避免的,但认为乃是不可取的、乃至于要推翻的资本主义方式。)事实上,中国农业现代化的道路如今已经可以确定了——主要是高附加值的新型小规模家庭农业,并且,由于中国如今仍然有2亿农业从业人员,劳均才10亩耕地、户均才约15亩(相对美国的户均约450英亩,即2700亩),将长期如此。鉴于中国长久以来的人口高度密集的"内卷"型小农业,这其实是必由之路。它也是对中国来说至佳资源配置的道路,和美国的主要是高度机械化和低度劳动投入的农业十分不同。中国的新型农业则是"劳动和资本双密集化"的,而又差不多全是小规模的农场。它的比较高度密集化的土地使用使得中国农业的单位土地产值要远高于美国。美国型的农业只可能促使大量农民失业和单位土地产量大规模降低,不可能承担中国大量人口的食物需要。

(四)结合国家与市场

如果中国的新农业革命较好地展示了中国结合现代投入和小农家庭农场,以及国家的高度中央集权的政经体系和小农的市场化自主经营,城镇企业则较好地展示了集权的中央和地方国家体系与市场化企业的结合,如以上论述那样。更有进者,鉴于西方高度发达的跨国企业,中国新兴的私营企业唯有通过高度集权的国家体系的扶持才有可能与其在全球化的市场中竞争——唯有中国国家体系才具有足够力量来与西方巨型的全球化企业竞争。唯有中国"分块的集权"地方政府的扶持（在土地资源、基础设施、不严格的劳动力使用、税收减免、松弛了的环境保护等）才有可能招引到外国资本的投资，唯有国家权力才有可能使中国成为全球回报率（不止20%）最高的资本去处。

我们已经看到，国家体系本身还需要一个有效的地方官员激励机制，一个能够促使他们为中国在全球市场的竞争上效劳的机制。具体的实施方案是激励地方官员们在管辖地的 GDP 发展成效方面的竞争，并同时给予他们足够的权力来激发他们的创新性和经营性，而又同时严密掌控他们的评审和晋升。其实施方式正是行政方面的"发包"制度，设立地方官员们间推动属地的 GDP 发展的晋升"锦标赛"。

那样的一个治理制度也需要市场机制和约束来执行。地方官员面对的是，他们的行为必须要在市场中见效。市场的竞争机制成为他们施政的重要激励和约束。他们不仅要对上级负责，还要对市场的约束负责：他们是否成功地为地方企业建设了良好的发展环境，采用了符合辖地资源禀赋的举措，推动了具有市场竞争力的企业？正是在那样的框架中，中央政府制造了一个国家和企业间相一致的目标和激励。而那样的机制则赋予了中国企业在国内和国际市场中的竞争力。

高效结合地方政府和企业的激励机制是通过实践来产生的，是在实践中被证实有效而形成的，首先是在农业方面的承包制度，而后是乡镇企业方面的蓬勃发展，再后来是省、市、县政府的"招商引资"所推动的企业发展。国家成功地促使其地方官员们成为推动发展的力量,而在其中成长起来的企业则是通过政府在税收优惠、土地和基础设施以及财政资助等的扶持下成为更具有市场竞争力的实体。两者的结合成功地使中国成为全球资本第一选择的去处,成为推动中国经济快速发展的关键动力。市场经济的合同关系以及行政体系的承包关系被证明是特别适合中国"转型"经济的结合。

这里的"转型"一词需要我们谨慎地来使用。我们不要再次陷入目的论的西化主义,似乎中国要发展和现代化的话,只可能完全模仿西方。那正是"转型"一词比较普通的含义。我们需要认识到中国已经展示了的既是西式也是中国式的发展道路,而不是一条非此即彼的道路。

这里,"社会主义市场经济"这个常用的官方话语,一定程度上包含、捕获了上述的特殊中西结合。它是在改革实践过程中所形成的一个战略性框架,如今已经经过相当程度的实验,有可能会成为中国式的可持续现代化进路,有别于我们长期以来惯常性使用的"全盘西化"/现代化、"资本主义发展"或"市场合同经济"等概念。"社会主义市场经济"一词,一般在学术界(尤其是国外学术界)被相当普遍视作没有实质意义的官方用词,实际上颇有可能成为不仅仅是一个"转型"过程中的体系,而且是一个可持续的中国型的、适合中国实际的发展道路,不仅在短期之内如此,也许更在长期中如此。当然,它更是一个形成和演变中的过程,不是一个给定理论或意识形态。

（五）中西结合的反面现象

更有进者,我们不可忘记近年来发展中的反面现象。在发包制度的不对等权力关系下,在国家相对农民的权力悬殊的实际下,当然难免一方有可能会成为忽视另一方利益的支配方。一个真正可持续的结合不仅须要考虑到其成功的方方面面,也要考虑到其反面。

我们应该承认,劳动保护和福利在发展经济和招商引资的大目标下被暂时置于一旁。改革四十年来,中国一直在大力压缩旧的劳动制度,如今已经将"正规工人"所占比例减少到城镇就业人员的仅仅约25%。但是,为了长远的发展,中国特别需要扩大国内市场来支撑更可持续的经济发展,当然也要考虑到社会稳定和社会公平。中国迟早须将"去正规化"的洪流颠倒过来。如今这样让全国城镇就业者中的不止75%成为"非正规工人"(相比西方的20%),严重约束了国内的市场发展,经济上是不可持续的,当然也是不公平的。

至于农业,国家迄今仍然没有充分重视小农场的关键性,也没有充分重视小农特别需要的现代化市场物流体系。那迄今仍然是中国农业的软肋。如今应该充分认可并支持小农农业的优越性和可持续性,并给予其更大的支持——不是简单由上而下完全由国家支配的措施,而是要充分让小农发挥其自身的积极性,纳入由下而上的农村(社区)参与能量来配合国家的组织。所谓的"东亚合作社"是一个由于高度历史偶然性而形成的体系,足可被当作中国的典范。明治日本的由上而下的农政（将地方政府主要任务设定为扶持农业现代化），由于美国的占领和统治（在其认同于罗斯福总统"新政"的进步官员们的影响下），被改革为一个纳入由下而上的基于农村社区的（综合性）"农协"制度，较偶然地组成了迄今至为成功的小农经济现代农产品"物流体系"（即为小农农产品进行加工和销售的"纵向一体化"）。它既保障了城乡之间较为均匀的收入和公平，也起到了维护农村社区活力的重要作用。（黄宗智，2018）

在中国，土地承包的制度确立了一个比较均匀的土地分配制度和优质的小农新农业的兴起，并没有因为国家有的政策偏重大型规模化农业而受到过大的压制。即便没有得到国家充分的重视，它仍然已经成为中国新型农业的基岩。今天中国的农业可以借助东亚型的农村社区合作社来推动新型农业的进一步发展。与其仍然依赖高成本低效率的、由千千万万小商户+大商业资本所组成的物流体系，不如转向由小农社区组成的合作社。它们既可以高效地推进农产品的物流，也可以让小农保留更高比例的市场收益，由此进一步提高小农的收入。它们还可以振兴农村社区，并为国家政策提供由下而上的支持和能量。

国家和社会权力悬殊的搭配，如土地承包制度下的国家和小农，过去确实导致了一些无视小农利益的举措，诸如地方在征地中的过激手段、土地交易中的勾结和贪污，不顾小农利益的农业政策（如强加于一些小农过分集约化和低回报的双季早稻+晚稻种植+小麦）等。（黄宗智、龚为纲、高原，2014）一如任何权力悬殊两方的关系中，没有由下而上的制约，很难避免不顾人民利益的错误行为。一个好的政治经济体系发展方向是国家和社会经济间、国家机器和人民间,逐步达到较为均衡的搭配。

除了诸如以上简略转述的问题外,我们应该承认,改革所确定的主要政治经济框架"社会主义市场经济"可以被理解为一个包括搭配市场化和中国源自"集权的简约治理"和"分块的集权体系"的"行政发包制"政经体系。两者的结合已经展示了庞大的能量和创新成绩。那是个应该被进一步深化的成功框架。它不是依赖简单的西化或中化,而是脚踏实地地从成功的实践中概括出来的进路。长远的发展道路的探索不应该是仅关注成功实例的一个过程,而应该是个不停地探寻怎样更好地结合西方和中方来组成一个长远的中国发展道路的过程。

三、儒家化的法家法律和社会主义市场经济

"社会主义市场经济"战略性概念背后的思维的一个类似的历史先例是西汉时期的"法律的儒家化",常被表述为"阳儒阴法"。

(一)法家法律的儒家化

从其前的秦代的法家法律出发,汉武帝时期在儒家思想,尤其是在董仲舒的影响下,做出的选择不是简单地废除法家法律,而是创新性地将其"儒家化"。从儒家的思想中,特别选择了其以"仁"("己所不欲,勿施于人")和"仁政"为核心的道德理念,将其与法家以惩罚为主的刑法结合成为一个更宽阔的整体。儒家的一面为

法家提供(我们今天也许会称作)"软实力",将其严峻实用的法律体系温和化,让两者合起来组成一个更可持续和威力比任何单一方都更为强大的体系。实用性的法家法律及其严峻的惩罚制度被改为一个更为宽阔、基于儒家和谐理念的社会非正式调解的体系。正式的国家法律与一个非正规的调解正义体系并存;严峻的治理被道德化的治理温和化;威权的父亲与慈爱的母亲结合("父母官")为一个更长远、更可持续的体系。正是在那样的思维框架下,形成了持续两千多年的"中华法系"的核心,并被扩延到整个"东亚文明"圈(在中国之外,主要包含日本、朝鲜和越南)。它是一个既慈祥又严峻的、既道德又实用的体系,两者共同组成了笔者之所谓的"实用道德主义"的正义体系。

当然,该体系也带有一定的弱点和问题。许多基层的纠纷并不能被社区调解机制解决,不少需要进入正式的法庭来处理、判断。但该体系具有逐渐纳入那样的经验的实用能力,逐步添加了所需要的正式条文来适应现实需要,从而形成了越来越多、越来越细的关乎"细事"(大致相当于今天的"民法")的"例"(区别于"律")。同时,伴随着社会变迁,它也从原先特别强调身份尊卑关系的法律而越来越趋向以大多数的民众为主要对象的实用性法律体系,逐步淡化了统治阶层和一般民众间的差别的作用。(Ch'ü,1962;Bernhardt,1996)到了清代,已经和汉代、唐代的体系颇不一样。儒家化的法家法律不是一个一蹴而就的结合,而是一个在形成基本大框架之后,逐步改进和细化的过程。虽然如此,无可置疑的是其结合儒家和法家为一个整体的创新的明智性和可持续性。

(二)社会主义市场经济

中国今天的"社会主义市场经济"框架一定程度上带有类似的思维和可能。中国共产党领导下近乎全能的政党—国家体系,成功地克服了帝国主义和日本侵略并取得中国革命的胜利,但那样的政党—国家,加上后来模仿苏联而采纳的计划经济政经体系,虽然成效不小,但是并没有能够推动可以与资本主义市场经济比拟的经济发展。改革的必要越来越明显,特别是在经历了"大跃进"和"文化大革命"的比较极端的群众动员和排外意识之后更是如此。那样的背景导致了向市场经济转向的改革,目的是要推动可与西方资本主义市场经济竞争的发展。但社会主义的理念并没有被放弃;源自儒家、马克思主义和中国共产主义的"为(劳动)人民(服务)"的治理理念也没有被放弃;共产党的领导和治理以及其对生产资料的最终所有(或控制)权也没有被放弃。

这样,市场经济被纳入了一个仍然是社会主义的、生产资料为国家所有的、高度中央集权的政经体系。其所采用的不是简单像苏联和多个东欧国家那样,完全朝向私有市场经济、终止共产党治理的"转型",而是共产党治理的延续和国家之继续占有或掌控主要生产资料。在那个基本框架中,一步步地,先是通过承包制度将土地的经营权让给农民,但国家仍然掌控农地的最终所有权。其后是让乡村政府在计划外创办市场化的乡村企业,后来并让其私有化。同时,鼓励私企的广泛兴起,并将中小国企私有化,逐步建立了一个私企和国企接近平分天下的局面(达到非农生产总值

358

6：4的比例）。

这些变迁制定了新农业革命的政治经济框架,导致一个劳动和资本双密集的市场化新型小农经济的兴起,主要是高附加值农产品的生产,它基本转化了中国的农业。同时,国家仍然采用通过发包—承包制度来紧密管控地方官员,但又授予了他们较大的自主权,来推动国家主导的 GDP 发展。那样的体系激发了地方官员们的创业和创新积极性来协助属地内的企业推动蓬勃的市场经济发展。

如今,那样的一个政经体系和市场经济的结合已经成为一个客观存在的现实,给予"社会主义市场经济"一词实实在在的含义。国家和企业、社会主义主要生产资料国有制和市场机制结合起来,推动了过去四十年的蓬勃经济发展并赋予了中国企业国际竞争力。它们通过实践经验,证明了结合集权的国家和市场经济,以及行政发包制与市场合同制的高效性。不过,这显然也是一个逐步摸索的过程。

（三）问题

同时,我们不可忽视伴随成功而来的一些问题。非正规人员在就业者之中所占的庞大比例,已经对国内市场的发展形成严重的约束,当然也包括其所意味的社会不公。

未来的纠正途径相当清楚。在农业领域,小农仍然严重受制于缺乏一个良好高效的现代物流体系来协助他们从市场发展获得更多的收益。迄今他们只能依赖要么是低效昂贵的小商小贩+大商业资本的销售和加工体系,要么是同样低效的国营供销社体系。那也是一个尚待成功处理的经济和社会问题。同时,社会不公不仅对经济不利,也严重制约了社会和国家在治理方面搭配的能力。一个可能的改善方案是将国有企业利润的一定部分用于民生,特别是农民工——之前已经有过这样的地方上的成功实验。(黄宗智,2012)

四、一个新型的第三领域?

最后,我们要考虑到中国的"第三领域"(黄宗智,2019),它有助于我们更完全地认识和理解中国目前的政经和治理体系,也许也可以被视作对"社会主义市场经济"的一个方面的新阐述。

(一)历史背景

长期以来,中国的政经体系中一直都存在一个由集权的简约治理体系中国家与社会之间的互动而产生的第三领域。国家治理不仅高度依赖社区的非正规自治(如社区纠纷调解),也依赖一个由非正规体系与国家正规体系互动而产生的半正规体系。(黄宗智,2019)

这个第三领域在社会基层可以具体见于社区调解和衙门对案件的处理两个并行的体系间的互动。一旦纠纷一方具呈控告对方,社区调解人士便会重新或加劲调解。同时,当事人和调解人士会通过知县对陆续呈禀的批示,要么被榜示,要么被衙役/乡保传达,而获知衙门对其诉讼的逐步反应。那些批示会直接影响正在进行中的社区调解,促使一方或双方退让,由此使纠纷得到解决。然后,当事人会具呈要求销案,或不再催呈或配合衙门调查。案件便会因此被撤销,或自然中止。这样的结果占到所有细事诉讼案件的起码三分之一(有如此明确记录的),实际上有可能多达三分之二(包括记录中止的)。

集权的简约治理体系框架也促使行政体系广泛使用另一种半正式的治理方法。一个比较突出的例子是处于国家和社会间的半正式(由社区威望人士推荐,衙门认可的不带薪)"乡保"一职。在19世纪的宝坻县,每个乡保要负责平均20个村庄的治理事务(包括征税、纠纷处理和传达衙门指示等)。衙门一般都让他们自行其是,除非他们在执行任务的过程中产生了纠纷或控告方,衙门才会介入。这些操作方式也是"简约治理"的具体实例。

县令对待其属下各房的治理模式基本同样:各房的人员大多是不带薪酬的半正式人员,分别负责各房的职务(最主要的是管征税的户房和管纠纷的刑房)。那些房同样会被知县放任自行其是,要到由于他们执行任务中产生了纠纷或申诉,县令才会介入。其治理方式其实可以很好地用今天的"发包"和"承包"两词来表达。每房的主要负责人等于是承包了其职责——为了获取该房的收入,须要交付一定的(可以称作)"承包费"(高收入的户、刑两房在晚清时期需要交高达千两的"参费")。县令同样基本让他们自行其是,虽然他们要按照一般人可接受的方式来执行任务,不然,便会产生纠纷,那样的话,县令便需要介入。那也是简约治理的实例。

(二)今天的第三领域

以上是今天更为宽广的第三领域治理——包括行政发包/承包制中的政府的"内包"和其与行政体系之外的社会间(如社区或个人)的"外包"——的历史背景。即便是在计划经济时期的农村集体制度中我们也能看到其痕迹。如今已经成为被更为广泛使用的一个体系。

譬如,在 2005 年到 2009 年的五年之中,全国平均每年的 2500 万起(有记录的)纠纷之中,有足足 1000 万是在第三领域处理的(另外有 1000 万是由社区主要是非正式——虽然带有村干部的参与——的调解处理的),包括乡镇的法律事务所(70 万起),工商部门指导的消费者协会(75 万起),以及公安部门进行的调解(840 万起),区别于更为高度正式化的法院调解和判决(500 万起)。在以上所列由第三领域机构处理的案件中,有 380 万(38%)是被调解结案的。(在更高度非正式的"村、居民调解委员会"处理的 1000 万起纠纷中,则有一半是被成功地调解结案的。)(黄宗智,2016b)

至于如今的行政发包和承包制度,应该可以说是中国现有政经体系中至为突出的一个特征。其参与双方虽然权力比较悬殊,但它不只是一个简单由上而下的官僚制度,更是在由上级和下级、国家和社会两者长期互动的历史过程中所形成的,其中既包括"社会的国家化"(state-ification of society),也包括"国家的社会化"(societalization of the state)。两者的结合很好地展示于如今的半正式纠纷解决的操作方式,既非纯粹国家的行为,也非纯粹社会的现象,而是两者的互动和结合。那其实是改革期间十分快速扩展的一个政治—社会现象。今天被广泛使用的行政发包/承包制度要从这样的角度来认识和理解。

(三)项目制

由国家挑选和资助的项目发包制度也如此,它结合发包与合同,行政体系内部(各层级间)的内包与政府和社会间的外包。这个制度如今是被如此广泛地使用,有的社会学理论家门甚至将其比拟于计划经济时代的"单位制",论说新制度是一种韦伯型的现代化/"合理化"(或"科层制化"),并且已经取代了单位制而成为中国治理模式至为关键的制度和机制。(渠敬东,2012)更为重要的也许是,项目制的用意是要借助其竞争和激励机制来推动政府内部各层级间的和政府与外部社会间的承包者(包括学术单位和研究者)的积极性。一个依赖行政内部的晋升激励和管控机制,一个依赖外部社会中的激励,包括项目竞争、延期或再次获取新项目等激励机制以及国家的监督(如验收)。它的用意是要通过竞选和验收来结合市场竞争和政府调控。

当然,有不少滥用的实例,包括指令性的项目(如推广双季稻种植)、不符实际地偏重低效的规模化大农场、"虚""伪"的合作社、腐败等滥用国家资源的现象。(黄宗智、龚为纲、高原,2014)同时,由于项目制所依赖的激励主要是"私利"而不是"公德"或社区利益，容易导致无视公共利益的价值观和行为，更加突出日益严重的社会道德真空问题。虽然如此，我们也不可否认，与一般行政发包/承包制度相比，项目制所指定的目标相对更加明确（如道路设施、退耕还林、扶贫、盖社区楼房等）。它能激发项目发包前的竞争，以及承包实体方的创新性和积极性。在政府内部，承包的官员们固然要对社会主义政党——国家的监控负责。外包的承包者也要受到验收和再次申请项目等的监督。以后如果能够更明确地将社区改良（包括村庄公共服务和社区物流服务等）设定为一个重点目标，应该可以起到一定的振兴社区和社会道德的作用。总体来说，项目制的优点也许确实超过它的弱点。它可以被视作一个结合行政发包和市场合同的机制——无疑也属于第三领域。

（四）社会主义市场经济

在总体的政治经济大框架层面上，这个快速扩展的第三领域，包括其对承包与合同的广泛使用，是可以被认作官方用词的"社会主义市场经济"所包含，但一般被忽视的一个重要内容和机制。"社会主义"说明其仍然存续的高度集权的社会主义政党——国家中央及分块的地方政府，仍然掌握着主要生产资料的所有权和/或控制权，但已经向快速扩展的竞争性市场经济逐步出让范围越来越宽广的权力，为的是要更好地推进经济发展。正是两者的成功搭配推动了快速的经济发展以及伴之而来的越来越宽广的国家与社会二元合一的第三领域，而不是许多人心目中的非此即彼的国家—社会二元的必然对立。那可能正是中国的政治经济体系的独特之处,结合了西方和中国,现代和传统(包括古代和革命)——它是一个可能成为比较新型的"中华"政经体系的部分内容,既不同于中国过去也不同于现代西方。如果能够明确规定国营公司利润的一定比例须用于公益和民生,则更加如此。① (黄宗智,2012)

　　未来的框架已经相当明了。改革时期所形成的"社会主义市场经济"总框架,具体化为同时依赖一个强势的政府和竞争性的市场,以及其中的关键性行政发包/承包逻辑和市场合同逻辑,已经被证实为一条有效的道路。如今所需要的是,解决仍然比较薄弱的国内市场和比较贫穷的农村等问题。要赋予"社会主义市场经济"真正的长远可持续性,不是要放弃重要生产资料的国有或国家掌控,也不是要放弃其社会主义国家的行政内外包制度,更不是要采纳完全像现代西方那样的资本主义经济、代表制民主和韦伯型科层制政府,而是要继续推进社会和国家的更为均衡的搭配。这不仅是为了制约两者间权力悬殊所可能导致的错误决策和判断,也是为了进一步释放社会主义+市场经济、社会主义国家+高度发达的社会间所形成的两者共同参与的新型、半正式的第三领域。

---

① 特别值得一提的是另外两个可能起到长时期作用的概念。一是区别国有和公有:有的国有资产权可以被转给代表社会总体的各层人民代表大会。一是区分宏观与微观经济:由中央来进行宏观调控、由市场机制来主宰微观运作。这里不展开这两个重要话题的讨论。

参考文献:

黄宗智(2008):《集权的简约治理——中国以准官员和纠纷解决为主的半正式基层行政》,载《开放时代》第 2 期,第 10—29 页。

黄宗智(2012):《国营公司与中国发展经验:"国家资本主义"还是"社会主义市场经济"?》,载《开放时代》第 9 期,第 8—33 页。

黄宗智、龚为纲、高原(2014):《"项目制"的运作机制和效果是"合理化"吗?》,载《开放时代》第 5 期,第 143—159 页。

黄宗智(2016a):《中国的隐性农业革命(1980—2010)——一个历史和比较的视野》,载《开放时代》第 2 期,第 11—35 页。

黄宗智(2016b):《中国古今的民、刑事正义体系——全球视野下的中华法系》,载《法学家》第 1 期,第 1—27 页。

黄宗智(2018):《怎样推进中国农产品纵向一体化物流的发展:美国、中国和"东亚模式"的比较》,载《开放时代》第 1 期,第 151—165 页。

黄宗智(2019):《重新思考"第三领域":中国古今国家与社会的二元合一》,载《开放时代》第 3 期,第 13—35 页。

黄宗智(待刊 a):《实践社会科学与中国研究》,第一卷《中国的新型小农经济:实践与理论》。

黄宗智(待刊 b):《实践社会科学与中国研究》,第二卷《中国的新型正义体系:实践与理论》。

黄宗智(待刊 c):《实践社会科学与中国研究》,第三卷《中国的新型非正规经济:实践与理论》。

渠敬东(2012):《项目制:一种新的国家治理体制》,载《中国社会科学》第 5 期,第 113—130 页。

赵刘洋(待刊):《中国地方政府主导的企业改制中的劳动争议:基于诉讼案件的研究》。

赵晓力(2000):《通过合同的治理——80 年代以来中国基层法院对农村承包合同的处理》,载《中国社会科学》第 2 期,第 120—132 页。

《中华人民共和国合同法》,1999,http://www.npc.gov.cn/wxzl/2000-12/06/content_4732.htm。

《中华人民共和国农村土地承包法》,2002,http://www.npc.gov.cn/wxzl/gongbao/2002-08/30/content_5299419.htm。

周黎安(2007):《中国地方官员的晋升锦标赛模式研究》,载《经济研究》第 7 期,第 36—50 页。

周黎安(2014):《行政发包制》,载《社会》第 6 期,第 1—38 页。

周黎安(2016):《行政发包的组织边界兼论"官吏分途"与"层级分流"现象》,载《社会》第 1 期,第 34—64 页。

周黎安(2018):《"官场+市场"与中国增长模式》,载《社会》第 2 期,第 1—45 页。

周黎安(2019):《如何认识中国——对话黄宗智先生》,载《开放时代》第 3 期,第 37—64 页。

Bernhardt, Kathryn. (1996). "A Ming-Qing transition in Chinese women's history? The perspective from law," in Gail Hershatter, Emily Honig, Jonathan N. Lipman, and Randall Stross (eds.), *Remapping China: Fissures in Historical Terrain*. Stanford, CA: Stanford University Press.

Ch'ü T'ung-tsu(瞿同祖).(1962). *Local Government in China under the Ch'ing*. Cambridge, Mass.: Harvard University Press.

Mann, Michael. (1984). "The Autonomous Power of the State: Its Origins, Mechanisms and Results," *Archives européennes de sociologie*, 25: 185-213.

Standing, Guy. (2011). *The Precariat: The New Dangerous Class*.

London: Bloomsbury Academic.

Wang, Yeh-chien. (1973a). *Land Taxation in Imperial China,* 1750 – 1911. Cambridge, Mass.: Harvard University Press.

Wang, Yeh-chien. (1973b). *An Estimate of the Land Tax Collection in China,* 1753 *and* 1908. Cambridge, Mass.: East Asian Research Center, Harvard University.

Zelin, Madeleine, Jonathan Ocko and Robert Gardella. (2004). *Contract and Property in Early Modern China.* Stanford: Stanford University Press.

Zhou Li-an. (2019). "Understanding China: A Dialogue with Philip Huang," *Modern China,* v.45, no.4: 392 – 432.